리액트와 함께하는
웹 디자인

Web Design with React

손승일 지음

HTML과 CSS를 사용해 DB 액세스가 없는 매우 간단한 웹 페이지를 제작해 본 경험자라면 큰 노력이 없이도 웹 페이지를 구현해 볼 수 있어서 웹 디자인이 쉽게 느껴질 수도 있다. 하지만 다양한 기능이 있는 제대로 된 웹 디자인을 하고자 한다면 쉬운 일이 아니다. 프론트 엔드(Front-end) 디자인뿐만 아니라 백 엔드(Back-end)까지 긴밀하게 연결되어 있다.

예전부터 HTML, CSS, javaScript 등을 학습해 왔지만, ReactJS(혹은 React)를 사용한 프론트 엔드 웹 제작이 웹 디자인 분야에서 전반적으로 확산되고 있는 것을 파악하고 React를 사용해 간단한 웹 설계를 진행하는 관련된 참고 서적을 찾기 위해 노력하였다.

아울러 한 학기동안 대학교에서 학생들이 학습할 수 있는 서적을 여러 방면으로 모색해 보았다. 고민 끝에 HTML, CSS 및 javaScript에 대한 기초 지식을 가지고 있는 독자들이 읽을 수 있는 책이 필요하다고 느꼈다.

이 책은 반응형 디자인에 적합한 플렉스 박스 모델과 그리드 디자인을 먼저 학습한 다음, javaScript에 대한 최신 기초 지식을 간단히 학습한다. 이후 React를 사용해 웹 디자인을 수행하는 기술을 주로 학습한다.

특히 클래스 기반의 컴포넌트 설계 방식이 아닌 함수형 컴포넌트를 사용한 웹 디자인 기법을 집중적으로 학습할 것이다. 그리고 리액트 훅을 사용하는 방법, 전역 상태 변수를 다루는 방법 등을 학습한다. 리액트 훅의 도입은 함수형 컴포넌트를 사용한 웹 디자인이 대세가 되는데 큰 기여를 하였다.

물론 라우팅의 개념도 상세하게 소개하고, 소개한 라우팅을 개념을 적용해 라우팅을 구현해 보는 실습도 수행한다.

그리고 책의 후반부에는 구글의 백 엔드 서비스인 파이이베이스(Firebase)와 연동하여 간단한 웹을 제작하는 실습을 할 것이다.

아주 자세한 설명을 하지는 않지만, 본 책의 흐름을 따라서 학습한다면 React를 사용한 웹 디자인의 개념을 체득할 수 있는 기회가 될 것이라고 확신하는 바이다.

물론 이 책에서는 React에 대한 일부만을 다루었기 때문에 아직도 부족한 부분이 많이 있을 것이라고 생각한다.

이 책을 통해서 React와 좀 더 친숙해지는 계기가 마련되길 기원하는 바이다. 그리고 이 책이 완성되기까지 다방면으로 많은 도움을 주신 21세기사 이 범만 대표님을 비롯한 관계자 여러분께 감사의 마음을 전합니다.

저자 손 승일

CONTENTS

CONTENTS

C O N T E N T S

CHAPTER 10 파이어베이스 Firebase   313

CHAPTER 11 Firebase와 연동한 심플 웹 페이지   337

C O N T E N T S

CHAPTER **1**

플렉스 박스 레이아웃

1.1 개요

플렉서블(Flexible) 박스 모듈, 즉 플렉스 박스는 1차원 레이아웃 모델로 설계되었지만, 강력한 정렬 기능의 제공을 통해 아이템들의 공간적 배치를 지정할 수 있다. 플렉서블의 의미가 유연하다는 뜻이므로 요소 박스들의 크기나 위치에 대해 특정한 컨테이너 내에서 유연하게 조작이 가능하다고 이해하기 바란다.

다만, 1차원이란 의미가 하나의 행이나 열을 의미하기 때문에 하나의 행이나 열로 배치를 구성하기에는 너무 많은 아이템이 존재할 경우에는 다음 행이나 열로 순차적으로 배치하게 하는 옵션도 존재한다. 그렇지만 플렉스 박스는 한 행이나 열을 기준으로 배치를 구성할 때 가장 큰 강점을 보인다고 볼 수 있다.

아울러 행 방향과 열 방향으로 제어할 수 있는 CSS 그리드(Grid) 레이아웃도 주목받고 있는데, 이러한 배치를 2차원 레이아웃 모델이라고 한다. 향후 플렉스 박스 레이아웃과 그리드 레이아웃이 아이템의 배치와 관련된 레이아웃 분야에서 주류가 될 것으로 평가받고 있다.

기존의 Float나 position 속성을 사용하지 않고도 유연한(flexible) 반응형 레이아웃 설계를 훨씬 용이하게 구현할 수 있기 때문에 여러분들이 플렉스 박스 레아이웃은 반드시 숙지하고 있어야 한다. 플렉스 박스 레이아웃은 현재는 대부분의 웹 브라우저에서 지원하고 있으며, 많은 웹 페이지가 플렉스 박스를 사용하여 레이아웃을 구현하고 있음을 주목하기 바란다. 앞 장의 그림은 현재 플렉스 박스 레이아웃을 지원한 웹 브라우저의 버전들을 보여준다(https://caniuse.com/).

거의 모든 웹 브라우저에서 사실상 플렉스 박스 레이아웃을 지원하고 있다.

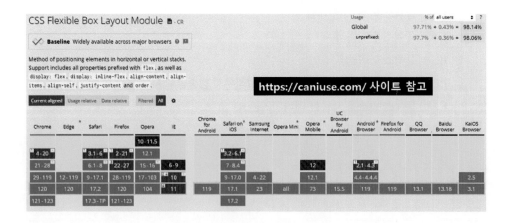

1.2 박스 모델

레이아웃과 관련해 가장 중요한 개념이 박스 모델(Box model)이다. 박스 모델은 모든 HTML 요소들을 감싸고 있는 박스들이다. 실제 컨텐트 영역, 패딩 영역, 경계선(테두리) 영역 및 마진 영역으로 구성된다. 그리고 별도의 공간은 정해져 있지 않지만 테두리 외곽에 아웃라인(Outline : 외곽선)이 위치할 수 있다.

박스 모델의 개념은 아주 중요하기 때문에 간략하게라도 소개한다.

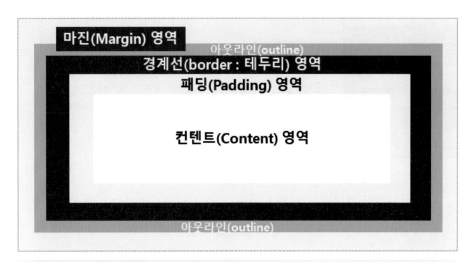

- **Content** : 실제 내용(텍스트와 이미지 등)이 위치하는 곳
- **Padding** : 컨텐트와 경계선 사이의 빈 공간
- **Border** : 경계(테두리) 선이 위치하는 곳
- **Outline** : 경계선 외부에 추가적으로 위치할 수 있는 선(아주 드물게 사용함)
  (독립적인 공간을 확보하지 않고 동작함)
- **Margin** : 경계선 외곽으로 이웃한 요소와 분리된 공간

그리고 박스의 크기에 영향은 미치는 CSS width 속성은 box-sizing 속성에 설정한 모드에 따라 다르게 해석된다. 특히 레이아웃의 편의성을 위해서는 디폴트 속성인 content-box 모드 대신에 border-box 모드로 지정해 사용할 것을 권고한다. 이렇게 하면 width에 설정한 값은 마진을 제외한 경계선까지의 영역이 너비로 간주되기 때문이다. 다음은 box-sizing의 속성 값에 따른 차이를 보여준다. 너비를 지정했을 때 여러 가지 요소들을 고려하게 되면 레이아웃을 결정할 때 복잡하고 오류의 발생 가능성이 높기 때문에 고려하는 인자 값을 최소화해 정교한 레이아웃을 용이하게 할 수 있다.

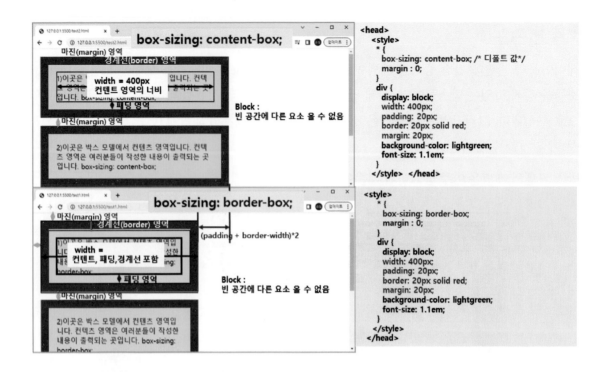

CSS display 속성을 간단히 살펴보고 플렉스 박스에 대해 상세히 학습하도록 하자. 다음은 display 의 다양한 속성 값 중에서 자주 사용되는 속성 값만을 나열한 것이다.

```
/* selector : html 태그 요소, 클래스, 아이디 */
selector(선택자) {
        display : none | inline | block | inline-block |
                flex | inline-flex | grid | inline-grid ;
}
```

CSS의 display 속성은 아이템(요소)의 디스플레이 동작(행위)를 규정한다. 특히 inline, block 및 inline-block 속성 값을 잘 이해하고 있으면 나머지 속성들의 이해도 쉬울 것이다. 화면상에서 아이템(태그 요소)들을 연속적으로 연결하는 텍스트처럼 취급하기를 원한다면 inline 속성 값으로 설정한다. Inline 속성 값은 높이와 너비를 지정할 수 없으며, 상하 마진을 지원하지 않지만 수평 (좌,우) 방향의 마진과 패딩은 지원한다.

block 속성 값으로 지정하면 해당 요소가 차지하는 영역의 좌, 우측에 다른 요소가 함께 위치할 수 없다. block 속성 값으로 지정된 요소는 자신의 높이, 너비뿐만 아니라 상하좌우 마진과 패딩 등을 자유롭게 지정할 수 있는 특징이 있다.

inline-block 속성 값은 inline의 특성인 지정 요소와 다른 요소 사이에 텍스트처럼 행 방향으로 인접 배치가 가능하고, block 특성인 요소의 높이, 너비, 마진 및 패딩 등을 자유롭게 지정할 수 있는 특성으로 모두 가진다.

none 속성 값은 지정된 요소를 브라우저 화면에 보이지 않게 하면서 영역도 차지하지 않는다.

flex와 grid 디폴트 속성은 block의 특징을 가지며, inline-flex와 inline-grid는 inline과 block의 특징을 갖는다. 다만, flex와 grid는 기존의 inline이나 block의 기본 기능 이외에 더 강력한 레이아웃 기능 및 편의성을 제공해 준다.

본 장에서는 오늘날의 프론트 엔드(Front-end) 디자인에서 가장 주목받고 있는 레이아웃 방식중의 하나인 flex에 대해 자세히 학습할 것이다.

1.3 플렉스 박스 기본 개념

플렉스 박스 레이아웃에서 사용하는 용어를 먼저 알아보자. 플렉스 아이템들을 담고 있는 부모 요소를 플렉스 컨테이너(Flex container)라고 한다. 반대로 플렉스 컨테이너의 자식 요소들을 플렉스 아이템(Flex item)이라 한다. 플렉스 컨테이너 안에서 플렉스 아이템을 배치하는 기본 방향은 디폴트가 가로(행) 방향이며, 행 방향을 주축(Main axis)이라 부른다. 이를 확대 해석하면 아이템을 배치하는 기본 방향을 세로(열) 방향으로 설정할 수 있다는 의미다. 그리고 주축과 직각으로 교차하는 축을 교차축(Cross axis)이라 부른다. 즉 아이템을 배치 방향에 따라 주축이 행 방향이 될 수도 있고 열 방향이 될 수도 있다. 지금까지 설명한 몇 가지 용어에 관심을 두고, 다음 그림을 잘 살펴보기 바란다. 주축(Main axis)에 적용할 수 있는 CSS 속성과 교차축에 적용할 수 있는 CSS 속성이 다르기 때문에 축 개념을 명확히 이해하고 있어야 한다.

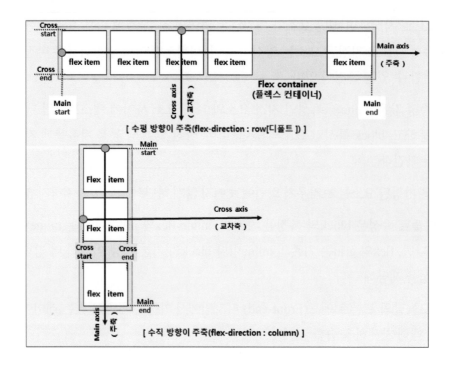

[수평 방향이 주축(flex-direction : row[디폴트])]

[수직 방향이 주축(flex-direction : column)]

1.4 플렉스 컨테이너

Display 속성을 flex로 설정하면 해당 요소(HTML 태그)는 플렉스 컨테이너가 된다. 그런데 플렉스 컨테이너는 부모 요소에 해당한다는 것을 반드시 명심해야 할 것이다. Display 속성으로 flex

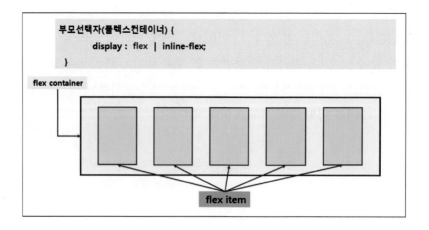

혹은 inline-flex를 사용할 수 있는데, 여러분들은 flex에 대해서만 잘 이해하고 있으면 나머지는 자연스럽게 이해가 될 것이라 생각한다.

플렉스 컨테이너는 임의의 자식 요소를 가질 수 있는데, 이러한 자식 요소를 플렉스 아이템이라 한다.

먼저 플렉스 컨테이너에 적용할 수 있는 속성을 정리해 보았다.

```
display : flex | inline-flex;
```

```
//플렉스 방향의 디폴트는 row(행) 방향
flex-direction : row(디폴트) | column | row-reverse | column-reverse;
```

```
//디폴트는 nowrap
flex-wrap : nowrap(디폴트) | wrap | wrap-reverse;
```

```
//flex-direction과 flex-wrap을 2개의 속성을 동시 적용
flex-flow : flex-direction flex-wrap;
```

```
//주축 방향으로 정렬
justify-content : start | end | center |
                  space-around | space-between | space-evenly ;
```

```
//교차축 방향으로 정렬(한 줄 item이 존재할 때 사용)
align-items : stretch | start | end | center | baseline ;
```

```
//교차축으로 2줄 이상의 item들이 존재할 때 사용(디폴트 : nowrap).
//flex-wrap : wrap; 으로 설정되어 있어야 함(2줄 이상이면 아래 속성 사용 가능).
align-content : stretch(디폴트) | start | end | center | space-around |
                space-between | space-evenly ;
```

일단 가장 기본이 되는 'display : flex;'로 지정된 상태에서 flex-direction 속성 설정에 따라 브라우저에 출력된 내용을 살펴보자. 여기서 flex-direction 부분이나 나머지 속성 일부를 여러분들이 변경해 가면서 브라우저 화면을 확인해 보자.

다음은 html의 헤드(head)와 바디(body)를 보여주는 기본 코드이다.

```
<head>
  <style>
    .container {
      display: flex;
      flex-direction: row;  /* 속성 값을 변경하면서 실행 */
      background-color: darkred;
    }
    /*아래는 아이템에 대한 CSS 설정 */
    .container > div {
      background-color: white;
      width: 70px;
      margin: 10px;
      text-align: center;
      line-height: 50px;
      font-size: 30px;
    }
  </style>
</head>
<body>
  <h1>플렉스 direction 실습</h1>
  <h3 style="color: red">
    container { display: flex; flex-direction: row(디폴트);}
  </h3>

  <div class="container">
    <div>A</div>
    <div>B</div>
    <div>C</div>
  </div>
</body>
```

flex-direction 속성은 4가지의 속성 값을 지원한다. 이 속성에 속성 값을 다른 값으로 설정해 4가지 경우의 모드에 대한 결과를 브라우저를 통해 확인해 볼 수 있다. 4가지 모드에 대해 실행한 결과를 확인해 보고, 모드에 따라 플렉스 컨테이너 내의 아이템(요소)들을 어떻게 배치하는지 대해 이해하고 있어야 한다.

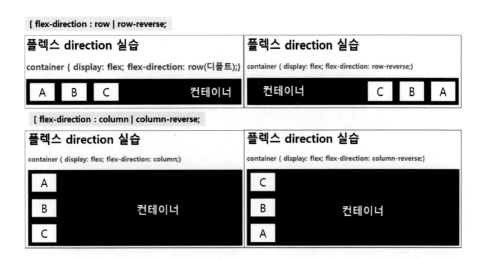

Justify-content 속성은 주축 방향으로 아이템을 배치할 때 사용하는 속성이다. 현대적인 레이아웃에서 이 속성은 아주 많이 사용하기 때문에 철저히 학습해 두어야 한다. 5가지의 속성을 지원해 준다.

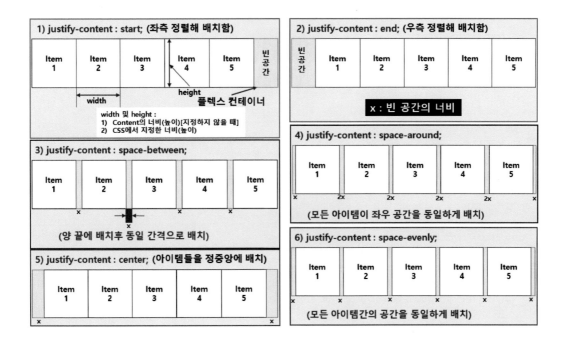

주축 방향으로 아이템을 배치할 때 5가지 방식의 레이아웃을 지원한다. 왼쪽부터 순차적으로 배치하는 방법, 오른쪽 정렬해 배치하는 방법, 아이템들을 모두 주축의 중앙에 배치하는 방법, 양 끝

에 배치한 다음 나머지 아이템들을 동일한 간격으로 배치하는 방법, 각 아이템마다 좌우 공간을 동일하게 할당해 배치하는 방법 및 주축 상에서 모든 아이템간의 공간을 동일하게 배치하는 방법이 존재한다. 아마도 여러분들이 향후 디자인을 수행할 때 자신에 가장 적합한 것을 선택하여 사용할 줄 알아야 한다. 한 행 이상으로 아이템들을 보여줄 수 있는 Flex-wrap 속성을 학습하기 위한 간단한 소스 코드는 아래와 같다.

```
<head>
    <style>
      .container {
        display: flex;
        flex-wrap: wrap;
        background-color: olive;
      }

      .container > div {
        color: white;
        width: 70px;
        margin: 10px;
        text-align: center;
        line-height: 50px;
        font-size: 30px;
      }
    </style>
</head>
<body>
  <h2>플렉스 flex-wrap : wrap; 실습</h2>
  <h3 style="color: red">
    디폴트 :<br />
    container { display: flex; flex-direction: row; flex-wrap:wrap}
  </h3>

  <div class="container">
    <div style="background-color: red">A</div>
    <div style="background-color: orange">B</div>
    <div style="background-color: yellow">C</div>
    <div style="background-color: green">D</div>
    <div style="background-color: blue">E</div>
    <div style="background-color: indigo">F</div>
    <div style="background-color: violet">G</div>
    <div style="background-color: mistyrose">H</div>
    <div style="background-color: darkgreen">I</div>
    <div style="background-color: darkred">J</div>
```

```
        <div style="background-color: darkorange">K</div>
        <div style="background-color: darkblue">L</div>
    </div>
  </body>
```

많이 사용하는 방법은 아니지만, flex-wrap 속성에 대해서도 알고 있으면 유익하다. 디폴트 속성 값은 nowrap으로 아이템의 수가 많아지면 본래 지정한 아이템의 너비 대신 너비를 축소하여 모든 아이템을 주축에 한 줄로 출력한다. wrap 속성 값은 본래 지정한 너비를 보장하면서 공간이 부족해 주축에 한 줄로 표현할 수 없으면 다음 줄로 자동 행 변경하여 출력할 때 사용한다. 다음 그림을 잘 살펴보기 바란다.

다음 align-items 속성이다. 이 속성은 stretch, start, end, center 및 baseline 값중에 하나로 설정할 수 있다. 디폴트 속성 값은 stretch이다. align-items 속성을 이해하기 위해서는 플렉스 박스의 컨테이너에 높이를 지정해야 한다. 높이가 있어야 전체 컨테이너 공간에서 교차축 방향으로 아이템들을 위치시킬 수 있게 속성을 설정할 수 있다.

[align-items 속성]

stretch	디폴트 값. 컨테이너의 높이를 채우기 위해 아이템을 확장(stretch)함. 단, 아이템의 높이를 설정하면 stretch 속성 값이 적용되지 않음
start	교차축을 기준으로 아이템을 컨테이너의 시작에 정렬해 배치함
end	교차축을 기준으로 아이템을 컨테이너의 끝에 정렬해 배치함
center	교차축을 기준으로 컨테이너의 중앙에 배치시킴
baseline	아이템간의 교차축 방향의 정렬을 텍스트 기준선에 맞춰서 배치함

다음은 align-items 속성에 속성 값을 적용하였을 때의 주축 방향으로 아이템 배치 상태를 보여준다. 디폴트 속성 값은 stretch이며, 아이템에 높이가 설정되면 설정된 아이템의 높이가 우선한다. 따라서 stretch로 설정할 경우에는 아이템에 높이를 설정하지 않아야 한다.

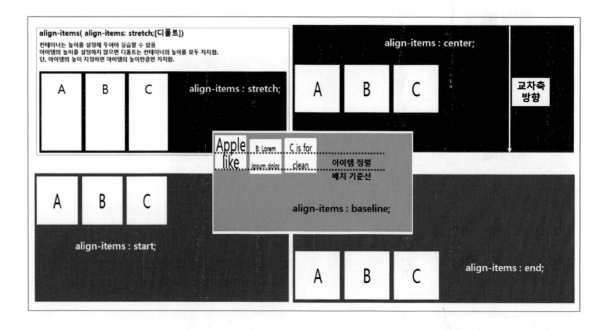

align-content 속성을 적용할 경우에는 반드시 flex-wrap 속성이 wrap으로 설정되어 있어야 한다. align이 의미하듯이 교차축 방향으로 정렬할 때 사용한다. 그런데, 아이템의 교차축 방향으로 2 줄(라인) 이상일 때 사용한다.

■ align-content 속성

다음 그림은 flex-wrap 속성을 wrap으로 설정한 상태에서 align-content 속성을 stretch, start, end 및 center로 설정했을 때의 교차축 방향의 배치 상태를 보여준다. 연속해서 space-between, space-around 및 space-evenly로 설정했을 때 교차축 방향으로 배치된 내용도 그림에서 볼 수 있다.

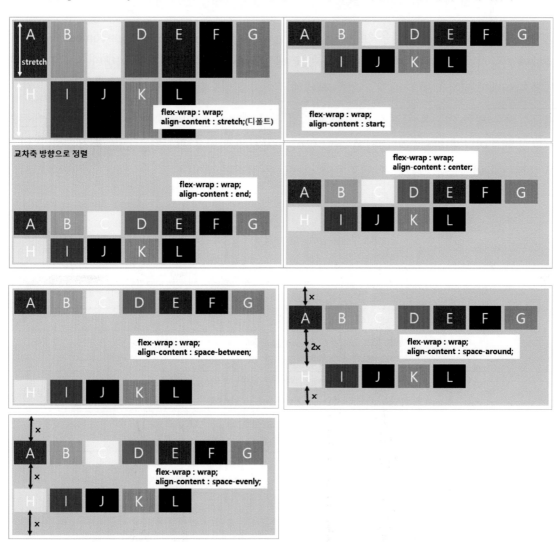

1.5 플렉스 아이템

플렉스 아이템(요소)들에 적용할 수 있는 몇 가지 속성이 있다. 이러한 속성은 개별적인 아이템에 적용되는 속성이다. 플렉스 컨테이너의 자식 요소인 플렉스 아이템들에 대한 배치 순서를 조작할 수도 있으며, 이전 절을 주목해서 학습한 학생들이라면 의문을 갖고 있겠지만, 아이템들을 배치하다 보면 주축 방향으로 남는 공간이 존재하는 상황을 목격했을 것이다. 이러한 남는 공간을 컨테이너의 자식들인 아이템들에 분배해 주축을 완전하게 채울 수도 있다. 또한 컨테이너가 줄어들 경우에도 이에 맞춰 개별 아이템들을 축소시켜 브라우저에 출력하는 속성도 존재한다.

교차축 방향으로 전체 아이템을 채우는 방법은 컨테이너에 align-items나 align-content 속성을 사용하면 가능하다는 것은 이미 학습하였다. 그런데 교차축 방향으로 특정 아이템만을 배치하려면, 해당 아이템에 교차축 방향 배치 속성을 적용해 주어야 한다.

지금까지 설명한 것들은 플렉스 아이템에 직접 적용해야 하는 CSS 속성들이다. 즉, 아이템들의 부모인 컨테이너에 적용하는 속성이 아닌 아이템 자신에게 적용해야 하는 CSS 속성들이다. 다음은 플렉스 아이템들에 적용할 수 있는 CSS 속성들을 정리한 것이다.

Flex item 속성	설명
order	• order에 할당된 값이 작은 숫자의 아이템이 컨테이너의 앞에 배치 • 디폴트는 코딩 순서임
flex-grow	• 주축 방향으로 남는 공간을 아이템에 배분하는 비율을 결정 • 숫자로 할당하며, 값의 크기에 정비례해 남는 공간을 분배
flex-shrink	• 컨테이너가 줄어들 때 축소되는 비율을 결정
flex-basis	• 아이템의 initial main size를 설정(픽셀, %) • 모두 0으로 설정하면 동일한 크기의 item 보장
flex	• 아이템에 css 속성을 적용하는 shortcut 방식 • flex : flex-grow flex-shrink flex-basis;
align-self	• 개별 아이템을 교차축 방향으로 정렬 • stretch | center | start | end

아래는 플렉스 아이템의 order 속성을 알아보기 위한 간단한 소스 코드이다.

```
<head>
 <style>
    .container {
      display: flex;
      /* align-items: stretch;  디폴트*/
      background-color: rgb(132, 66, 245);
    }
    .container > div {
      background-color: white;
      width: 100px;
      margin: 5px;
      text-align: center;
      line-height: 60px;
    }
  </style>
</head>
<body>
  <h3>플렉스 아이템 order 속성</h3>
  <div class="container">
    <div style="order: 4">코딩순서1<br />(order=4)</div>
    <div style="order: 3">코딩순서2<br />(order=3)</div>
    <div style="order: 2">코딩순서3<br />(order=2)</div>
    <div style="order: 1">코딩순서4<br />(order=1)</div>
    <div style="order: 5">코딩순서5<br />(order=5)</div>
  </div>
</body>
```

플렉스 아이템 속성인 order는 반응형 디자인에서 화면 크기가 변경되는 브레이크 포인트에서 레이아웃을 변경할 때 주로 사용한다. 아래는 실제 코딩 순서와 order 속성 값에 따른 출력의 변화를 보여준다.

플렉스 아이템에 flex-grow 속성을 적용하면, 최초의 아이템이 차지하는 공간을 제외한 주축 방향으로 남는 공간을 배분하여 아이템에 배분한다. 즉, 플렉스 아이템에 flex-grow 속성을 설정하면, 해당 플렉스 아이템에 설정된 전체 flex-grow 설정 값을 합산하고, 전체에서 각 flex-grow 속성 설

정 아이템의 비율을 계산해 비율만큼 나머지 빈 공간을 나누어 가진다. 따라서 flex-grow 속성 값을 설정하지 않은 아이템들은 크기의 변화가 없다.

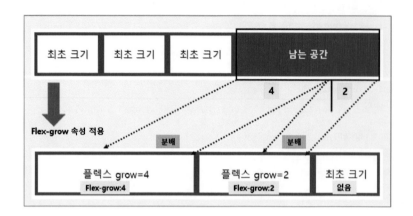

컨테이너의 아이템에 적용하는 flex-shrink 속성은 본래 지정한 너비보다 줄어들 때 작동하는 속성이다. flex-shrink 속성을 지정하지 않으면 브라우저의 너비가 줄어들어도 본래의 너비를 유지한다. 그렇지만 flex-shrink 속성을 설정하면 설정된 값의 크기에 비례하여 너비가 줄어든다. 다만 텍스트의 최소 단어 너비까지 축소되면 더 이상의 축소되지 않고, 최소 단어보다 더 큰 너비를 가지는 flex-shrink 설정 아이템들만 축소된다.

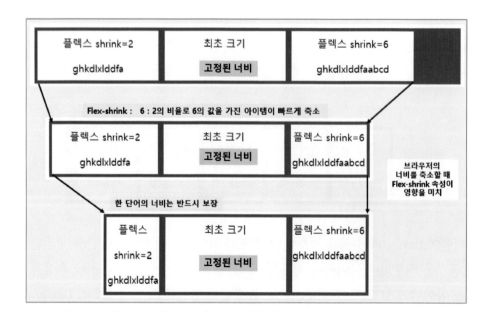

플렉스 컨테이너의 자식인 아이템에 적용하는 flex-basis 속성은 플렉스 아이템의 초기 너비를 지정할 때 사용한다. 여기서 너비라는 말은 수평 방향을 의미하는 것이 아닌 주축 방향으로 길이를 너비라고 사용하고 있다. 따라서 시각적 관점에 보면 길이는 주축이 설정된 방향에 따라 너비 혹은 높이일 수 있다는 것만 주의하기 바란다. 아이템들에 대해 flex-basis 속성을 적용하면 브라우저 화면에 나타나는 최초의 너비를 지정할 수 있다. 단, 이러한 각 아이템의 너비는 브라우저 화면이 각 아이템의 너비를 수용할 수 있을 경우이다. 그렇지만 브라우저의 너비가 줄어들면 flex-basis 속성을 갖는 아이템들은 동일한 비율로 축소된다. flex-basis 속성의 기능을 이해하기 위한 예제는 아래와 같다.

```html
<head>
    <style>
    .container {
      display: flex;
      background-color: lightgray;
    }
    .container > div {
      color: white;
      margin: 4px;
      text-align: center;
      line-height: 50px;
      font-size: 30px;
    }
    .container > div:nth-child(2n + 1) {
      flex-basis: 200px;
    }
    .container > div:nth-child(2n) {
      flex-basis: 100px;
    }
    </style>
</head>
<body>
  <div class="container">
    <div style="background-color: red">A</div>
    <div style="background-color: orange">B</div>
    <div style="background-color: lightcoral">C</div>
    <div style="background-color: green">D</div>
  </div>
</body>
```

홀수 번째에 위치한 아이템들은 flex-basis가 200px이고, 짝수 번째 위치한 아이템들은 100px로 설정하였다. 브라우저 너비가 아이템들을 모두 정상적으로 보여줄 수 있기 때문에 아이템들은 설정된 너비를 가진다. 그러나 만약에 브라우저의 너비가 줄어들면 flex-basis 속성을 적용한 모든 아이템들은 동일한 비율로 너비가 축소된다. 다음 그림을 살펴보기 바란다.

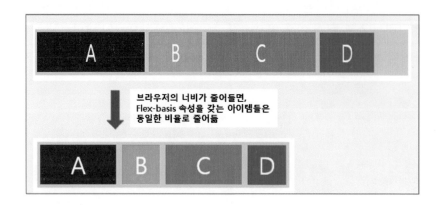

이제 컨테이너의 아이템에 적용하는 flex 속성에 대해 알아보자. flex 속성은 flex-grow, flex-shrink 및 flex-basis 속성을 일괄적으로 적용하는 단축 속성이다.

```
flex : flex-grow  flex-shrink  flex-basis;

• flex : 0 1 auto;      //(디폴트)
• flex : 1 0 0;         //브라우저 너비에 상관없이 모든 아이템들이 동일한 비율로 배분
• flex : 1 1 0;         //위와 동일하게 동작(flex-bais는 작동하지 않음)
• flex : 1 0 150px;     //아이템들의 최소 너비는 150px이며, 동일한 비율로 증가
```

여기서 제시한 예만 알고 있으면 flex 속성의 사용은 충분한다.

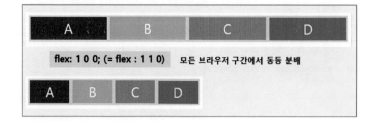

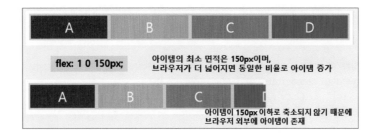

플렉스 컨테이너의 아이템에 적용하는 속성 중에서 교차축 방향으로 개별 아이템에 적용할 수 있는 CSS 속성이 있다. 교차축 방향으로 align-self 속성을 적용하기 위해서는 반드시 부모인 플렉스 컨테이너에 높이가 설정되어 있어야 한다.

```
align-self : stretch | center | start | end;
```

align-self 속성을 사용하면 개별 아이템에 대해 교차축 방향으로 레이아웃 배치를 할 수 있다.

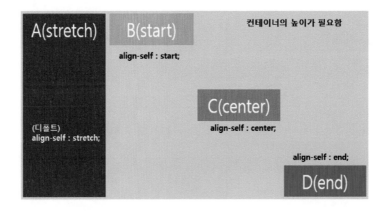

1.6 플렉스 박스를 사용한 아이템의 브라우저 정중앙 배치

플렉스 컨테이너와 자식인 플렉스 아이템에 대해 지금까지 학습하였다. 브라우저 화면이나 특정한 영역에서 플렉스 박스를 사용해 정중앙에 배치할 수 있다. 이 방식은 기존의 방식보다 간단하고 쉽기 때문에 최근에는 정중앙에 특정 아이템을 배치할 필요가 있을 때 많이 사용되고 있다. 여기서 구현된 것은 브라우저 화면의 크기를 변경되더라도 항상 정중앙에 배치되도록 구현한 것이다. 아래는 브라우저 화면의 정중앙에 간단한 아이템 박스를 배치하는 HTML 코드이다.

```
<!DOCTYPE html>
<html lang="en">
  <head>
    <meta charset="UTF-8" />
    <meta http-equiv="X-UA-Compatible" content="IE=edge" />
    <meta name="viewport" content="width=device-width, initial-scale=1.0" />
    <title>박스 정중앙 정렬</title>
    <style>
      body,
      html {
        box-sizing: border-box;
        margin: 0;
        padding: 0;
        width: 100vw;
        height: 100vh;
        background-color: mistyrose;
      }
      .container {
        display: flex;
        justify-content: center;
        align-items: center;
        width: 100%;
        height: 100%;
        align-items: center;
        font-size: 2rem;
        font-weight: bold;
        background-color: mistyrose;
      }
      .item {
        width: 300px;
        background-color: lightgreen;
        border: 2px solid red;
      }
    </style>
  </head>
  <body>
    <div class="container">
      <div class="item">flex box를 사용한 컨텐츠의 중앙정렬</div>
    </div>
  </body>
</html>
```

웹 브라우저의 출력을 확인해 보면 다음과 같다. 이미 설명하였지만 브라우저의 크기를 조절해도
내용이 항상 정중앙에 배치된다.

1.7 플렉스 박스를 사용한 네비게이션 바

플렉스 박스를 사용하여 네비게이션 바(Navigation bar)를 디자인할 수 있다. 플렉스 박스를 사용한 네비게이션 바의 소스 코드를 확인해 보고, 실제 여러분들이 타이핑을 해보고 잘 이해해 향후에 여러분의 필요에 맞게 변형하여 사용하였으면 한다. 네비게이션 바의 화면 출력이 변경되는 breakpoint는 768px로 설정하였지만, 필요하면 여러 개의 breakpoint를 적용해 보는 것도 권고하는 바이다. 네비게이션 바를 구현하기 위해 3개의 파일을 생성하였다.

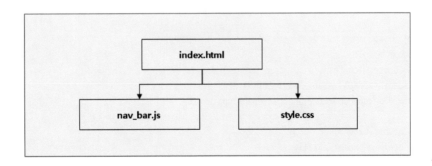

index.html 파일을 수행하면 다음과 같은 브라우저 화면이 나타난다.

index.html 파일의 소스 코드는 다음과 같다.

```html
<!-- index.html -->
<!DOCTYPE html>
<html lang="ko">
<head>
    <meta charset="UTF-8">
    <meta name="viewport" content="width=device-width, initial-scale=1.0">
    <title>Document</title>
    <link rel="stylesheet" href="style.css">
</head>
<body>
<!-- 네비게이션 바-->
<nav class="navbar">
    <div class="navbar-logo">
        <!-- <span>&#x2600;</span> &#x : 16진수 표기 -->
        <a href="#"> <span>&#x2600; </span>Jupiter</a>
    </div>
    <ul class="navbar-menu">
        <li><a href="#">Home</a></li>
        <li><a href="#">Gallery</a></li>
        <li><a href="#">Wedding</a></li>
        <li><a href="#">FAQ</a></li>
        <li><a href="#">Bookings</a></li>
```

```
            <li><a href="#">Contact</a></li>
        </div>
    </ul>
    <div class="navbar-icons">
        <span>&#8610;</span>
        <span>&#8611;</span>
    </div>
    <a href="#" class="navbar-toggleBtn">
            &#9776;
    </a>
</nav>

<script src="nav_bar.js" ></script>
</body>
</html>
```

스타일시트를 정리한 style.css 파일은 다음과 같다.

```
/* style.css */
html, body {
  margin: 0 auto;
}
.navbar {
  display: flex;
  justify-content: space-between;  align-items: center;
  background-color: #263343;  padding: 8px 12px;
}
a {   text-decoration: none;    color: white; }
.navbar-logo { font-size: 24px;   color: white; }
.navbar-logo span {   color: #f05533;}
.navbar-menu {   display: flex;   list-style: none;   padding-left: 0px; }
.navbar-menu li {  padding: 8px 12px; }
.navbar-menu li:hover {  background-color: #66d4bc;   border-radius: 7px; }
.navbar-icons span {  padding: 8px 12px;   color: white; }
.navbar-toggleBtn {
  position: absolute;  right: 32px;
  font-size: 24px;   color: #d49466;  display: none;
}

@media (max-width: 768px) {
    .navbar {    flex-direction: column;    align-items: start;    padding: 8px 24px;  }
    .navbar-menu {
```

```
    flex-direction: column;      align-items: center;
    width: 100%;     display: none;
  }
  .navbar-menu li {      width: 100%;      text-align: center;  }
  .navbar-icons {
    justify-content: center;     width: 100%;
    text-align: center;     display: none;
  }
  .navbar-toggleBtn {    display: block;  }
  .navbar-menu.active,
  .navbar-icons.active {    display: block; /*flex를 사용해도 됨" */  }
}
```

마지막으로 자바스크립 파일인 nav_bar.js의 소스 코드이다.

```
//nav_bar.js
const toggleBtn = document.querySelector(".navbar-toggleBtn");
const menu = document.querySelector(".navbar-menu");
const icons = document.querySelector(".navbar-icons");

toggleBtn.addEventListener("click", () => {
  menu.classList.toggle("active"); //active 클래스가 있으면 제거하고, 없으며 추가
  icons.classList.toggle("active");
});
```

1.8 테스트용 이미지 사용

더미 텍스트(문자열)를 사용하려면 주로 "https://www.lipsum.com/" 사이트에 있는 더미 문자열을 사용할 수 있다. HTML 파일에 본문 등을 더미 데이터로 채울 때 유용하게 사용한다.

본 절에서는 테스트를 위한 랜덤 이미지를 웹 사이트에 불러와 사용하는 방법을 소개한다. "https://picsum.photos/" 사이트는 랜덤 이미지를 사용할 수 있도록 지원한다. "Lorem Ipsum for photos"라 부르며, 줄여서 "Lorem Picsum"이라고 한다. 이러한 사이트의 도움을 받으면 임의의 그림으로 채워진 멋진 placeholder를 만들 수 있다.

기본 사용법은 다음과 같다. Lorem picsum 사이트의 url 주소 다음에 너비와 높이를 지정한 이미지 크기 추가하면 랜덤 이미지를 얻을 수 있다. 일반적으로 직사각형의 이미지나 정사각형의 이미지를 많이 사용하는데, 아래와 같이 설정하면 된다.

---

1. 너비가 200픽셀이고, 높이가 300픽셀인 직사각형의 랜덤 이미지 얻기
   https://picsum.photos/200/300
2. 너비와 높이가 200픽셀인 정사각형의 랜덤 이미지 얻기
   https://picsum.photos/200

이러한 이미지 url 주소를 <img> 태그의 속성인 src에 문자열로 할당하면 랜덤 이미지를 불러와 웹 페이지에 보여준다. 아래 간단한 예제 소스를 살펴보자.

```
<!DOCTYPE html>
<html lang="ko">
  <head>
    <meta charset="UTF-8" />
    <meta http-equiv="X-UA-Compatible" content="IE=edge" />
    <meta name="viewport" content="width=device-width, initial-scale=1.0" />
    <title>랜덤 이미지 사용하기</title>
  </head>
  <body>
    <div>
      <img src="https://picsum.photos/200/300" alt="200x300:랜덤 이미지" />
      <img src="https://picsum.photos/200" alt="200x200:랜덤 이미지" />
    </div>
  </body>
</html>
```

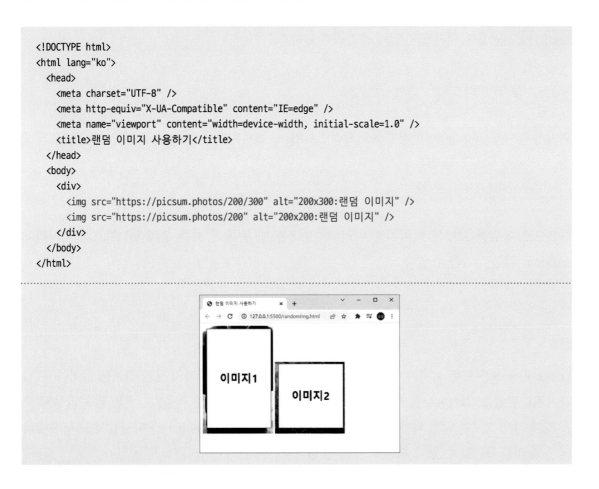

여러분들이 웹 페이지를 재 로딩해보면, 웹 페이지가 재 로딩될 때마다 이미지가 변경되는 것을 확인할 수 있을 것이다.

위에서 설명한 것은 Lorem Picsum을 사용한 가장 기본적인 이미지 사용법이다. 다른 방법으로도 이미지를 불러와 사용할 수 있는데, 이에 대해 몇 가지 추가적으로 설명할 것이다.

먼저 기본 URL에 /id/{image}를 추가하여 특정 이미지를 지정해 불러올 수 있다. 만약에 id가 237이고, 너비가 200픽셀, 높이가 400픽셀인 이미지는 다음과 같이 URL을 작성하면 된다.

```
기본형 : https://picsum.photos/id/아이디번호/너비/높이
https://picsum.photos/id/237/200/400
```

다음은 씨드(Seed)를 설정해 접속시 무작위로 변경되지 않고 동일한 이미지를 불러올 수 있다. /seed/{씨드값}를 이미지 크기 앞에 추가하면 된다.

```
https://picsum.photos/seed/picsum/200/300
```

이어서 흑백(Grayscale) 이미지를 불러오려면 URL 주소 마지막에 ?grayscale을 추가하면 된다.

```
https://picsum.photos/200/300?grayscale
```

다음으로 동일한 크기의 이미지를 여러 개 불러올 때 중복 방지를 위해 url 주소의 마지막에 ?random=값을 추가할 수 있다.

```
<img src="https://picsum.photos/200/300?random=1">
<img src="https://picsum.photos/200/300?random=2">
```

Lorem Picsum은 또한 이미지 상세 읽어오기를 지원한다. 즉, 이미지의 상세 정보를 읽어올 수 있다. URL 뒤에 /id/{id}/info를 추가하면 특정 이미지에 대한 정보를 얻을 수 있다. 웹 브라우저 주소 창에 상세 정보를 얻기 위한 주소를 입력한 후 접속해 보면 id, author 등 다양한 정보가 포함되어 있는 것을 확인할 수 있다. 아래의 예를 잘 살펴보기 바란다.

`https://picsum.photos/id/0/info`

마지막으로 이미지에 대한 상세 정보를 리스트 형식으로 읽어올 수 있다. 기본 URL 주소 뒤에 /v2/list를 추가하면 된다. 한 번에 30개의 이미지 정보 목록을 불러온다. 향후 데이터 페치(Fetch) 루틴을 사용해 값을 사용할 수 있을 것이다.

`https://picsum.photos/v2/list`

CHAPTER **2**

그리드 레이아웃 Grid Layout
디자인

2.1 개요

그리드 시스템은 웹 페이지의 내용을 논리적이고 일관성 있는 질서와 구조로 디자인할 수 있도록 돕는 그래픽 시스템이다. 통상적으로 그리드(Grid)의 의미는 '격자무늬' 혹은 '격자판'을 지칭한다. 최근 반응형 웹 디자인 분야에서 2차원 방식으로 행과 열을 갖는 그리드 레이아웃은 플렉스 박스 레이아웃과 더불어 많은 주목을 받고 있다. 그리드 레이아웃은 한 개 이상의 자식 요소들을 갖는 부모 요소에 적용할 수 있다. 플렉스 박스 레이아웃보다 좀 더 복잡한 레이아웃 설계가 용이하다.

아래 그림은 그리드 레이아웃 방식의 디자인을 보여주는 예이다.

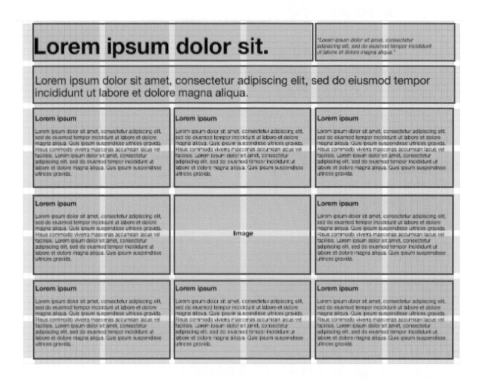

그리드 레이아웃과 관련한 상세한 설명은 "https://drafts.csswg.org/css-grid/" 사이트를 참조하면 많은 도움이 될 것이다. 그리드 레이아웃 디자인은 아주 유연한 설계가 가능하도록 하는 비교적의 최신의 디자인 기법이다.

다음 그림은 1차원 방식의 플렉스 박스 레이아웃 방식과 2차원의 그리드 레이아웃 방식을 간략하게 보여주는 그림이다.

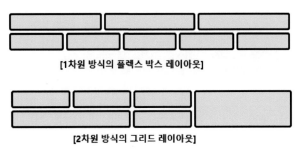

[1차원 방식의 플렉스 박스 레이아웃]

[2차원 방식의 그리드 레이아웃]

참고 : https://drafts.csswg.org/css-grid/#alignment

본 장에서는 CSS 그리드 레이아웃 디자인에 대해 자세히 소개할 것이다. 여러분들이 학습한 플렉스 박스 레이아웃이나 그리드 레이아웃을 잘 활용하면 멋진 웹 페이지를 구성할 수 있을 것이다.

2.2 그리드 컨테이너 (Grid Container)

그리드 레이아웃 디자인을 선언하는 방법은 부모 요소의 display CSS 속성을 grid로 설정하는 것이다. Display가 grid 속성 값으로 설정된 부모 요소는 그리드 컨테이너(Grid Container)라고 부른다. 그리고 부모 요소의 직계 자식들은 그리드 레이아웃에서 그리드 아이템(Grid Item)이 된다. 아래는 특정 선택자를 그리드 레이아웃으로 선언하는 방법을 보여준다.

```
부모선택자(Selector) {
    display : grid | inline-grid;
}
```

Display 속성을 grid로 설정하면 블록 레벨 그리드 컨테이너로 해당 요소를 취급한다. 그리고 display 속성을 inline-grid로 설정하면 인라인 레벨 그리드 컨테이너로 해당 요소를 취급한다. 그리드 레이아웃은 행(row)과 열(column)을 자유자재(가변적)로 배치할 수 있는 유연한 디자인 기법이지만, 아직까지는 플렉스 레이아웃보다는 덜 보편화되어 있다. 하지만 그리드 레이아웃은 향후 사용이 계속 증가될 것으로 예상되고 있다.

정의한 그리드 컨테이너는 다시 그리드 셀들로 분할할 수 있다. 만약에 3개의 열(칼럼) 트랙(Track)과 3개의 행 트랙으로 나누는 예를 생각해 보자. 이 때 열을 분할하는 속성은 grid-template-columns를 사용하며, 행을 분할하는 속성은 grid-template-rows 속성을 사용한다. 아래의 예를 보자.

```
부모선택자(Selector) {
    display : grid │ inline-grid;
    grid-template-columns : 200px 250px 150px; /*3개의 열 너비정의*/
    grid-template-rows : 200px 300px 100px; /*3개의 행 높이 정의 */
}
```

위에서 정의한 부모 요소는 다음 그림과 같은 형태의 셀들로 분할된다. 이 예에서는 셀 사이의 간격이 존재하지 않는다.

또한 여기서 설명한 개념을 좀 더 명확히 보고자 한다면, https://codepen.io/rache-landrew/pen/reoJeG?__cf_chl_jschl_tk__=fQp58wgYTqXJ30_IFvJXo7XzA7juy9L2qiF4SURHq4g-1641860481-0-gaNycGzNCj0 사이트를 참고하면 도움이 된다.

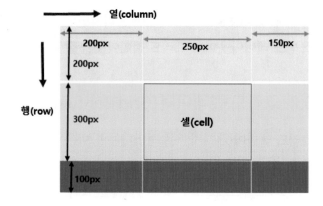

그리드 레이아웃에서 행과 열 사이의 간격, 즉 셀과 셀 간의 간격을 gap 혹은 gutter라고 부른다. 그리드의 셀들을 행 방향 혹은 열 방향으로 간격을 지정할 수 있으며, 행과 열 방향으로 동시에 간격을 지정할 수도 있다. 과거에는 grid-gap, grid-column-gap, grid-row-gap을 속성 명으로 사용하였으나 현재는 gap, column-gap, row-gap이 셀 사이의 간격을 표시하는 정식 표준이다. 부모 컨테이너에 아래와 같이 셀 사이의 간격을 지정할 수 있다.

```
부모선택자(Selector) {
    display : grid │ inline-grid;
    grid-template-columns : 200px 250px 150px; /*3개의 열 너비정의 */
    grid-template-rows : 200px 300px 100px; /*3개의 행 높이 정의 */
    gap : 10px; /* column-gap 및 row-gap이 10px */
}
```

다음은 지금까지 설명한 내용을 HTML로 작성한 코드와 수행 결과를 보여준다.

```
<!DOCTYPE html>
<html><head>
<style>
body, html {
  margin : 0 0;
}
.grid-container {
    display  :  grid;
    grid-template-columns : 200px  250px 150px; /*3개의 열*/
    grid-template-rows : 200px 300px  100px; /*3행 */
    gap  :   10px; /* grid-column-gap과 grid-row-gap */
    width : 700px;
    margin : 0 auto;
    background-color : lightgray;
}
.grid-item {
    background-color : #0f0f0f;
    font-size : 2rem;
    overflow : hidden;
}
</style></head>
<body>

<div  class="grid-container">
    <div class="grid-item">1. 대한민국 생활체육의 일상화 실현</div>
    <div class="grid-item">2</div>
    <div class="grid-item">
    <img src="https://picsum.photos/200/300" style="width:100%;height:100%"></div>
    <div class="grid-item">4</div>
    <div class="grid-item"><img src="https://picsum.photos/200/300" style="width:100%"></div>
    <div class="grid-item">6</div>
</div>
</body>
</html>
```

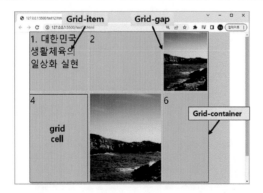

2.3 그리드 단위 fr(Fraction) 적용하기

Fr 단위는 그리드 컨테이너에서 이용 가능한 공간 영역을 분배하기 위해 사용하는 개념이다. 예를 들어, 그리드의 열 속성을 'grid-template-columns : 1fr 2fr;' 과 같이 기술하면, 컨테이너의 이용 가능한 너비 공간을 1:2의 비율로 분할해 배분하라는 의미이다.

```
부모선택자(Selector)  {
    display  :  grid  ¦   inline-grid;
    grid-template-columns : 1fr   2fr   1fr ; /*3개의 열 너비정의 */
    grid-template-rows  :  200px 300px 100px;  /*3개의 행 높이 정의 */
    gap  :  10px;  /* column-gap 및 row-gap이 10px */
}
```

위처럼 열들을 fr 단위로 지정하면, 설정된 웹 페이지의 너비를 1:2:1의 비율로 분할해 열 방향의 셀들을 나눈다. 다음의 예는 그리드 컨테이너의 너비를 700px로 지정했을 경우, 열 방향으로 각 셀들이 분할되도록 코딩한 것이다. 소스와 결과 화면을 확인하기 바란다.

```
<!DOCTYPE html>
<html>
<head> <style>
body, html {  margin : 0 0;  }
.grid-container {
        display  :  grid;
        grid-template-columns : 1fr 2fr 1fr;
        grid-template-rows : 200px 300px  100px; /*3행 */
        gap  :  10px; /* grid-column-gap과 grid-row-gap */
        width : 700px;
        margin : 0 auto;
        background-color : lightgray;
}
.grid-item {
    background-color : red;
    font-size : 2rem;
}
</style>  </head>
<body>
<div class="grid-container">
  <div class="grid-item">1</div>
  <div class="grid-item">2</div>
```

```
    <div class="grid-item">3</div>
    <div class="grid-item">4</div>
    <div class="grid-item">5</div>
    <div class="grid-item">6</div>
</div>  </body>
</html>
```

여러분들은 특정 칼럼(열)의 경우 고정된 픽셀 너비를 사용할 수 있다. 만약에 첫 번째 열만 100px로 고정하고, 나머지를 fr 단위 사용하여 각 열의 너비를 설정할 수 있다. 첫 번째 열만은 너비가 100px로 고정되지만, 나머지 열들은 비율에 비례해 분할된 열로 구성된다. 다음의 그림을 살펴보기 바란다.

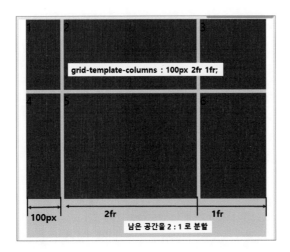

2.4 Repeat( ) 함수 사용하기

그리드 레이아웃에서 컨테이너의 속성으로 열 방향이나 행 방향으로 반복 횟수와 너비 혹은 높이를 지정할 수 있는 repeat( )함수가 있다. 열 성분만을 지정하면 나머지 행 성분은 자동으로 켄텐츠 영역만큼만 확보한다. 그리고 컨테이너의 높이는 지정하였지만, 셀의 높이를 지정하지 않을 경우에는 자동으로 높이를 나누어 가진다.

Repeat( ) 함수의 기본형은 다음과 같다.

```
// repeat 함수는 2개의 파라미터를 받음
 repeat(반복횟수 | auto-fill | auto-fit, 셀의 너비(혹은 높이) )
```
```
예
grid-template-columns : repeat(3, 1fr);      //열 방향으로 3 등분
grid-template-columns : 200px  repeat(3, 1fr)  100px; //총 5개의 열
grid-template-rows : 200px  repeat(3, 1fr);    //총 4개의 행
```

auto-fill과 auto-fit 속성은 minmax(최소값, 최대값) 함수와 결합하여 사용하기 때문에 잠시 후에 설명하기로 하고, 첫 번째 인자로 반복횟수를 사용하는 경우를 먼저 설명할 것이다.

Repeat(반복횟수, 셀 너비(혹은 높이))로 설정하면, 반복 횟수만큼 두 번째 인자의 크기로 행 방향이나 열 방향으로 셀의 크기를 설정한다. 예를 들면, 'grid-template-columns : repeat(3, 1fr)'과 같이 설정한다면 3개의 열을 동등한 크기로 나누어 배분하라는 의미이다. 다음의 예제 소스 및 결과 화면을 참고하기 바란다.

```
<!DOCTYPE html>
<html>
<head>
<style>
body, html {
  margin : 0 0;
}
.grid-container {
    display : grid;
    grid-template-columns :repeat(3, 1fr);
    /*grid-template-rows : 200px 300px  100px; 3행 */
    grid-gap :  10px; /* grid-column-gap과 grid-row-gap */
    width : 700px;
```

```
    height : 400px;  /*높이를 할당하였음 */
    margin : 0 auto;
    background-color : yellow;
}
.grid-item {
    background-color : red;
    font-size : 2rem;
}
</style>
</head>
<body>

<div class="grid-container">
  <div class="grid-item">1</div>
  <div class="grid-item">2</div>
  <div class="grid-item">3</div>
  <div class="grid-item">4</div>
  <div class="grid-item">5</div>
  <div class="grid-item">6</div>
</div>
</body>
</html>
```

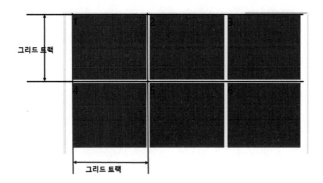

그리드 레이아웃의 컨테이너 속성으로 각 행이나 열을 생성할 때마다 자동 너비나 높이를 할당할 수 있다. Grid-auto-rows 혹은 grid-auto-columns 속성을 사용하면 된다. 다음의 예는 행이 추가될 때마다 높이를 200px로 지정한 경우이다.

```
부모선택자(selector) {
    display  : grid;
    grid-template-columns : repeat(3, 1fr);
```

```
    grid-auto-rows : 200px; /*행이 추가될 때의 높이 지정 */
    gap :  10px; /* column-gap과 row-gap */
}
```

다음은 repeat( ) 함수의 첫 번째 파라미터로 사용할 수 있는 auto-fill과 auto-fit의 속성에 대한 설명이다. 두 파라미터 모두 행이나 열의 수를 지정하지 않고, 설정된 너비나 높이가 허용하는 최대한의 크기로 셀을 채울 때 사용한다. 그리고 2 번째 파라미터로 minmax(최소값, 최대값) 함수를 사용한다. 이러한 방식은 일단 셀들을 최소 크기로 배치하고 남는 공간이 있을 때 너비나 높이를 나누어 분할한다. 최대값이 1fr이면, 남는 공간이 있으면 동일하게 나누어 가지라는 의미이다.

```
repeat( auto-fill,  minmax(100px,  1fr) ); //(min-content, max-content)
repeat( auto-fit,  minmax(100px, 1fr) );
```

그런데 그리드 컨테이너가 하나의 행으로만 구성되어 있고 두 번째 파라미터가 fr 단위일 때 auto-fill과 auto-fit의 동작 방식은 다르다. 그리드 아이템이 한 행으로 구성된 경우 Auto-fit은 한 행의 내부에 빈 공간이 있으면, 그 공간을 각 셀들이 동일하게 나누어 가진다. 하지만, auto-fill은 최소 크기 기준으로 배치했을 때 1개 이상의 그리드 아이템 공간이 비어있더라도 빈 공간을 사용하지 않는다.

먼저 다음 그림은 그리드 컨테이너 내의 셀들이 한 행 내에 존재할 경우에 대한 설명이다. Auto-fill과 auto-fit이 한 행 내에서 한 개 이상의 아이템 공간이 남을 때, auto-fit 만이 남는 공간을 공평하게 분할하여 사용하고, auto-fill은 남는 공간을 그대로 남겨둔다.

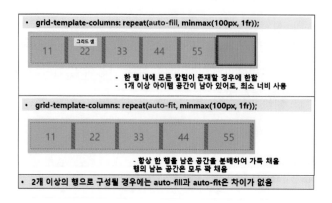

48 리액트와 함께하는 웹 디자인

그리드 셀들이 2행 이상으로 구성될 경우에는 auto-fill과 auto-fit은 동일하게 동작한다. 다음은 이를 실습하기 위한 예제 소스이며, 실행 화면에 대한 그림도 볼 수 있다. 그리고 행이 추가될 때마다 동일한 높이를 설정하기 위해 'grid-auto-rows : 200px;' 속성을 사용하고 있다.

```html
<!DOCTYPE html>
<html>
<head>
<style>
body, html {
  margin : 0 0;
}
.grid-container {
    display  :  grid;
    grid-template-columns : repeat(auto-fit, minmax(135px, 1fr));
    /*grid-template-columns : repeat(auto-fill, minmax(135px, 1fr));*/
    grid-auto-rows : 200px; /*행이 추가될 때의 높이 지정 */
    gap  :  10px; /* grid-column-gap과 grid-row-gap */
    width : 650px;
    margin : 0 auto;
    background-color : yellow;
}
.grid-item {
    background-color : red;
    font-size : 2rem;
}
</style>
</head>
<body>

<div class="grid-container">
  <div class="grid-item">1</div>
  <div class="grid-item">2</div>
  <div class="grid-item">3</div>
  <div class="grid-item">4</div>
  <div class="grid-item">5</div>
  <div class="grid-item">6</div>
</div>
</body>
</html>
```

2.5 그리드 라인(Grid line)

그리드 라인은 수평선과 수직선이 존재한다. 이러한 그리드 라인은 숫자(Number)를 사용해 참조될 수 있으며, 그리드 라인에 이름을 부여할 수도 있다. 조만간 학습하게 될 grid area는 1개 이상의 그리드 셀을 포함해 지정할 수 있다.

만약에 여러분들이 그리드 레이아웃을 적용해 웹을 작성하였다면, 웹 브라우저에서 그리드 라인 및 너비 등을 개발자 도구에서 확인할 수 있다.

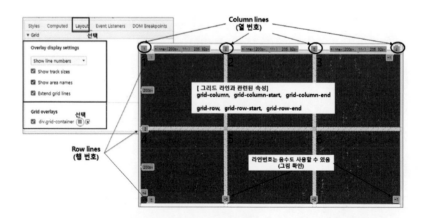

그리드 상에 아이템을 배치하기 위해 다음의 속성을 사용한다. Grid-column, grid-row 속성은 그리드의 시작과 끝을 설정할 때 사용하는 속성이다. Grid-column-start와 grid-column-end는 열의 시작 번호와 끝 번호를 설정할 때 사용하며, grid-row-start와 grid-row-end는 행의 시작 번호와 끝 번호를 설정할 때 사용한다. 시작과 끝은 그리드 라인 번호 이외에 정의된 이름을 사용할 수도 있다.

■ 그리드 아이템에 적용

```
grid-column : 시작 / 끝;    //주) 시작과 끝은 '/'로 구분함.
grid-row : 시작 / 끝;
grid-column-start : 시작;
grid-column-end : 끝;
grid-row-start : 시작;
grid-row-end : 끝;
```

다음 그림과 같은 형태의 웹 페이지를 제작한다고 하자.

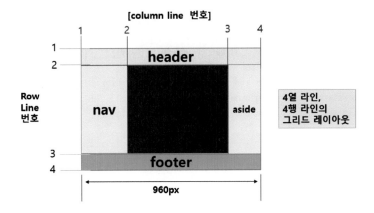

예를 들어, Header 영역은 1개의 전체 행으로 구성되며, 열은 번호 1부터 시작해 번호 4에 걸쳐 배치되는 것을 알 수 있다. 또한 main 영역은 열은 번 2부터 시작해 3까지를 차지하며, 행은 번호 2부터 시작해 번호 3까지에 위치해 있음을 알 수 있다. 이러한 기준으로 html 코딩하면 다음과 같다.

```
DOCTYPE html>
<html>
<head>
<style>
body, html {
  margin : 0 0;
}
.grid-container {
```

```
        display : grid;
        grid-template-columns : 200px  1fr   150px;
        grid-template-rows : 150px  1fr  100px;
        grid-gap :  0.5rem; /* grid-column-gap과 grid-row-gap */
        width : 960px;
        height : 100vh;
        margin : 0 auto;
        background-color : yellow;
}
.grid-item {
        background-color : red;
        font-size : 2rem;
}
.header {grid-column-start : 1; grid-column-end : 4;
           grid-row-start : 1; grid-row-end : 2;}
.nav {grid-column-start : 1; grid-column-end : 2;
      grid-row-start : 2; grid-row-end : 3; background-color:green;}
.main {grid-column-start : 2; grid-column-end : 3;
        grid-row-start : 2; grid-row-end : 3; background-color:navy;}
.aside {grid-column-start : 3; grid-column-end : 4;
           grid-row-start : 2; grid-row-end : 3; background-color:pink;}
.footer {grid-column-start : 1; grid-column-end : 4;
           grid-row-start : 3; grid-row-end : 4; background-color:gray;}
</style>
</head>
<body>

<div class="grid-container">
  <div class="grid-item header">header</div>
  <div class="grid-item nav">nav</div>
  <div class="grid-item main">main</div>
  <div class="grid-item aside">aside</div>
  <div class="grid-item footer">footer</div>
</div>
</body>
</html>
```

위의 코드를 수행한 결과 화면은 다음과 같다.

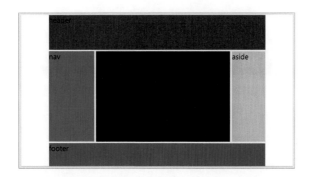

위에서 작성한 코드에서 grid-column과 grid-row를 사용해 단축형으로 코딩해도 동일한 결과를 얻을 수 있다. 이러한 단축형 표현 방식이 이전 방식보다 더 선호된다.

```
<style>
.header {grid-column : 1/4;  grid-row : 1/2;}
.nav {grid-column : 1/2; grid-row : 2/3; background-color:green;}
.main {grid-column : 2/3;  grid-row : 2/3; background-color:navy;}
.aside {grid-column : 3/4;  grid-row-start : 2; grid-row-end : 3;
       background-color:pink;}
.footer {grid-column : 1/4;  grid-row-start : 3; grid-row-end : 4;
        background-color:gray;}
</style>
```

그리드 레이아웃에서는 span 예약어도 사용할 수 있다. 이 예약어는 시작 위치의 번호로부터 사용하는 그리드 셀의 수를 span 옆에 적으면 된다. 아래의 예를 살펴보기 바란다. 두 표현은 동일한 의미를 가진다.

```
grid-column : 1/3;
grid-column : 1/span 2;    //번호 1번부터 시작해 2개의 셀을 점유함.
```

2.6 Grid-template-areas 속성

그리드 레이아웃에서 각 셀에 이름을 부여하여 디자인에서 활용하는 방법이며, 동일한 영역에 해당하는 셀에 대해 동일한 이름을 부여한다.

아래와 같은 구조의 웹 페이지를 그리드 레이아웃을 이용해 디자인하고자 한다고 하자.

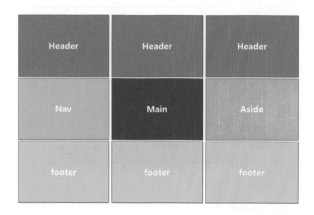

위의 디자인을 만족하는 웹 화면을 grid-template-areas를 이용해 구현하고자 한다면 아래와 같이 부모 컨테이너를 정의하면 된다.

```
부모선택자(selector) {
        display  :  grid;
        grid-gap  :  8px;
        grid-template-columns : repeat(3, 1fr);
        grid-template-rows : repeat(3, 200px);
            grid-template-areas :
            "header   header   header"
            "nav   main   aside"
            "footer   footer  footer"
}
```

그리고 대응하는 그리드 아이템들은 영역에 대응하는 클래스(Class) 이름을 부여하여 맵핑시키면 된다. 관련된 일부분의 html 소스 코드를 예시하면 다음과 같을 수 있다.

```
... 위 생략
<style>
.header { grid-area : header;}
.nav { grid-area : nav; }
.main {grid-area : main; }
.aside {grid-area : aside; }
.footer {grid-area : footer; }
</style>
</head>
<body>
```

```
<div class="grid-container">
  <div class="grid-item header">header</div>
  <div class="grid-item nav">nav</div>
  <div class="grid-item main">main</div>
  <div class="grid-item aside">aside</div>
  <div class="grid-item footer">footer</div>
</div>
</body>
```

위의 설명을 종합한 html 소스는 아래와 같다. 만약에 여러분들이 그리드 레이아웃으로 전체적인 위치를 결정하고, 각 그리드 아이템들은 필요하면 플렉스 박스 레이아웃을 적용할 수 있다. 아래의 html 소스를 잘 살펴보기 바란다.

```
<!DOCTYPE html>
<html>
<head>
<style>
body, html {
  margin : 0 0;
}
<!DOCTYPE html>
<html>
<head>
<style>
body, html {
  margin : 0 0;
}
.grid-container {
    display  :  grid;
    grid-gap  :  0.5rem;
    width : 960px;
    margin : 0 auto;
    background-color : beige;
    grid-template-columns : repeat(3, 1fr);
    grid-template-rows : repeat(3, 200px);
    grid-template-areas :
        "header  header  header"
        "nav  main  aside"
        "footer  footer  footer";   }
.grid-item {
    background-color : lightblue;
```

```
     font-size : 2rem;  }

.header { grid-area : header;
        display : flex;
        justify-content : center;
        align-items : center;              }
.nav { grid-area : nav; background-color:gray;}
.main {grid-area : main; background-color:blue;}
.aside {grid-area : aside; background-color:yellow;}
.footer {grid-area : footer; background-color:lightgreen;}
</style>
</head>
<body>

<div class="grid-container">
  <div class="grid-item header">header</div>
  <div class="grid-item nav">nav</div>
  <div class="grid-item main">main</div>
  <div class="grid-item aside">aside</div>
  <div class="grid-item footer">footer</div>
</div>
</body>
</html>
```

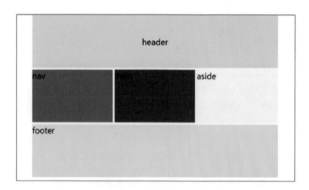

2.7 그리드 트랙(Grid Track) 정렬

부모 요소인 그리드 컨테이너를 기준으로 열 증가 방향이나 행 증가 방향으로 그리드 트랙을 상대적으로 정렬할 수 있다. 결과적으로 이것은 전체 그리드 셀에 대한 정렬을 의미한다. 부모 요소에 적용하는 justify-content 속성은 열 증가 방향(가로)을 따라 그리드 트랙을 정렬하는 것을 뜻하며, align-content 속성은 행 증가 방향(세로)으로 그리드 트랙을 정렬하는 것을 뜻한다. 일반적으로 부모 요소인 그리드 컨테이너가 자식 요소인 아이템들을 열 방향이나 행 방향으로 정렬할 때, 컨테이너 상에 셀들을 위치시키는 방법을 정의하는 개념이다. 그리드 컨테이너의 크기보다 작은 그리드 아이템 트랙 크기를 가질 때, 아이템 트랙을 정렬할 수 있다. 플렉스 박스 레이아웃과 동작 방식이 유사하다. 디폴트는 아이템들이 좌측 상단부터 차례대로 배치되는 것이다.

```
부모선택자(selector) {
    display  :  grid;
    justify-content : start(디폴트) ¦ end ¦ stretch ¦ space-between ¦
                    space-around ¦ space-evenly ¦ baseline;
}
```

다음 소스 코드는 그리드 레이아웃에서 그리드 컨테이너의 justify-content 속성에 디폴트인 start를 설정하였다. 이어서 소스 파일 실행시 브라우저 출력 화면을 보여주고 있다.

```html
<!DOCTYPE html>
<html><head>
<style>
html, body { background-color : beige; }

.container {
  display : grid;  grid-gap: 0.5em;
  grid-template-columns: repeat(3, 120px);
  grid-template-rows: repeat(3, 60px);
  grid-template-areas : "x1 x2 x3"
                        "x4 x5 x6"
                        "x7 x8 x9";
  width: 600px;
  height: 400px;
  border : 1px solid red;
  background-color : lightgray;
  justify-content : start;  /* 디폴트 */
}

.item {
  background-color: aqua;
  text-align: center;
  font-size: 20px;
  border : 1px solid darkblue;
}
.aa { grid-area : x1}
```

```
.bb { grid-area : x2}
.cc { grid-area : x3}
.dd { grid-area : x4}
.ee { grid-area : x5}
.ff { grid-area : x6}
.gg { grid-area : x7}
.hh { grid-area : x8}
.ii { grid-area : x9}
</style></head>
<body>

<h1 style="color:red">justify-content    실습
</h1>

<div class="container">
  <div class="item aa">11 안녕...</div>   <div class="item bb">22</div>
  <div class="item cc">33</div>   <div class="item dd">44</div>
  <div class="item ee">55</div>   <div class="item ff">66</div>
  <div class="item gg">77</div>   <div class="item hh">88</div>
  <div class="item ii">99</div>
</div>

</body>
</html>
```

아래 그림은 위의 실습 소스인 'justify-content : start'인 경우와 속성 값을 end로 변경한 경우를 동시에 보여주고 있다.

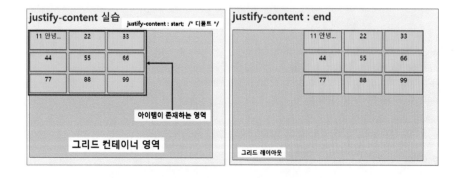

위의 예제에서 justify-content의 속성 값을 바꾸어 가면서 각 속성 값에 따른 배치를 확인해 보았다. 아래 결과 화면들을 확인하기 바란다.

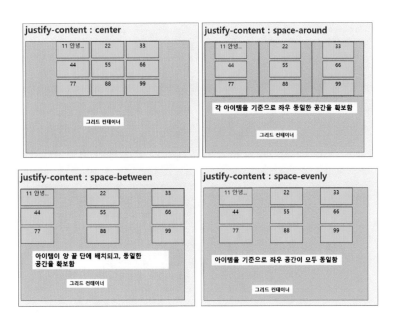

그리드 컨테이너에서 적용하는 속성 중의 하나인 align-content는 상하(위-아래) 배치를 위해 사용한다는 것을 제외하고는 justify-content 속성과 같은 방식으로 동작한다.

```
부모선택자(selector) {
    display  :  grid;
    align-content : start(디폴트) ¦ end ¦ stretch ¦ space-between ¦
                    space-around ¦ space-evenly ¦ baseline;
}
```

이전 html 소스 코드에서 justify-content 속성을 align-content로 변경해 브라우저 출력 화면을 확인해 보면 다음과 같음을 확인할 수 있다. justify-content와 방향만 다르고 나머지는 동일하기 때문에 별도의 설명은 하지 않을 것이다.

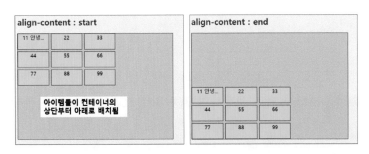

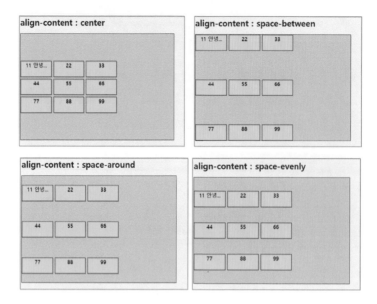

2.8 그리드 자동 플로우(흐름) 속성

grid-auto-flow 속성은 그리드 레이아웃에서 명시적으로 배치될 위치를 지정받지 못한 그리드 아이템들은 내부적으로 자동 배치 알고리즘이 적용되도록 하는 속성이다. 디폴트는 행(Row) 단위로 한 행에 대한 배치가 끝나면 다음 행의 배치를 수행하는 것이다. 만약에 배치를 열 단위로 증가시키면서 하고자 한다면, 이 속성 값을 column으로 설정하면 된다. 만약에 배치중에 크기가 작은 아이템이 뒤에 존재하고 선행 배치 부분에 빈 공간이 존재할 경우에 빈 공간에 뒤의 작은 아이템을 자동으로 배치하도록 하려면 'dense'를 추가하면 된다.

```
부모선택자(selector) {
    display  :  grid;
    grid-auto-flow : row(디폴트) | column | row dense | column dense
}
```

지금까지 우리는 암묵적으로 'grid-auto-flow : row' 속성을 사용해 왔다는 것을 알 수 있다. 만약에 grid-auto-flow 속성을 column으로 설정하면 열 단위로 그리드 셀을 채워간다.

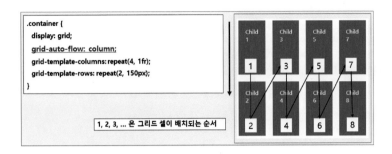

2.9 컨테이너 레벨에서 그리드 셀 정렬

이전에 학습한 justify-content나 align-content 속성은 그리드 컨테이너 상에서 그리드 셀들이 위치할 그리드 트랙을 정렬하는 것이었다. 여기서 소개하는 justify-items와 align-items 속성은 지정된 그리드 셀에서 전체 아이템들에 대한 정렬을 수행하기 위해 적용하는 속성이다.

```
부모선택자(selector) {
    display  :  grid;
    justify-items : stretch(디폴트) ¦ start ¦ end ¦ center ¦ baseline ¦
                    normal ¦ auto;
    align-items : stretch(디폴트) ¦ start ¦ end ¦ center ¦ baseline ¦
                    normal ¦ auto
}
```

justify-items 속성은 수평 방향(Inline dimension)으로 그리드 셀 영역에서 아이템들을 정렬한다. 그리고 align-items 속성은 수직 방향(Block dimension) 그리드 아이템들을 정렬한다. 디폴트 값은 stretch이며, 이는 아이템들에 배정된 그리드 셀 전체를 점유한다. 이해를 돕기 위해 간단한 html 소스 코드를 다음과 같이 작성하였다. 또한 이 소스의 실행 결과에 대한 브라우저 화면도 소스 코드 다음에 볼 수 있도록 하였다.

```
<!DOCTYPE html>
<html>
<head>
<style>
html, body { background-color : beige;  }
.container {
```

```
    display: grid;  grid-gap: 10px;
    grid-template-columns: repeat(3, 1fr);
    background-color: skyblue;
    padding: 0.2em;
    width : 720px;
    height : 500px;margin : 0 auto;
    justify-items: stretch;  /* 디폴트 값 */
}

.item1, .item2, .item3, .item4, .item5, .item6 {
    background-color: lightgreen;
    text-align: center;
    padding: 20px 0;
    font-size: 30px;
}
</style>
</head>
<body>
<h1 style="padding-left : 3em;">justify-items: stretch(디폴트)</h1>

<div class="container">
    <div class="item1">11-자</div>
    <div class="item2">22-축</div>
    <div class="item3">33-인</div>
    <div class="item4">44-묘</div>
    <div class="item5">55-진</div>
    <div class="item6">66-사</div>
</div>
</body></html>
```

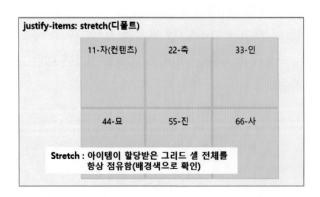

justify-items 속성을 변경하여 실행한 브라우저 화면도 아래 그림에 나타내었다. 여러분들은 그림을 잘 살펴보기 바란다.

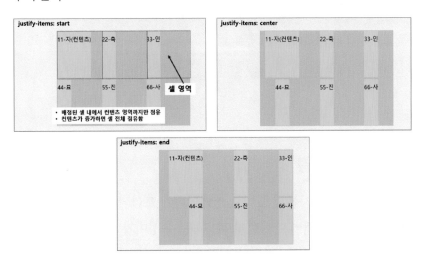

align-items 속성은 상하 방향으로 배정받은 그리드 셀 내에서 각 아이템을 배치하는 방법을 정의한다. 위의 예제 소스에서 justify-items를 align-items로 변경한 다음 수행해 보면 다음과 같은 결과 화면을 얻을 수 있을 것이다.

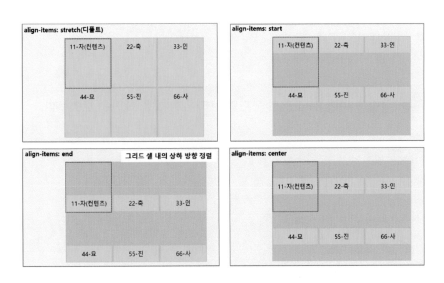

또한 여러분들이 만약에 아이템의 컨텐츠를 그리드 셀의 정중앙에 위치시키고 싶을 경우에는 justify-items와 align-items 속성을 동시에 center로 설정하면 된다.

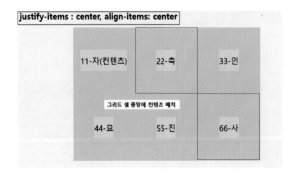

2.10 특정 그리드 셀 정렬

Justify-self와 align-self 속성을 사용해 그리드 컨테이너에 포함된 개별 아이템에 대해 행 축 혹은 열 축으로 정렬할 수 있다. 즉, 개별 아이템에 적용하는 속성이기 때문에 그리드 컨테이너에 적용하는 것이 아니라, 조작할 그리드 컨테이너의 자식 아이템에 속성을 설정해 주어야 한다. Justify-self는 수평 방향으로 개별 아이템을 정렬할 때 사용하는 속성이며, align-self는 수직 방향으로 개별 아이템을 정렬할 때 사용하는 속성이다.

```
자식선택자 {
    justify-self : auto(디폴트) | stretch | start | end | center | left | right;
    align-self : auto(디폴트) | stretch | start | end | center ;
}
```

다음은 justify-self 실습을 위한 html 소스 코드와 브라우저 실행 화면을 보여준다.

```
<!DOCTYPE html>
<html>
<head>
<style>
html, body { background-color : beige; }
.container {
  display: grid;  grid-gap: 10px;
  height : 500px; /* 높이를 주고 파악하자 */
  grid-template-columns: repeat(3, 1fr);
  background-color: skyblue;
  padding: 1em;
```

```
}

.item1, .item2, .item3, .item4, .item5, .item6 {
  background-color: mistyrose;
  text-align: center;
  padding: 20px 0;
  font-size: 20px;
}
.item1 {justify-self : start;}
.item2 {justify-self : center;}
.item5 {justify-self : end;}
</style>
</head>
<body>

<h1 style="color:red">justify-self 실습</h1>

<div class="container">
  <div class="item1">start</div>
  <div class="item2">center</div>
  <div class="item3">3번</div>
  <div class="item4">4번</div>
  <div class="item5">end</div>
  <div class="item6">6번</div>
</div>

</body>
</html>
```

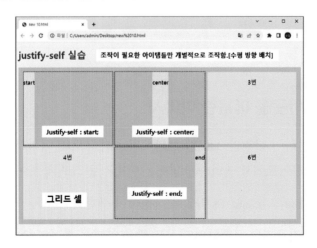

그리드 레이아웃 설계에서 align-self 속성을 알아보기 위해 직전의 html 소스에서 justify-self를 아래에 보이는 것처럼 align-self로 변경하기 바란다. 그리고 <style> 태그부의 종료 직전에 다음의 내용을 타이핑한 후 실행해 보자. 클래스 item4를 갖는 아이템이 배정된 그리드 셀의 정중앙에 위치하는 것을 볼 수 있을 것이다.

```
.item1 {align-self : start;}
.item2 {align-self : center;}
.item5 {align-self : end;}
.item4 {justify-self : center; align-self :center; }
```

최종적인 브라우저 실행 화면은 다음과 같다.

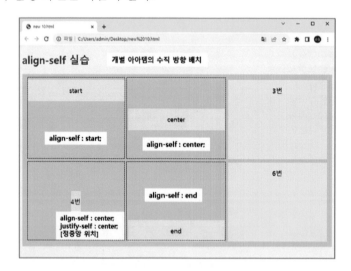

2.11 그리드 레이아웃을 이용한 이미지

그리드 레이아웃과 관련하여 마지막으로 웹 브라우저에 대규모의 이미지를 보여주는 예를 실습해보자. 여기서 picsum 사이트에서 랜덤하게 읽어온 이미지를 화면에 보여주고 있다.

Grid_image.html 파일과 grid_image.css 파일을 작성하여 구현하였다.

코딩을 완료한 후, 웹 브라우저를 실행하면 다음과 같은 화면을 볼 수 있을 것이다. 랜덤 이미지를 보여주기 때문에 실행할 때마다 화면은 다를 수 있다는 것을 염두해 두기 바란다.

다음은 grid_image.html 파일이다. 여러분들이 직접 타이핑해 보아야 한다.

제시된 예제에서 이미지 src에 지정된 값이 "https://picsum.photos/200"일 경우, 200의 의미는 이미지의 너비와 높이가 모두 200px를 의미한다.

```
<!DOCTYPE html>
<html lang="en">
  <head>
    <meta charset="UTF-8" />
    <meta http-equiv="X-UA-Compatible" content="IE=edge" />
    <meta name="viewport" content="width=device-width, initial-scale=1.0" />
    <title>그리드 이미지 연습</title>
    <link rel="stylesheet" href="grid_image.css" />
  </head>
  <body>
    <div class="container">
      <!-- 그림의 크기를 약간씩 다르게 하여 grid를 적용해 봄 -->
      <div class="image"><img src="https://picsum.photos/250?random=1" /></div>
      <div class="image"><img src="https://picsum.photos/200?random=2" /></div>
      <div class="image"><img src="https://picsum.photos/200?random=3" /></div>
      <div class="image"><img src="https://picsum.photos/200?random=4" /></div>
      <div class="image"><img src="https://picsum.photos/200?random=5" /></div>
      <div class="image"><img src="https://picsum.photos/300?random=6" /></div>
      <div class="image"><img src="https://picsum.photos/200?random=7" /></div>
      <div class="image"><img src="https://picsum.photos/200?random=8" /></div>
      <div class="image"><img src="https://picsum.photos/200?random=9" /></div>
      <div class="image"><img src="https://picsum.photos/200?random=0" /></div>
```

```
    <div class="image"><img src="https://picsum.photos/150?random=11" /></div>
    <div class="image"><img src="https://picsum.photos/200?random=12" /></div>
    <div class="image"><img src="https://picsum.photos/200?random=13" /></div>
    <div class="image"><img src="https://picsum.photos/200?random=14" /></div>
    <div class="image"><img src="https://picsum.photos/200?random=15" /></div>
    </div>
  </body>
</html>
```

마지막으로 grid_image.css 파일이다.

```
* {
  margin: 0;
  padding: 0;
}
/* body {
  min-height: 100vh;
  background-color: lightgray;
} */
.container {
  width: 1000px;
  margin: 0 auto;
  display: grid;
  gap: 5px;
  /* grid-template-columns: 300px 1fr; */
  /* 아래는 빈 공간을 알아서 자동으로 채우며,
    최소 180px은 유지하고, 여백은 공평하게 분배 */
  grid-template-columns: repeat(auto-fit, minmax(180px, 1fr));
  /*하나로 고정하려면 180px만 사용[minmax(180px, 200px);](자동row 생성)*/
  grid-auto-rows: minmax(180px, 200px);
  background-color: beige;
}
/*object-fit: cover -> 이미지가 약간 잘리더라도 너비와 높이의 비율을 유지*/
.image > img {
  object-fit: cover; /*contain : 지정된 사이즈에 전체 이미지를 보여줌*/
  width: 100%; /*이미지에 직접 주어진 공간을 모두 사용하도록 함*/
}
.image {
  transition: all 0.5s;
}
.image:hover {
  transform: scale(1.08) translateZ(50px);
}
```

참고로 여러분들은 image의 속성중의 하나인 object-fit에 대해 정리해 보기 바란다. 인터넷 상에서 "https://developer.mozilla.org/ko/docs/Web/CSS/object-fit"에 접속해 보면 상세한 내용을 이해할 수 있을 것이니 반드시 사이트에 접속해 확인해 보기 바란다.

```
object-fit : fill | contain | cover | none | scale-down;
```

CHAPTER **3**

ReactJS 시작하기

3.1 ReactJS 소개

ReactJS는 사용자 인터페이스(UI: User Interface)와 관련된 컴포넌트를 개발할 때 사용하는 전 세계에서 가장 유명한 프론트 엔드(Front-end) 기반 설계에서 핵심적으로 활용하고 있는 자바스크립트(JavaScript) 라이브러리이다. 그리고 ReactJS는 간단히 리액트(React)라는 호칭으로 일반적으로 사용되고 있다. 따라서 본 교재에서도 ReactJS와 리액트를 혼용해 사용할 것이다. 그리고 ReactJS는 React.js로 표기하도 한다.

리액트는 페이스북(현재는 메타 플랫폼)의 소프트웨어 엔지니어인 조던 워크(Jordan Walke)가 2011년 최초로 개발하였으며, 2013년 공식적으로 오픈 소스를 세상에 공개(Public Release)하였다. 리액트는 한 페이지 내에서 모든 웹의 처리가 가능한 SPA(Single Page Application :단일 페이지 앱)을 효율적으로 지원하기 위해 개발되었다. 리액트는 자바스크립 내에 기존의 HTML과 유사한 코드(JSX : JavaScript XML)로 작성할 수 있으며, 이러한 유사 HTML 코드를 전처리를 통해 최종적으로 HTML 코드로 변환해 사용할 수 있다. JSX의 구체적인 개념 등에 대해서는 추후에 자세히 설명할 것이다.

초창기에는 사실상 클래스(Class) 기반으로 UI 컴포넌트를 설계하였지만, 2019년 리액트 혹(React Hooks)이 도입되었는데, 이러한 혹을 사용해 생성자 함수 내에서도 상태 관리의 구현이 가능해 좀 더 쉽고 간결하게 UI 컴포넌트를 개발할 수 있는 상황이 마련되면서 사실상 리액트는 프론트 엔드 개발의 표준으로 자리잡게 되었다. 프론트 엔드는 백 엔드(Back-end)와 대비되는 개념이다. 프론트 엔드는 웹이나 앱 개발에 있어 일반 사용자를 보고, 상호작용을 하는 사용자 UI를 개발하는 것을 의미한다. 한편 백 엔드는 서버측과 관련된 것으로 서버 관리, 데이터 베이스 관리 등의 업무를 의미한다. 아울러 프론트 엔드와 백 엔드를 모두 잘 활용할 수 있는 설계자를 풀 스택(Full stack) 설계자라고 한다.

이 책에서 집중하는 프론트 엔드 설계는 단순히 리액트 자체를 배우는 것을 의미하는 것이 아니다. 기본적으로 HTML, CSS, JavaScript 언어 등에 대한 지식을 필요로 한다. 달리 말하자면, 여러분들이 기초 지식으로 습득한 HTML, CSS, JavaScript 지식을 리액트에서 종합적으로 결합해 의미있는 사용자 UI를 개발하는 과정을 학습하는 것이다.

현재까지 페이스북, Netflix, Instagram, PayPal, Uber, Groupon, Microsoft, Walmart, eBay, LinkedIn, Google 등의 업체에서 프론트 엔드 개발에 ReactJS를 채용하였으며, 국내의 웹 개발 업

체들도 유지 관리의 편리성 등을 감안해 ReactJS를 사용하는 추세가 증가하고 있다.

페이스북은 또한 2015년도에 리액트 네이티브(React Native)를 발표하였는데, 이는 리액트의 개념을 적용해 스마트 폰용 앱 개발에도 활용할 수 있도록 하였다. 즉, 네이티브 안드로이드, iOS 등의 앱에 리액트 아키텍처를 적용하였다. 따라서 리액트를 사용해 웹이나 앱을 개발할 수 있도록 하였다.

리액트는 실제 화면에 보여지는 자바스크립트 객체인 DOM(Document Object Model)을 화면 갱신을 할 때마다 다시 구성하는 방법 대신에 가상(Virtual) DOM을 사용해 사전에 수정한 후에 업데이트(재 렌더링)가 필요할 경우 수정된 부분만을 실제 DOM에서 갱신하는 렌더링을 구현하므로 많은 동적(Dynamic) 웹에서 기존보다 훨씬 빠르게 동작한다.

3.2 ReactJS 사용을 위한 기초 지식

리액트를 사용하기 위해서는 기초 지식이 필요하다고 하였다. 기초 지식이 없이 리액트를 학습할 수 있지만, 좋은 프론트 엔드 개발자 되기 위해서는 부족한 점을 깨닫게 될 것이다. 물론 본 교재에서는 필요한 기초 지식은 소개할 것이지만, 기초 지식을 전달하는 책이 아니기 때문에 한계가 있을 것이다. 여러분들은 다음과 같은 기초 지식을 갖고 본 교재를 학습할 것을 권고한다.

첫 째, HTML과 CSS(Cascading Style Sheet) 언어에 대한 기본적인 지식이 필요하다. 이 부분에 대한 학습량은 많지 않으므로, HTML과 CSS 내용을 포함하는 책을 사전에 읽어 보거나, 구글링을 통해 미리 학습해 두는 것이 좋다.

둘 째, JavaScript 언어에 대한 지식이다. 아마도 리액트를 사용한 프론트 엔드 웹 개발에서 가장 비중이 큰 언어이다. 전반적으로 알고 있는 것이 좋다. 본 교재에서는 ES6 이후의 문법에 대해서는 자세히 설명할 것이다. 다만, ES6 이전까지의 전반적인 JavaScript 언어에 대해서도 어느 정도 알고 학습에 임하는 것이 여러분들에게 훨씬 좋을 것이라 생각한다.

세 째, JavaScript 언어에 포함되는 DOM(Document Object Model) 객체에 대한 기본적인 이해가 있어야 한다. 혹시 DOM이 생소하다고 생각된다면, HTML과 DOM 트리(Tree)의 관계라도 살펴보고 리액트 학습에 임했으면 좋겠다.

그리고 기초 지식이 없어도 무방한 데, 서버용 자바스크립트 프로그램인 Node.JS를 설치해야 한다. Node.JS 언어를 사용해 서버를 구축할 목적으로 사용할 수도 있지만, 본 교재에서는 Node.JS 를 설치한 후, 기본적으로 제공하는 npm(Node.JS Package Manager)을 자주 사용하게 될 것이다. 간단하게 설명하면 프론트 엔드 개발을 할 때 추가적으로 필요한 패키지(라이브러리)를 설치할 때 사용하는 프로그램이라고 생각하면 된다.

3.3 자바스크립트 프론트 엔드 라이브러리/프레임워크

순수 자바스크립트(Vanilla JavaScript)만을 사용해 웹 사이트 UI를 개발하는 것보다 리액트와 같은 라이브러리를 적용해 웹 사이트 UI를 개발하는 것이 훨씬 효율적이고, 유지 보수가 유리하다. 이러한 장점이 없다면 기존의 순수 자바스크립트를 사용해 지금도 웹 사이트를 개발하는 것이 주류가 되었을 것이다. 최근까지 널리 알려진 자바스크립트 UI 개발 라이브러리나 워크프레임은 ReactJS, Vue.js, Angular.js 및 Dojo Toolkit등이 있다. 라이브러리란 재사용이 필요한 기능들을 클래스나 함수를 사용해 정의해 놓고, 필요할 때마다 호출이나 생성해 사용하는 개념이다. 프레임워크는 라이브러리보다 더 포괄적이며 다양한 기능들을 지원하기 위해 많은 라이브러리들을 가지고 있는 뼈대이다.

여기서 ReactJS는 자바스크립트 라이브러리이며, 나머지는 프레임워크이다. 먼저 주요 자바스크립트 UI 라이브러리(혹은 프레임워크)는 아래 그림과 같이 요약할 수 있다.

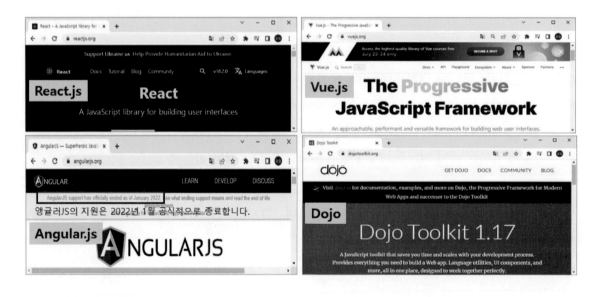

여기서 소개된 4개의 라이브러리 혹은 프레임워크에서 ReactJS 이외에 특히 주목할 만한 것은 Vue.js 자바스크립트 프레임워크이다. Vue.js는 처음 학습하는 하는 사람들에게 학습 장벽이 높지 않고, 성능도 우수한 것으로 알려져 많은 주목을 받고 있는 자바스크립트 UI이다. Vue.js는 Evan You가 구글에서 AngularJS 프로젝트에 참여했던 경험을 바탕으로 AngularJS의 일부 장점을 포함해 경량으로 개발하였다. 2013년 최초로 소스 코드를 공개한 이후 2014년 2월 Vue.js를 공포하였으며, 현재에 이르게 되었다.

AngularJS는 구글에서 개발하였으나 최근 경쟁에서 밀리면서 2022년 1월 공식적인 지원을 종료하였기 때문에 향후 사용자가 확장되기는 어려워 보인다.

Dojo 자바스크립트 프레임워크는 대규모의 클라이언트 웹 사이트 구축에 활용하기 위해 개발되었다. 2005년 최초 공개되었다. 하지만 아직까지는 사용자가 매우 제한되어 있다.

npmtrends.com 사이트에서는 npm을 사용해 라이브러리를 설치하는 동향을 파악할 수 있다. 다운로드가 많이 이루어진다고 반드시 더 관심을 받고 있다고 확정할 수는 없지만 다운로드가 많다는 것은 더 많은 관심을 받고 있다고 유추할 수 있다. 다음 그림은 위에서 소개한 라이브러리나 프레임워크의 다운로드 동향을 보여준다.

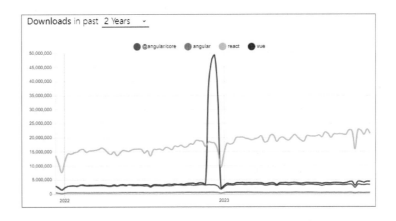

3.4 ReactJS의 특징

자바스크립트 UI를 개발하는 리액트의 특징을 정리해 보았다. 앞 절에서 일부 언급하였지만, 본 절에서는 표로 정리하였다.

가상 DOM	Virtual DOM의 수행을 통해 성능 저하를 최소화하면서 빠른 업데이트가 가능함
코드의 재사용성	개발자가 신속한 개발을 가능하게 하는 코드의 재 사용성 • 컴포넌트 기반의 Front-end 설계
SPA의 효율적 지원	서버와의 접속을 최소화한 단일 페이지 웹 구현에 최적화된 설계에 적합 (SPA : Single Page Application)
페이스북의 지원	페이스북(즉, 메타 플랫폼)사의 지원 아래 ReactJS의 지속적인 업데이트 제공
잘 구축된 개발 생태계	사용 가능한 많은 컴포넌트들과 개발 과정에서 도움을 받을 수 있는 생태계가 구축되어 있음
최신 자바스크립트	ES6 이후의 JavaScript 문법을 비롯한 자바스크립트 지식이 필수
초기 접근의 어려움	초보자가 사용하기에는 많은 기초지식을 필요로 함

위에 정리된 특징들은 일단 편하게 읽어보고, 향후 리액트를 학습해 가면서 정리된 특징들이 체감된다면 아마도 여러분들은 리액트에 깊이 빠져있을 것이다.

3.5 가상(Virtual) DOM

가상 DOM은 실제(Real) DOM이 아닌 별도의 메모리 공간에 생성한 DOM을 의미한다. 물론 리액트가 가상 DOM의 개념을 사용하기 때문에 더 큰 용량의 메모리(RAM)를 필요로 할 수 있다.

리액트는 앱이나 웹에서 상태 변화가 발생해 재 렌더링이 필요할 경우, 완전히 새로운 DOM을 생성하는 것이 아니라, 기존의 실제 DOM과 가상 DOM의 차이를 비교해 가상 DOM을 변화시킨 후 최종적으로 변화된 하부 노드 트리만 실제 DOM을 수정한다. 이후 변화된 부분에 대한 기하학적 레이아웃을 수행한 다음 브라우저에 페인팅을 수행한다. 요약하면 어떤 변화가 발생해 새롭게 렌더링을 해야 할 때 전체 DOM 트리를 처음부터 구성한 다음 화면에 출력하는 것이 아니기 때문에 새롭게 웹 화면을 갱신할 때 훨씬 빠르게 동작한다고 이해하면 된다. 아래 그림에는 리액트의 렌더링 과정이 나타나 있는 대략적인 렌더링 과정을 이해하였으면 한다. 그리고 그림은 재 렌더링에 대한 것이며, 최초 렌더링 과정에서는 변경된 노드 계산 등이 필요 없이 모든 DOM 트리를 구성한 다음 화면에 출력한다는 것은 이해하고 있어야 한다. 리액트를 학습하다면 보면 렌더링이란 용어가 자주 등장할 것이다.

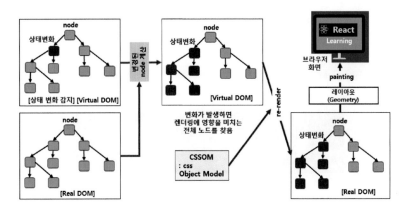

참고로 일반적인 렌더링 엔진에서 렌더링을 수행하는 과정은 아래와 같다. 이와 관련된 출처는 "https://web.dev/howbrowserswork/"이다.

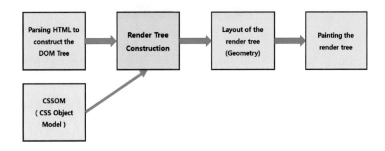

3.6 ReactJS 사용을 위한 준비 작업

여러분들이 리액트를 사용해 프론트 엔드 설계를 수행하기 위해서는 먼저 2개의 프로그램이 설치되어 있어야 한다. 먼저 Node.js를 설치해야 한다. 웹 브라우저 주소창에 "https://nodejs.org/"를 타이핑하여 접속하면 된다. Node.js를 설치하면 여러분들이 자주 사용하게 될 노드 패키지 매니저(Node Package Manager)은 npm과 리액트 기본 앱을 생성할 때 사용하는 npx 프로그램을 내장하고 있다. 사이트에 접속해 보면 Node.js LTS 버전과 Current 버전이 있다. 어느 버전을 설치해도 크게 문제되지 않지만, 일반적으로 안정성이 검증된 LTS 버전을 다운로드 받아서 설치한다. 그리고 Node.js 버전은 본 교재에 보여주는 버전이 아닌 더 높은 버전을 가질 수 있는데, 버전에 관계없이 메인 화면에 있는 LTS 버전을 다운로드 받아서 설치하면 된다. 설치 과정에서는 별도의 설정을 하지 않은 기본 옵션으로 설치하기 바란다. Node.js가 설치되면 향후에 리액트를 사용한 프론트 엔트 개발에서 npm이나 npx 명령을 사용하여 필요한 라이브러리나 기본 프로그램을 설치할 수 있다.

여러분들이 정상적으로 설치되었는지 확인하고 싶으면 명령창(cmd)을 열어서 아래와 같이 명령을 수행하면 Node.js의 버전을 확인할 수 있다.

```
node  --version   //혹은 node -v
v20.10.0
```

두 번째로 설치해야 하는 필수 프로그램은 "Visual Studio Code"이다. 웹 사이트 주소는 "https://code.visualstudio.com/"이지만, 주소를 외우지 말고 구글 검색창에 "vs code"를 타이핑하여 검색하면 쉽게 사이트를 찾을 수 있다. 사이트에 접속하면 메인 화면에 프로그램을 다운로드할 수 있는 버튼이 보이며, 이 버튼을 클릭하여 다운로드한 다음에 설치를 진행하면 된다. 웹 사이트에 접속한 메인 화면은 다음과 같다. 그리고 비쥬얼 스튜디오 코드는 간단하게 "VS code(VS 코드)"라고 부른다.

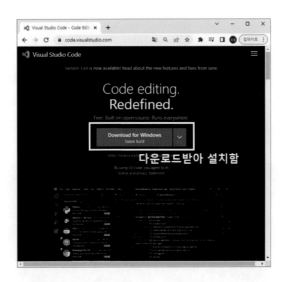

"Visual Studio Code"의 설치 과정에서도 기본 선택으로 프로그램을 설치하면 된다. 여러분들은 비쥬얼 스튜디오 코드에서 프론트 엔드 웹 개발을 위해 소스 프로그램을 코딩하고, 코딩된 소스를 실행해 보고, 필요한 패키지(라이브러리)를 설치하는 등의 일련의 통합 작업을 수행할 수 있다. 위에서 언급한 일련의 통합 작업을 가장 효율적으로 지원하는 툴이 비쥬얼 스튜디오 코드라는 인식이 프론트 엔드 개발자들 사이에 널리 퍼져있다.

비쥬얼 스튜디오 코드를 설치한 다음에 실행해 보면 다음과 같은 화면을 볼 수 있다. 화면의 좌측 상단부의 버튼을 클릭하면 에디터의 사이드 바를 열고 닫을 수 있다. 이는 직접 여러분이 먼저 클릭해 보기 바란다. 또한 좌측의 중간 부분에 있는 버튼은 새로운 확장 프로그램을 설치할 때 사용한다. 버튼을 클릭한 다음에 찾는 확장 프로그램을 검색하고 검색이 되면 프로그램을 클릭한 다음에 우측에 나타는 "install" 버튼을 클릭하면 확장 프로그램이 설치된다.

아래는 비쥬얼 스튜디오 코드에서 좌측 상단부의 버튼을 클릭했을 때의 변화를 보여준다. 해당 버튼을 클릭할 때마다 폴더 및 파일 목록을 볼 수 있는 나타났다가 사라지는 것을 확인할 수 있을 것이다. 버튼 대신에 "ctrl-b" 단축키를 눌러도 동일한 기능을 수행한다. 그림에도 나와 있지만, 폴더를 open할 수 있다. 그렇지만 우측에 창에서도 새로운 파일 생성이나 기존의 파일 열기, 폴더 열기 등이 제공되는 것을 알 수 있다.

만약에 여러분들이 기존의 폴더를 찾아서 열기 등을 할 때 "Do you trust the authors of the files in this folder?"와 같은 메시지 창이 보이면 다음 그림과 같이 조치하면 된다. 폴더 열기를 할 경우에는 일반적으로 미리 폴더를 생성한 후 해당 폴더를 찾아서 열면 된다.

폴더를 열면 좌측 사이드 바의 빈 공간에서 마우스 오른쪽 버튼을 클릭해 새로운 파일이나 폴더를 생성하는 것이 가능하다.

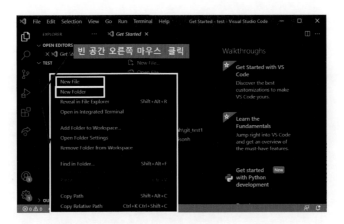

좌측 하단의 바퀴 모양의 버튼을 클릭하면 "command palette"와 "settings" 항목을 볼 수 있다. "command palette"는 단축키인 "ctrl+shift+p"를 사용할 수 있다. 이는 여러 명령에 대한 신속한 검색 및 수행을 할 때 사용한다. "Settings"를 통해 여러 가지 설정을 수행할 수 있다. "command palette"를 사용하는 간단한 예는 다음 그림과 같다.

키보드를 통해 명령을 입력하여 수행할 수 있는 터미널 창을 실행할 수도 있는데, 이는 "ctrl +`(백틱)" 단축키를 사용해 단축키를 누를 때마다 터미널 창을 나타나게 하거나 보이지 않게 할 수 있다.

또한 여러분들이 비쥬얼 스튜디오 코드의 편집기를 사용하다 보면 편집과 수행을 한 번에 할 수 있도록 지원하기 위한 각종 확장 프로그램을 설치할 수 있다. 확장 프로그램의 종류는 매우 다양하다. 일반적인 HTML, CSS, 자바스크립트를 사용한 간단한 프론트 엔드 웹 디자인을 할 경우에 라이브 웹 서버를 설치해 편집기에서 작성한 코드를 즉시 실행할 수 있다. 리액트를 사용하면 이러한 라이브 서버 확장 프로그램이 없어도 리액트에서 자체 지원이 된다. 아래는 extensions를 통해 라이브 웹 서버를 설치하는 과정을 보여준다.

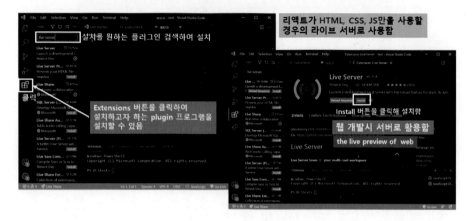

HTML, XML, PHP 등 태그의 이름을 변경하면 쌍을 이루는 닫힘 태그의 이름도 자동적으로 변경해주는 "auto rename tag" 확장 프로그램도 설치할 것은 추천한다.

또한 리액트에서 컴포넌트의 기본형을 자동 완성하도록 도와주는 확장 프로그램은 설치할 필요가 있다. 확장 프로그램 검색 창에서 "es7"로 검색해 찾은 후 설치하면 된다.

아직은 필요성을 잘 모르겠지만, 아래 그림을 살펴보고 실제 코딩 때 활용해 보면 된다.

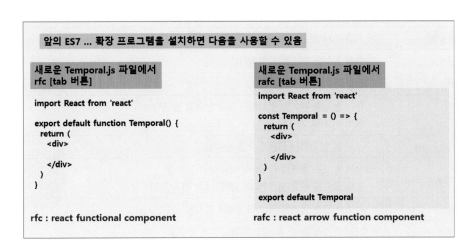

기타 리액트를 사용한 프론트 디자인을 할 때 사용할 수 있는 확장 프로그램으로 아래의 2가지 확장 프로그램이 있다. 여러분들이 아래의 2개 프로그램도 비쥬얼 스튜디오 코드에서 설치해 보기 바란다.

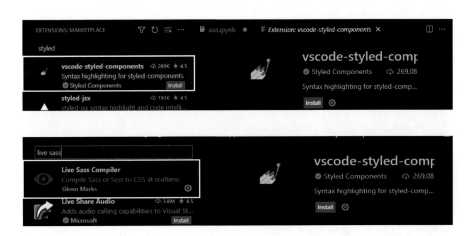

향후 확장 프로그램의 설치가 필요할 때는 지금까지 학습한 방식에 따라 설치하면 된다.

이제는 비쥬얼 스튜디오 코드의 단축키를 소개할 것이다. 단축키를 알고 있으면 훨씬 빠른 속도로 코딩을 수행할 수 있다. 따라서 여기에 소개된 단축키는 자주 사용되는 것이니 여러 번 반복해서 실습해 보기를 권고한다.

Ctrl + /	주석(comment)을 추가하거나 제거함(toggling)
Ctrl + b	좌측의 사이드바 메뉴를 토글링함(열기/닫기)
Ctrl + z	이전 실행을 취소함(되돌리기)
Ctrl + f	파일 내에서 검색
Ctrl + d	현재 선택한 단어와 일치하는 다음 단어를 선택함. 여러 번 사용 가능함.
Ctrl + shift + l	한 빈에 일치하는 모든 단어를 선택함
Alt + ↑↓	선택한 코드 영역을 한 줄 씩 위나 아래로 옮김. 일부 코드를 위로 올리거나 아래로 내릴 때 사용함
Alt + shift + ↑↓	선택한 코드 영역을 위나 아래쪽에 복사함
Ctrl + Home/end	해당 파일의 맨 윗 줄이나 맨 마지막 줄로 이동
Ctrl + enter	한 라인의 위치에 상관없이 아래 빈 줄을 생성함
Ctrl + `(back tick)	terminal(console)을 빠르게 열거나 닫음

그리고 비쥬얼 스튜디오 코드 툴에는 기본적으로 확장 프로그램 "EMMET"이 설치되어 있다. HTML과 CSS의 작업 속도를 향상시킬 수 있기 때문에 알고 있으면 매우 유용하다. 주의할 점은 *.js 파일에서는 "EMMET"이 제대로 적용되지 않는다. "EMMET"의 규정에 따라 작성을 완료한 다음에 "ENTER"키나 "TAB"을 누르면 자동 완성된다. 참고적으로 맨 처음 태그명을 기술하지 않으면 "div" 태그로 생성된다. *.html 파일을 열고 코드 편집창에 아래와 같이 수행해 보아라.

[EMMET의 사용 예 : ![탭키 혹은 엔터키] =〉 자동 완성]

![탭키 혹은 엔터키]	HTML의 기본 골격을 자동으로 생성해 줌
.fruit[이하 생략]	`<div class="fruit"></div>`
div	`<div></div>`
input	`<input type="text">`
form	`<form action=""></form>`

> : 자식 요소	`div>ul>li`
	`<div>`
	`    <ul>`
	`        <li></li>`
	`    </ul>`
	`</div>`

+ : 형제 요소	div>p+span[탭 혹은 엔터키]
	<div>
	    <p></p>
	    <span></span>
	</div>

* : 해당 요소 반복 생성	div>ul>li*3
	<div>
	    <ul>
	      <li></li>
	      <li></li>
	      <li></li>
	    </ul>
	</div>

( ) : 그룹화	div>(section>ol>li*3)+footer
	<div>
	    <section>
	      <ol>
	        <li></li>
	        <li></li>
	        <li></li>
	      </ol>
	    </section>
	    <footer></footer>
	</div>

. : 클래스, # : id	div.cla1#id1 -> <div class="cla1" id="id1"></div>

[EMMET의 사용 예 : 계속]

[attr 열거] : 속성 기술	input.prA[name="na2" value='10'] -> <input type="text" class="prA" name="na2" value="10">

$: 순차 증가하는 숫자	div>ul>li.class$*3
	<div>
	    <ul>
	      <li class="class1"></li>
	      <li class="class2"></li>
	      <li class="class3"></li>
	    </ul>
	</div>

@ : 뒤의 숫자가 시작값	div>ul>li#id$@3*2
	<div>
	    <ul>
	      <li id="id3"></li>
	      <li id="id4"></li>
	    </ul>
	</div>

{ } : content를 전달	.grade{최종 학점은 A+} -> \<div class="grade">최종 학점은 A+\</div>
:type	form>input:email -> \<form action="">\<input type="email" name="" id="">\</form>

다음으로 *.html 파일을 작업할 경우에 더미(Dummy) 텍스트를 자동 생성하는 방법은 알고 있는 것이 좋다. "lorem"을 사용하여 더미 텍스트를 생성할 수 있다. 몇 가지 방법이 있는데, 아래의 예를 보면서 이해하기 바란다.

```
1) lorem(enter key) => 대략 30 단어의 더미 텍스트 생성
2) lorem워드수(enter key) => 워드수만큼 더미 텍스트 생성
3) lorem*단락수(enter key) => 단락 수만큼 단락 더미 텍스트 생성
```

```
p>lorem5(enter key)
<p>Lorem ipsum dolor sit amet.</p>
```

```
div*3>lorem10(enter key)
<div>Lorem ipsum dolor, sit amet consectetur adipisicing elit. Odit, iusto.</div>
<div>Totam enim voluptatum facere quibusdam amet. Quas dicta similique veritatis!</div>
<div>Deserunt magnam aliquid necessitatibus facere! Optio ab neque quisquam laboriosam!</div>
```

EMMET은 CSS를 작성할 때도 단축키를 사용한 자동 완성을 지원하고 있다. 예를 들면, "dn"을 타이핑하고 탭이나 엔터 키를 치면 "display : none;"으로 자동 변환해 준다. 나머지 경우들에 대한 것은 여러분이 다음 그림을 보고 실습해 보기 바란다. 실제로 실무에 계속 사용해야 자신의 것으로 습득된다는 것을 기억하기 바란다.

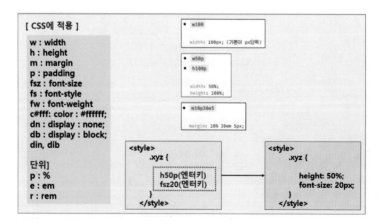

3.7 ReactJS 시작하기

이제 여러분들은 VS 코드(=비쥬얼 스튜디오 코드)를 사용해 리액트를 사용할 기본 준비가 되어있다. VS 코드를 실행하기 전에 리액트 실습을 하기 위한 대표 폴더를 생성해야 한다. C 드라이브나 D 드라이브 중에서 여러분이 리액트 실습을 할 때 사용할 폴더를 생성하면 되는데, 본 교재에서는 D 드라이브 아래 react 폴더를 생성한 후 VS 코드를 실행할 것이다. 즉, 리액트 실습 폴더는 "D:/react"이다. 다음은 VS 코드를 실행한다. VS 코드 편집기가 실행되면 "File->open folder->D:/react"를 선택 한 다음 "폴더 선택" 버튼을 클릭하면 "react" 폴더의 내용을 불러온다. 이후에는 VS 코드에 내장된 터미널(Terminal) 창을 열어 리액트를 사용하기 위한 기본 작업을 진행해야 한다. 터미널 창을 여는 방법은 몇 가지가 있지만 "ctrl-`(백틱)" 단축키를 사용하는 것이 가장 편리하다. 단축키를 누를 때마다 터미널 창의 열리고 닫힘은 토글링된다. 지금까지 설명한 내용은 다음 그림을 보면 이해할 수 있을 것이다.

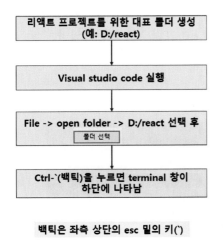

백틱은 좌측 상단의 esc 밑의 키(`)

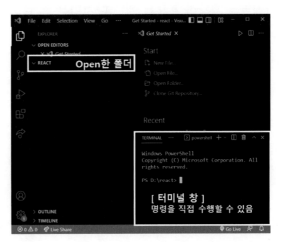

터미널 창(명령 창)에서 실제 작업한 프로젝트를 생성해야 하는데, 여기서는 프로젝트명이 "ex-test1"이라고 하자.

```
npx create-react-app ex-test1
cd ex-test1
npm start
```

npx(Node Package eXecute)는 node.js에서 npm 5.2.0 버전 이상에서 npx는 npm과 함께 기본으로 탑재되어 있다. npx는 노드 패키지 실행자(Node Package Runner)라고도 한다. 위에서 볼 수 있는 "create-react-app"은 패키지인데, 이를 여러분들의 컴퓨터에 설치하지 않고 패키지를 직접 실행하는 패키지 실행자이다. 이것은 "create-react-app" 패키지를 node_modules 패키지 폴더에 설치하지 않기 때문에 node_modules의 사이즈를 줄여주는 효과가 있다.

npx는 여러분들이 리액트 프로젝트를 생성할 때만 사용한다고 이해하고 있으면 된다.

npm은 여러분들의 프로젝트 폴더에 자바스크립트 패키지들을 설치, 삭제 및 갱신하기 위해 사용하는 패키지 관리자이다. 아마도 npm 패키지 관리자는 자주 사용할 기회가 있을 것이다.

"npx create-react-app ex-test1" 명령을 터미널에서 실행하면 리액트의 기본 작업 환경이 구축된 "ex-test1" 폴더를 생성한다. 앞으로 여러분들은 "ex-test1" 폴더 내에서 리액트 프로젝트를 수행하게 될 것이다. 그렇게 때문에 폴더를 ex-test1으로 변경해야 한다. 그리고 "npm start" 명령을 수행하면 리액트로 제작한 프론트 엔드 다지인을 웹 브라우저에서 실시간으로 확인할 수 있는 리액트용 라이브 서버가 실행된다. 여기까지 설명한 내용을 요약하여 그림으로 표현하였다.

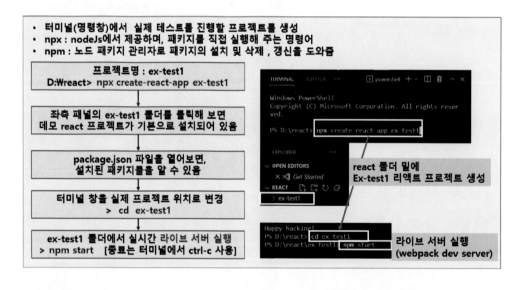

"ex-test1" 폴더에 진입하면 "package.json" 파일이 있는데, 간단히 설명할 것이다. package.json 파일은 프로젝트와 관련된 메타 데이터를 저장하고 있는데, 프로젝트의 종속성 정보, 스크립트, 버전 등의 정보가 저장되어 있다. 특히 패키지 종속성 정보를 통해서 현재 설치된 패키지들의 정보를 얻을 수 있다. 즉, 종속성(dependencies) 정보에 보면 "react", "react-dom", "react-scripts" 패키지 등 리액트를 사용할 수 있도록 리액트 기본 패키지가 설치되어 있는 것을 확인할 수 있다. package.json 파일은 패키지 설치 정보가 들어 있기 때문에 추후에 패키지 관리가 용이하다.

```
//package.json 파일의 일부
{
  "name": "ex-test1",
  "version": "0.1.0",
  "private": true,
  "dependencies": {
    "@testing-library/jest-dom": "^5.16.4",
    "@testing-library/react": "^13.3.0",
    "@testing-library/user-event": "^13.5.0",
    "react": "^18.2.0",
    "react-dom": "^18.2.0",
    "react-scripts": "5.0.1",
    "web-vitals": "^2.1.4"
  },
  "scripts": {
    "start": "react-scripts start",
    "build": "react-scripts build",
    "test": "react-scripts test",
    "eject": "react-scripts eject"
  },
  ... 일부 생략
}
```

npx를 사용해 생성한 리액트 앱 프로젝트 폴더로 진입해 터미널 창에서 "npm start"를 타이핑해 실행하면 리액트 프로젝트가 생성될 때 함께 생성된 데모 웹 페이지가 존재하는데 이 웹 사이트를 웹 브라우저에서 보여준다. App.js 파일의 내용이 웹 브라우저 화면이 나타난다는 것을 유추할 수 있다. 그런데 App.js 파일의 함수 App( ) 안에 HTML 코딩이 되어 있는 것을 확인할 수 있다. 기존의 방식과 뭔가 다르다는 것을 감지했을 것이다. 그렇다. 이것이 리액트이다. 좀 생소하게 느껴지겠지만, 어느 순간 여러분들은 이러한 방식의 코딩을 당연하게 받아들일 것이다.

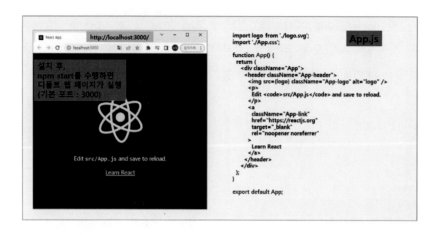

ex-test1 리액트 프로젝트의 기본 폴더 구조는 미리 살펴보는 것이 좋다. 리액트는 자바스크립트 기반으로 프론트 엔드 디자인을 수행하기 때문에 대부분의 파일이 *.js 파일이다. 그리고 웹 페이지에 스타일을 적용하기 위한 *.css 파일이다. 실제 프로젝트에서 필요없는 파일들은 삭제하고 기본 폴더 구조는 유지하면서 여러분들이 필요할 경우에 새로운 폴더 등을 추가해서 프론트 엔드 디자인을 수행하게 된다.

일단은 전체적인 구조를 확인하는 것이 중요하므로 다음 그림을 잘 살펴보기 바란다.

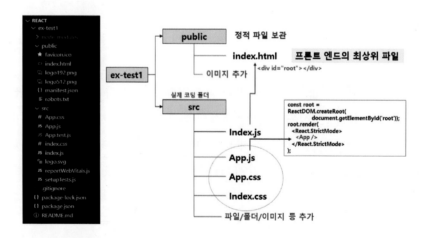

리액트를 사용한 프로젝트를 수행할 때 많이 사용하는 폴더 구조를 소개한다. 이러한 폴더 구조는 업체나 개인의 취향에 따라 약간 씩 다를 수 있다는 것은 염두해 두어야 한다. 일반적으로 리액트를 처음 접하면서 사용하는 폴더 구조를 설명한다고 이해하기 바란다.

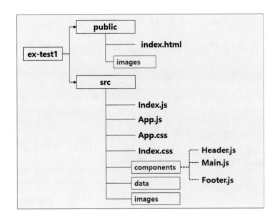

각 파일은 import 구분을 사용해 해당 파일 외부에 존재하는 패키지나 모듈을 불러온다. 심지어 이미지 파일도 import 구분을 사용해 불러와 사용한다. "import logo from './logo.svg';" 문장은 동일 폴더(./)에 존재하는 logo.svg 이미지 파일을 불러와 파일 내부에서 logo로 사용하겠다고 선언하고 있다. 그리고 "import './App.css';" 구문은 외부의 App.css 스타일 시트 파일을 불러와 스타일 시트 파일에서 정의한 디자인을 적용하고자 할 때 사용한다. 다음 그림은 우측 하단의 index.js 파일에서 App.js 파일을 불러와 내부에서 App 모듈로 사용하고, render( ) 함수를 사용해 root 노드에서 렌더링하면, 최상위 파일인 index.html 파일의 id="root"에 해당하는 div 태그 영역에 전달되는 과정을 보여준다. 세부적인 코딩 내용은 나중에 이해하기로 하고 리액트에서 웹 브라우저로 출력되는 과정을 이해하는 것이 중요하다.

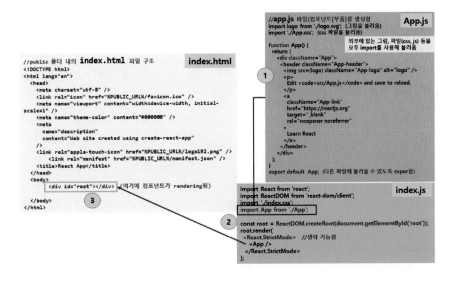

이제 App.js 파일을 수정해 보자. Return 구문 내의 내용을 모두 지우고 다음 그림과 같은 내용으로 수정한 후 저장하면 수정된 결과가 브라우저 화면에 나타는 것을 볼 수 있을 것이다.

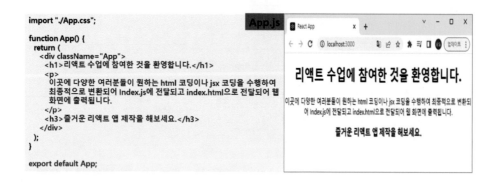

만약에 여러분들이 react와 react-dom 패키지를 설치하지 않고 CDN(Content Delivery Network) 방식으로 사용하고 싶다면 아래와 같은 링크 정보를 HTML 최상위 파일에 포함시키면 된다. 개발자용이나 제품용 CDN을 사용할 수 있다.

```
[개발자용 CDN]
<script crossorigin src="https://unpkg.com/react@18/umd/react.development.js"></script>
<script crossorigin src="https://unpkg.com/react-dom@18/umd/react-dom.development.js"></script>
...................................................................................................
[Production(제품)용 CDN]
<script crossorigin src="https://unpkg.com/react@18/umd/react.production.min.js"></script>
<script crossorigin src="https://unpkg.com/react-dom@18/umd/react-dom.production.min.js"></script>
```

위에서 소개한 CDN을 실제 삽입하는 위치는 아래와 같다. 본 교재에서는 CDN 방식은 사용하지 않을 것이기 때문에 추가적인 설명은 하지 않을 것이다.

```
<!DOCTYPE html>
<html>
  <head>
    <script crossorigin src="https://unpkg.com/react@18/umd/react.production.min.js"></script>
    <script crossorigin src="https://unpkg.com/react-dom@18/umd/react-dom.production.min.js"></script>
  </head>
  <body>
    <div id="mydiv"></div>
```

```
    <script>
      function Hello() {  //함수형 컴포넌트
        return <h1>Hello World!</h1>;
      }
      ReactDOM.render(<Hello />, document.getElementById('mydiv'))
    </script>
  </body>
</html>
```

여러분들이 리액트를 사용한 프론트 엔드 디자인을 진행하다 보면 개별적인 패키지를 설치해야 할 경우가 자주 있다. 패키지를 설치하는 방법은 어렵지 않다. 터미널 창에서 아래와 같이 타이핑 한 후 실행하면 된다.

```
npm install(혹은 i)  패키지명
예 npm  install  react
   npm  i  react-dom

yarn  add  패키지명
예 yarn add  axios
```

npm 혹은 yarn을 사용해 패키지를 설치할 수 있다. 다음은 여러분들이 리액트를 사용한 프론트 엔드 디자인에서 설치할 가능성이 있는 패키지들의 일부 정리한 것이다.

```
> npm install  react
> npm install  react-dom
> npm install  axios
> npm install  json-server
> npm install  react-icons --save
> npm install  react-bootstrap  bootstrap
```

위에서 의도적으로 --save 옵션을 한 군데 사용하였는데, 이는 예전에 의존성(종속성) 관리를 위해 사용하였던 옵션이다. npm 5 버전 이상부터는 자동으로 종속성 관리를 해주기 때문에 해당 옵션을 사용할 필요가 없다.

여러분들이 리액트를 사용한 프론트 엔드 디자인을 완료하면 웹 서버에 올려서 웹 서비스를 수행

하기 위한 배포판을 생성해야 한다. 배포판을 생성하는 방법은 터미널 창에서 아래와 같이 타이핑한 후 실행하면 된다.

■ 배포판 생성

```
> npm run build
```

배포용 파일들은 "build" 폴더에 생성된다. 다음 그림을 보면 "build" 폴더가 생성되어 있는 것을 볼 수 있다.

참고로, 배포를 위해 생성한 파일이나 폴더 등은 모두 "build" 폴더에 내에 들어 있는데, 배포용 index.html 파일은 기존과 어떤 차이가 있는지만 확인해 보자. 배포용 파일은 파일 사이즈를 줄이기 위해 줄바꿈이나 띄워쓰기 등을 하지 않은 압축된 형태로 저장된다.

■ 배포용 build 폴더 내의 index.html

```
<!doctype html><html lang="en"><head><meta charset="utf-8"/><link rel="icon" href="/favicon.ico"/><meta
name="viewport" content="width=device-width,initial-scale=1"/><meta name="theme-color"
content="#000000"/><meta name="description" content="Web site created using create-react-app"/><link
rel="apple-touch-icon" href="/logo192.png"/><link rel="manifest" href="/manifest.json"/><title>React
App</title><script defer="defer" src="/static/js/main.19eb2300.js"></script><link
```

```
href="/static/css/main.e33fd7b9.css" rel="stylesheet"></head><body><noscript>You need to enable
JavaScript to run this app.</noscript><div id="root"></div></body></html>
```

배포판을 미리 확인해 보기 위해 다시 임시 웹 서버를 설치하고, 서버를 실행하면 배포판의 웹 사이트를 실행해 볼 수 있다. npm을 사용해 웹 서버 패키지를 설치한 후 "serve -s build"를 실행해 배포판용 웹 사이트를 확인해 볼 수도 있고, npx를 배포판용 웹 사이트를 확인해 볼 수도 있다. 2가지 방식중에서 어느 것을 사용해도 좋다.

■ npm을 사용한 웹 서버 수행

```
> npm install -g  serve
> serve -s  build
```

■ npx를 사용한 웹 서버 수행

```
> npx serve  -s  build
```

다음은 npx를 사용해 웹 서버를 실행한 것을 보여준다. "-s build"는 웹 서비스의 루트(root)가 build 폴더라는 의미이다. 그리고 "http://localhost:3000"이나 "http://192.168.0.35:3000"을 사용해 최종 배포판용 웹 사이트를 확인해 볼 수 있다.

배포판용 웹 사이트를 실행해 보면 아래와 같이 여러분들이 리액트를 사용해 테스트한 내용과 같은 결과의 웹 화면을 볼 수 있을 것이다. 여기서는 다른 프로젝트를 수행한 내용의 웹 화면을 캡처

한 것을 보여준다. IP 주소를 사용해 웹 사이트에 접속한 것을 캡처한 화면이다.

3.8 Dothome 서버를 통한 웹 서비스

여러분들이 배포용 파일 생성까지 성공하였다면, 이제는 실제 서버에 서비스할 파일이나 폴더들을 업로드하면 전 세계에서 여러분 자신이 제작한 웹 사이트에 접속해 볼 수 있다. 국내에서 웹 호스팅을 서비스해 주는 "dothome.co.kr" 사이트에 접속해 회원 가입을 한 후 로그인을 한 후 "웹 호스팅" 메뉴의 "무료 호스팅"을 선택한다.

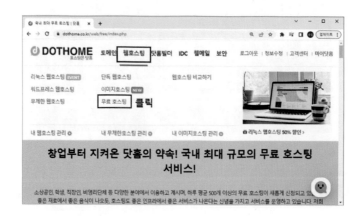

여러분들이 사용할 FTP 아이디와 비밀 번호를 설정한다. DB의 아이디와 비밀 번호는 기본 값이 FTP의 아이디 및 비밀 번호와 같다. 신청서 작성은 실제 아래 그림에 나와 있는 것보다 좀 더 많으니 끝까지 신청 절차를 마무리하기 바란다.

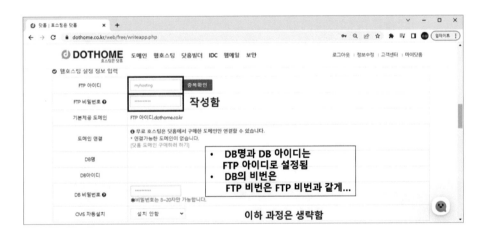

그리고 아이디와 비밀 번호는 잘 기억하고 있어야 한다. 또한 신청 절차가 마무리되면 여러분은 "ftp아이디.dothome.co.kr"의 무료 호스팅 웹 사이트를 얻게 된다. 아래는 dothome에서 제공하는 DB 서버를 접근하는 방법이다. "ftp아이디.dothome.co.kr/myadmin"으로 접속하면 DB 서버에 접속할 수 있다. 그리고 DB 명은 위에서 여러 분이 작성한 DB 명임을 명심하기 바란다. 다음은 DB 서버를 접속하는 과정을 보여준다.

여러분의 컴퓨터에서 dothome 서버로 웹 호스팅 데이터를 전송해야 하는데, 우리는 FileZilla를 사용할 것이다. "https://filezilla-project.org/" 사이트에 접속해 "FileZilla Client"를 다운로드 받아서 설치하면 된다.

FileZilla 클라이언트를 설치한 후에 이를 실행하여 여러분들의 ftp dothome 사이트에 접속한다. 접속이 완료되면 좌측 창은 여러분들의 컴퓨터에 대한 폴더 및 파일 정보이고, 우측은 여러분들의 dothome 사이트의 파일 및 폴더 정보이다.

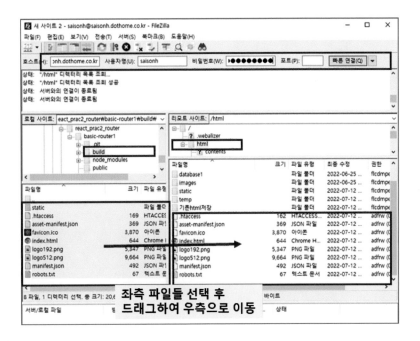

**좌측 파일들 선택 후
드래그하여 우측으로 이동**

dothome 사이트의 "html" 폴더 아래 여러분 자신의 컴퓨터에서 "build" 폴더에 생성해 놓은 배포 파일 및 폴더 전체를 선택 드래그(drag)하여 우측에 drop하면 관련 파일 및 폴더의 내용이 모두 복사되어 옮겨진다. 이러한 과정을 완료하면 이제 여러분은 자신의 홈페이지를 보유하게 된 것이다. 아래와 같이 "ftp아이디.dothome.co.kr"로 접속하면 자신의 홈페이지에 접속할 수 있다.

CHAPTER **4**

핵심 JavaScript 언어

4.1 개요

JavaScript(자바스크립트) 언어는 세계에서 가장 주목받고 있는 프로그래밍 언어중의 하나이다. 이 언어는 웹 클라이언트에서 동적인 액션을 지원하기 위해 개발되었지만, Node.js가 출현하면서 웹 서버용으로도 사용되고 있다. 만약에서 자신이 웹 개발자가 되고자 한다면, HTML, CSS 및 JavaScript는 반드시 알고 있어야 한다. JavaScript는 ECMAScript 규약을 따르는 인터프리터 방식의 프로그래밍 언어이다. JavaScript를 줄여서 JS라고 호칭한다. 이 책을 읽는 학생들은 JavaScript와 Java는 다른 언어라는 것을 아마도 알고 있을 것이다.

JavaScript 언어는 1995년 Brendan Eich가 최초로 발표하였다. 이후 1997년 ECMA 표준이 되었다. ECMA(European Computer Manufacturers Association : 유럽 컴퓨터 제조자 협회)는 1961년 설립되었으며, 정보 통신기술 및 소비자 가전에 대한 표준을 제정하고 있는 협회이다. ECMA는 최초의 JavaScript 표준으로 ECMAScript 1을 1997년 제정하였다. 따라서 JavaScript 언어의 공식적인 이름은 ECMAScript이다. 그렇지만, 줄여서 ES로 사용하기도 한다. 자바스크립트와 관련 신규 문법이나 확장된 표준안은 사실상 매년 추가되고 있다.

크롬, 엣지(Edge), 오페라, 사파리, 파이어폭스 등 세계적인 웹 브라우저에서는 약간의 시차는 있지만, ES7 버전 이상도 지원한다. 그리고 과거에 발표된 초기 웹 브라우저들은 ES5는 완벽하게 지원한다고 알려져 있다.

여러분들이 조만간 학습하게 될 ReactJS는 ES5, ES6, ES7 등 비교적 최근에 발표된 JavaScript 문법을 지원하고 있다. 따라서 ES5 이상의 문법에 대해 잘 숙지하고 있는 것이 ReactJS를 사용한 웹/앱 개발에서 중요하다. 비교적 최근에 소개된 JavaScript 문법이 과거의 JavaScript 문법보다도 효율적이면서 강력한 코딩 능력을 접목할 수 있게 해준다. 본 장에서는 특히 JavaScript의 기본적인 문법뿐만 아니라 ES6 이상의 문법을 여러분들에게 소개할 예정이다. 참고적으로 언급하자면, 파이썬 언어를 비롯해 프로그래밍 언어에 친숙한 학생들이라면 JavaScript의 신규 문법들이 다른 언어의 문법과 유사한 점을 종종 발견하게 될 것이다.

다음은 JavaScript의 버전이 발표된 연혁을 대략적으로 정리한 것이다.

발표 년도	버전	별칭
1997	ECMAScript 1	ES1
1998	ECMAScript 2	ES2
1999	ECMAScript 3	ES3
–	ECMAScript 4	발표되지 않음
2009	ECMAScript 5	ES5
2011	ECMAScript 5.1	ES5.1
2015	ECMAScript 2015	ES6
2016	ECMAScript 2016	ES7
2017	ECMAScript 2017	ES8
2018	ECMAScript 2018	ES9
2019	ECMAScript 2019	ES10

매 년 새로운 자바스크립트 확장 버전이 추가되고 있음

4.2 자바스크립트 식별자(Identifier)

JavaScript에서 변수, 함수, 객체, 배열 이름 등을 식별(구분)하기 위해 사용하는 문자열을 식별자라고 한다. 식별자를 작명할 때는 JavaScript에서 규정한 규칙을 따라야 한다. 식별자 작명 규칙은 다음과 같다. 참고로 변수를 선언할 때는 변수명 앞에 var 혹은 let을 사용한다.

- 대소문자를 구분한다. var xyz와 var Xyz는 다른 변수이다.
- 식별자는 숫자로 시작하면 안 된다.
  let 78zoom, 123alpha 등은 허용하지 않는다.
- $, _, 영문자, 숫자의 조합으로 식별자를 구성할 수 있다.
  let $abc, _x, answer, a12 등이 가능하며, 특수 문자는 $, _ 만 허용한다.
- 식별자는 공백문자를 포함할 수 없다. let ab cd;는 식별자 오류이다.

이미 다른 프로그래밍 언어를 학습할 때 배웠겠지만, 식별자의 이름을 작명할 때는 의미 있는 이름을 사용해야 한다. 어떤 사람의 성과 이름을 저장할 변수를 선언할 때, var a="홍"; var b="길동" 처럼 작명하지 않는 것이 좋다. 식별자를 보고 바로 떠오를 수 있는 이름을 부여하기 바란다. 그리고 JavaScript는 lower Camel 방식의 작명법을 따른다. 객체를 제외한 모든 식별자 작명시 첫 글자는 소문자로 시작하는 것이 원칙이다. 그리고 연관된 두 번째 의미있는 단어를 붙일 때 첫 번째 글자를 대문자로 시작한다. 사람의 성은 영어로 "last name"이다. 이것을 식별자로 사용하고 싶으면, var lastName = "홍"과 같이 작명한다. 그리고 이름은 영어로 "first name"이다. 변수를 정의하면 var firstName = "길동"과 같이 정의하면 된다. 참고로 식별자 작명 방식으로 upper camel 방식이 있는데, 이는 모든 단어의 시작 글자를 대문자로 표기하는 것이다. 예로는 var LastName ="홍"과 같다. 기억해야 할 핵심은 JavaScript는 lower camel 방식의 작명법을 사용한다.

JavaScript 언어는 객체지향 언어이다. 객체(Object)는 속성과 메서드로 구성된다. 속성과 메서드의 이름 또한 위에서 언급한 식별자 작명 규칙을 따른다.

- 객체의 속성과 메서드의 식별자 이름은 항상 소문자로 시작한다.
- 객체명 식별자 정의시 첫 글자는 대문자를 원칙으로 한다.
  var Ob ={이름 : "홍길동", 취미 : "writing"};
- Array, Math, Object, String, Number는 자바스크립트의 코어 객체로 첫 글자는 대문자이다.

예약어, 즉 키워드는 JavaScript에서 이미 특정한 용도로 사용하고 있기 때문에 식별자로 사용하면 오류가 발생한다. 이러한 예약어들은 이미 여러분들이 다른 언어에서 보았던 것과 유사하다. 여러 번 반복해서 읽어보기 바란다.

[JavaScript 예약어(Reserved Word)]

async	await	break	case
catch	class	const	continue
debugger	default	delete	do
else	enum	export	extends
false	finally	for	function
if	import	in	instanceof
new	null	let	return
super	switch	this	throw
true	try	typeof	var
void	while	with	yield
arguments	package	interface	implements
final	eval	private	public
protected	static		

4.3 변수(Variable)

JavaScript에서 변수는 고유한 이름을 가지는 식별자이다. 변수는 값을 저장하는 그릇과 같다. JavaScript에서 사용할 변수를 선언할 때 키워드 "var"을 변수 앞에 사용한다. 컴파일 방식인 C나 C++ 언어처럼 int, float, char 등과 같은 변수 형을 선언하지 않는다. JavaScript 언어는 인터프리터 언어이다. 인터프리터 언어 중의 하나인 Python은 데이터의 형(Type)에 상관없이 변수에 단순히 값을 할당한다. 그런데 컴파일 방식의 언어는 각 변수마다 메모리 공간이 얼마나 필요한지를 미리 알려주고 있다. 그렇지만, 인터프리터 방식의 언어는 필요한 메모리 공간을 인터프리터가 수행하는 과정에서 결정한다. 다음은 JavaScript, Python과 같은 인터프리터 방식의 언어와 C언어와 같은 컴파일 방식의 언어에서 변수를 선언하는 방식의 차이를 보여준다.

■ 인터프리터 방식의 언어

```
[JavaScript]
var a;  a=7; //변수 선언 후 할당
var x = 10; //변수 x의 값을 10으로 할당
var y = "abc";
var z = 3.14;  z = z+10;

[Python]
a = None; a=7;
x = 10
y = "abc"
z = 3.14; z = z+10;
```

■ C언어와 같은 컴파일 방식의 언어

```
char a; a=7;
int x = 10;
char *y = "abc";
float z = 3.14; z = z+10;
```

변수에 값을 저장하는 것을 "변수에 값을 할당한다"라고 말한다. 여러분이 이미 배웠던 컴파일 방식의 언어에서 int x=10;으로 선언하였다면 x에는 반드시 정수만을 할당해야 한다. 문자를 저장할 수 없다. 그런데, 인터프리터 방식의 언어는 값을 할당하는 것에 있어서 굉장히 유연하다. 필요에 따라 동적으로 데이터 유형에 상관없이 값을 할당할 수 있다. 물론 이것이 장점일 수 있지만, 때로는 단점이 되기도 한다. 프로그래머가 마음대로 변수의 형을 변경하면 프로그램이 복잡한 상황에서는 프로그램에 문제가 발생할 경우 문제 해결을 어렵게 할 수 있기 때문이다. 아래 예를 살펴보자.

■ 인터프리터 방식의 언어

```
var x = 10;
x = "abcdef"; //문제가 되지 않음.
*)동적으로 다른 데이터 유형의 할당이 가능함
```

■ 컴파일 방식의 언어

```
char x =10;
x = "abcdef"; //컴파일 오류
```

모든 언어들과 마찬가지로 JavaScript에서 변수를 선언할 때, 값을 할당할 수도 있지만 선언만 할 수도 있다. 값을 할당하지 않으면, 변수의 값은 undefined라는 값을 가집니다. 즉, 값이 정의되지 않았다는 뜻이다. 그런데, 변수에 할당된 값을 비우고자 한다면, null이라는 키워드를 사용한다. null은 현재 값이 비어있다는 뜻이다.

지금까지 학습한 JavaScript 코드는 약속된 장소에 코딩해야 한다. 물론 순수 JavaScript로만 구성된 코드는 하나의 파일로 편집하여 저장하면 된다. 순수 JavaScript 코드는 HTML에서 읽어 들여 사용할 수 있다. 이러한 예를 아래에 요약하였다.

■ HTML 소스 코드에 JavaScript 포함

```html
<!DOCTYPE html>
<html>
<head>
  <meta charset="utf-8">
  <title>자바스크립트 시작하기</title>
</head>
<body>
    <h1>순수 자바 파일을 인클루드합니다.</h1>
    <script>
    var x = 10;
    var y = 20;
    alert(x+y);
    </script>
</body>

</html>
```

■ JavaScript 파일을 HTML에 포함시키기

```javascript
//pureJS.js 파일 : <script> 태그 없음.
var x = 10;
var y = 20;
alert(x+y);
```

```html
<!DOCTYPE html>
<html>
<head>
  <meta charset="utf-8">
  <title>자바스크립트 시작하기</title>
</head>

<body>
    <h1>순수 자바 파일을 인클루드합니다.</h1>
    <script src="pureJS.js"></script>
</body>
</html>
```

JavaScript 코드를 HTML에 직접 포함시킬 때는 <script></script> 태그 안에 코딩을 해야 한다. JavaScript 코드의 위치는 아무 곳에 넣을 수 있다. 그러나 순차적으로 수행되기 때문에 함수를 호출하여 사용하지 않는다면 여러분이 코드 삽입 위치를 판단해야 한다. 그렇지만, 많은 JavaScript 코드들은 함수를 사용하기 때문에 함수를 호출할 경우에는 해당 함수들은 일반적으로 HTML의 </body> 종료 태그 위에 정의한다. 별도의 순수 JavaScript 파일로 작성한 후 HTML 소스에 포함시킬 경우에는 <script src="js소스파일명"></script>와 같이 원하는 위치에 기술하면 된다. 순수 JavaScript 파일에는 <script> 태그를 사용하지 않는다는 것을 명심하기 바란다. 그리고 예제에서 alert( ) 함수는 웹 브라우저에 별도의 경고 창을 띄워주는 함수이며, 함수로 전달하는 문자열을 경고 창에 보여준다.

문자열은 "abc"와 같이 이중 인용부호로 감싸거나, 'abc'와 같이 단일 인용부호로 감싸면 된다. 다만, 시작과 끝은 동일한 인용부호를 사용해야 한다.

데이터와 관련해 심도있는 내용을 배우기 전에 숫자와 문자열의 덧셈(+) 연산에 주목해 보자. 숫자 연산에서 3+5는 8이 된다. 문자 연산에서 "abc" + "def"는 "abcdef"가 된다. 문자열에 대한 덧셈은 두 문자열을 하나의 문자열로 합치는 연산이다. 문자열에서 덧셈은 문자열 연결 연산자를 의미한다. 그런데, 문자열과 숫자가 혼합되어 있는 경우가 있다. JavaScript는 이러한 연산을 지원한다. 그러나 숫자나 문자열의 연산 순서에 따라 결과는 다르다. 항상 왼쪽부터 오른쪽으로 연산을 수행하면서 숫자간의 연산은 덧셈을 수행하고, 숫자와 문자 혹은 문자와 숫자의 덧셈은 연결 연산자로 동작한다. 아래 예제를 살펴보시고 잘 이해하시기 바란다. 문자열이 먼저 나오면 뒤에 이어지는 각각의 피연산자는 문자열 간의 연결로 해석해야 한다. 그리고 문자열 바로 앞에 숫자가 나오는 경우에도 문자열 간의 연산으로 해석해야 한다. 참고로 서로 다른 형의 데이터를 합치는 것은 가급적 회피해야 한다.

표현식	결과 값
3 + 5 ;	8
"ab" + "cd"	"abcd"
3+5+"ab"	8 + "ab" ==> "8ab"
3+5+"ab"+8	8+"ab"+8 ==> "8ab"+8 ==> "8ab8"
"ab"+5+3	"ab5"+3 ==> "ab53"
3+"ab"+7	"3ab"+7 ==> "3ab7"

아래는 숫자와 문자를 조합한 "+" 연산에 대한 JavaScript에서 처리 결과를 보여주는 예제이다. 숫

자와 문자열을 더할 때, JavaScript는 숫자를 문자열로 취급한다가 핵심이다.

```
<!DOCTYPE html>
<html>
<head>
<meta charset="utf-8">
<title>숫자와 문자를 조합한 덧셈</title>
</head>
<body>
<h2>숫자와 문자의 + 연산</h2>

<p id="p1"></p>
<p id="p2"></p>
<p id="p3"></p>
<p id="p4"></p>
<p id="p5"></p>

<script>
  var x = 7 + 3;
  //id=p1 태그 내에 HTML 문장을 삽입함.
  document.getElementById("p1").innerHTML = '1) 7 + 3(숫자+숫자) : ' + x;
  x = "abc" +"10";
  document.getElementById("p2").innerHTML = '1) "abc" +"10"(문자열+문자열) : ' + x;
  x = 7 + 3 +"10";
  document.getElementById("p3").innerHTML = '1) 7 + 3 + "10"(숫자+숫자+문자열) : ' + x;
  x = "10" + 7 + 3;
  document.getElementById("p4").innerHTML = '2) "10" + 7 + 3(문자열+숫자+숫자) : ' + x;
  x = 7 + "10" + 3;
  document.getElementById("p5").innerHTML = '3) 7 + "10" + 3(숫자+문자열+숫자) : ' + x;
</script>
<hr>
</body>
</html>
```

document.getElementById( ) 메서드는 파라미터로 받는 id에 해당하는 태그 요소를 선택할 사용한다. innerHTML 속성은 선택한 요소 내의 내용을 얻거나 재 할당할 때 사용한다.

■ 3가지 방식의 변수 선언

지금까지는 var 변수에 대해서만 간단히 소개하였다. ES6(ES2015)부터는 변수에 let과 const가 추가되었다. 현재도 var 변수를 많이 사용하기는 하지만, 최근에 변수를 사용하는 추세는 var 대신에

let이나 const의 사용을 많이 권고하고 있다.

먼저 var 변수는 지역 변수나 전역 변수 등 모든 변수에 대해 사용할 수 있다. ES6 이전까지 변수를 선언하기 위한 유일한 예약어는 var 예약어만 존재하였다. 물론 변수명 앞에 어떤 예약어도 사용하지 않는 것도 허용하였지만, 이러한 코딩은 좋은 코딩 방식이 아니다. 전역 변수인지 지역 변수인지를 구분하는 기준(variable scope)은 함수였다. 즉, 함수 내에 선언된 변수는 함수 내에서만 의미가 있는 지역 변수이며, 그 밖의 영역에서 선언된 변수는 전역 변수로 취급되었다. 이것은 함수 레벨 스코프(Function-level scope)라고 한다. 블록은 중괄호({ })로 표시한다. 또한 var를 적용해 선언된 변수는 재 선언이 가능하다. 오늘날의 코딩 방식에서는 프로젝트의 규모가 대규모화되면서 문제 발생 소지가 많기 때문에 변수의 재 선언은 권고하지 않는다. 조금 전에 언급한 바와 같이 var 없이 x=100;과 같이 선언하면 선언 위치에 관계없이 항상 전역 변수로 취급한다. 이 또한 좋은 코딩 관행은 아니기 때문에, 여러분들은 이러한 방식으로 변수를 선언하지 않았으면 한다.

다음으로 const를 사용한 변수의 선언은 ES6에서 최초로 표준화되고 공포되었다. 블록 레벨 (Block-level : { })의 변수 스코프(Scope)를 갖는 상수를 선언할 때 사용한다. 그런데, 상수는 한 번 선언하면 재 할당과 재 선언이 불가하다. 그리고 const는 선언과 동시에 반드시 값을 할당해야 한다. 우리들이 알고 있는 순수한 상수(예 :100, "apha") 값 이외에도 배열, 객체, 함수, RegExp와 같은 변수를 선언할 경우에도 const를 사용하는 것이 바람직하다. const는 상수 값을 정의하는 것이 아니라, 값에 대한 constant reference를 정의하는 것이다. 따라서 배열이나 객체의 참조 주소는 변경할 수 없지만, 원소나 속성 등의 변경은 자유롭게 할 수 있다. 함수, if문, for문, while문 등은 대표적인 블록 레벨 스코프를 가지는 요소들이다.

```
const PI = 3.14159;
const str1 = "대한민국";
const car = [ "현대", "기아", "르노" ]
const newCar = { type :"4륜", model:"아반떼", color:"보라색", 출시년도: 2005 };
const func1 = function ( ) {
                return "함수의 리턴 값 내보내기";
    }

//허용되지 않는 것
const PI;  //선언과 동시에 값을 할당해야 함
PI = 3.14159;
```

```
const  PI = 3.14159;
PI = 3.14159* 3; //(재 할당 불가함) 에러 발생
```

마지막으로 let을 사용해 변수를 선언할 수 있다. let 변수는 재 선언할 수는 없다. 그리고 변수를 사용하기 전에 반드시 선언되어 있어야 한다. const 변수와 마찬가지로 변수의 범위는 블록 레벨 스코프({ })를 갖는다.

```
//사용 전에 먼저 선언해야 함
console.log(x);
let x;

Uncaught ReferenceError: x is not defined     at <anonymous>:1:13

//재 선언을 허용하지 않음
let x;
x = 10;
let x = 1358;

SyntaxError: Identifier 'x' has already been declared
```

let 변수의 범위는 블록 레벨 범위라고 하였다. 즉, 중괄호({ }) 내에 선언한 let 변수는 { } 내에서만 유효하며, { } 밖에서는 인식되지 않는다. 블록 레벨 범위의 관점에서 함수도 중괄호로 감싸기 때문에 당연히 블록 레벨 범위에 해당된다.

```
let y = 10;

{
  let x = 12345;
}

y = y + x; //x는 블록 레벨 스코프를 갖는 변수(x는 블록 밖에서 인식되지 않음)
Uncaught ReferenceError: x is not defined
```

반복문에서 let 변수를 사용하면 블록 레벨 스코프로 인식되기 때문에 블록 내에서만 유효한 변수가 된다. 아래 예제를 살펴보자.

```
let sum = 0;

for (let i=0; i <= 100; i++) {
    sum += i;
}

console.log(sum)  // 5050이 출력됨

console.log(i) //i는 지역 변수이므로 블록 밖에서는 인식되지 않음
Uncaught ReferenceError: x is not defined
```

자바스크립트의 모든 변수는 호이스팅(Hoisting)된다. 변수에 값을 할당하기 전에 사용하면 var 변수의 경우에는 undefined를 인식되고, let이나 const 변수는 이미 언급한 바와 같이 "ReferenceError"를 발생한다. 개념적으로 호이스팅은 프로그램의 실행 동안 코드의 최 상위로 변수를 위치시키는 것을 의미한다. 호이스팅을 그대로 해석하면 "위로 끌어올리다"란 의미이다. 하지만, 변수와 관련하여 여러분들은 변수에 값을 할당하기 전에는 변수 사용하지 않아야 한다. let과 const 변수를 호이스팅하면서 "Temporal Dead Zone에 먼저 위치시킨다" 등과 같은 설명은 중요하지 않다.

4.4 템플릿 리터럴(Template Literal)

템플릿 리터럴에 대한 개념도 ES6에서 처음으로 도입되었고, 현재 많은 JavaScript 사용자들이 사용하고 있는 문법이다. 기존의 단일 인용부호나 이중 인용부호를 사용한 문자열은 말 그대로 문자열 데이터이다. 그리고 문자열 내에서 다른 수식 등을 삽입하여 표현하는 것이 불가능하다. 템플릿 리터럴은 이러한 문제점을 해결한 것이다. 파이썬 프로그램에서 포맷화된 문자열(Formatted string)에 대응되는 개념이다. 즉, 파이썬 프로그램에서는 문자열을 f"안녕하세요. 내 이름은 { name }입니다."와 같이 표현하면, 문자열 내의 중괄호({ }) 안에 다양한 형태의 표현식을 사용할 수 있다. 이러한 표현식의 최종 연결 결과가 문자열에 자연스럽게 합체되어 출력되는 방식이다.

자바스크립트에서는 이러한 것이 가능하도록 ES6에서 "템플릿 리터럴"이란 표준으로 지정하였다. 이러한 템플릿 리터럴은 따옴표 대신에 백틱(Back-tick :`)을 사용해 문자열 내에 표현식의 사용을 허용해 주는 문자열 리터럴(String literal)이다. 백틱은 키보드 자판의 Esc 키 바로 아래에 위치하는 문자이다. 템플릿 리터럴은 멀티 라인(Multi-line) 문자열로 정의할 수 있다. 기존의 문자열

은 멀티 라인 표현을 하고 싶으면 "\n" 탈출 문자를 문자열 내에 추가해 표현할 수 있다. 즉, 기존 문자열에서 여러분이 의도적으로 Enter 키를 누르면 에러 메시지가 발생한다. 그렇지만 템플릿 리터럴은 여러분이 Enter 키를 누르면 줄 바꿈으로 인식된다. 그리고 가장 중요한 템플릿 리터럴 문자열 내에 ${ 표현식 }의 사용이 가능하다. 물론 템플릿 리터럴 문자열 내에 공백뿐만 아니라 탭("\t")을 비롯한 탈출 문자의 사용도 가능하다. 기존의 문자열 사이의 연결(Concatenation)은 '+' 연산자를 사용하였다. 그렇지만 템플릿 리터럴 문자열의 지원으로 문자열을 감싸는 백틱 내에 ${ 표현식 }을 사용해 연산 결과를 돌려받아 즉시 사용할 수 있게 되었다.

```
let motto =`우리는
모든 일에 최선을 다하는
대한민국의 일꾼들`;

console.log(motto);
```
```
//[출력] 콘솔에 문자열 출력은 Enter 키가 줄 바꿈으로 변환됨.
우리는
모든 일에 최선을 다하는
대한민국의 일꾼들
```

위의 예를 보면 알 수 있듯이 문자열을 출력할 경우에는 콘솔 창에서 Enter 키가 줄 바꿈으로 변환되어 출력되는 것을 확인할 수 있다.

${ }를 사용해 문자열 내에 표현식을 사용해 보자.

```
const firstName = "길동";
const lastName = "홍";
const age = 26;

//기존의 따옴표가 아닌 백틱(Back-tick)으로 감싸야 함.
const intro = `성은 ${lastName}씨이고, 이름은 ${firstName}이며, 나이는 ${age}세입니다.`

console.log(intro);
```
```
출력
성은 홍씨이고, 이름은 길동이며, 나이는 26세입니다.
```

${ } 내에 수식 등을 사용하는 것도 가능하다.

```
let admissionFee = 1000;

let audience = 33;

let income = `입장료는 ${admissionFee}이고, 입장객은 ${audience}이며,
총 수입은 ${admissionFee * audience}입니다.`;

console.log(income);
```

출력

입장료는 1000이고, 입장객은 33이며,
총 수입은 33000입니다.

HTML 파일 내에 JavaScript를 작성하고, 브라우저 화면에 출력되는 내용을 확인해 보자.

```
<!DOCTYPE html>
<html>
<head>
    <meta name="viewport" content="minimum-scale=1.0, width=device-width, maximum-scale=1.0,
user-scalable=no"/>
    <meta charset="utf-8">
    <title>Template Strings</title></head>
<body>
<h1>템플릿 문자열(Template Strings)</h1>
<p>Open the console</p>
<p>F12 키를 눌러서 console창을 확인해보세요.</p>

<script>
    const lastName = "Oh"
    const middleName = "현석"
    const firstName = "Frank"

    const sample = document.getElementById("sample");
    //ES6 템플릿 문자열(브라우저)
    sample.innerHTML = `<h3>${lastName}, ${firstName} ${middleName}</h3>`

    // ES6 템플릿 문자열(콘솔 창)
    console.log(`${lastName}, ${firstName} ${middleName}` )
</script>
</body>
</html>
```

또 다른 예를 살펴보자. 전체 소스 코드는 아니지만, 객체를 활용하는 방법에 대한 힌트를 얻을 수 있다.

```
<script>

  const article = {
    title: "템플릿 리터럴 문자열 연습",
    body: `
      <div>
        <p>Lorem ipsum dolor sit amet, consectetur adipiscing elit, sed do eiusmod tempor</p>
        <p> laboris nisi ut aliquip ex ea commodo consequat.</p>
      </div>
    `
  }

  document.body.innerHTML = `
  <section>
    <header>
        <h1>The HTML5 Blog</h1>
    </header>
    <article>
        <h2>${article.title}</h2>
        ${article.body}
    </article>
    <footer>
        <p>copyright ${new Date().getYear()} | The HTML5 Blog</p>
    </footer>
  </section>
  `
</script>
```

여러분들은 앞으로 '+' 연산자를 사용한 문자열의 연결보다는 백틱을 사용한 통합 문자열을 사용하기 바란다.

4.5 숫자, 문자열 그리고 부울

자바스크립트의 기본 데이터형 중에서 배열과 객체는 나중에 자세히 알아보고, 먼저 숫자, 문자열 그리고 부울 데이터형에 대해 간략하게 살펴보자.

(1) 숫자

JavaScript에서는 숫자가 아닌 것을 NaN(Not a Number)이라고 한다. 그리고 숫자인지 아닌지를 판별해주는 isNaN( ) 함수는 숫자가 아니면 true를 리턴한다. NaN과 정상 숫자의 연산은 항상 NaN이 된다.

- let k = 500/"onion"; //k에는 NaN이 저장
- isNaN("pear"); //pear가 문자이므로(숫자가 아니므로) true를 리턴
- NaN * 20; //NaN을 리턴

JavaScript가 표현할 수 없는 양의 값이나 음의 값은 ±Infinity로 표현한다. Infinity의 데이터 형은 number이다..

- 10/0; //Infinity 리턴
- -20/0; //-Infinity 리턴

Number( ) 함수는 정수인지 실수인지의 여부와 관계없이 숫자로 된 문자열을 그대로 숫자로 변환해 돌려준다. 한 가지 주의해야 할 것은 문자열이 모두 숫자로 되어 있어야 변환을 해준다.

- Number("64"); //숫자 64를 리턴
- Number("21.5"); //숫자 21.5를 리턴
- Number("21.ab"); //NaN을 리턴(숫자 이외의 문자는 허용하지 않음)

parseInt( ) 함수는 문자열을 정수로 변환해 준다. 문자열에 소수점이 있다면, 소수점 이하는 생략한다. 그리고 문자열의 시작부터 숫자로 변환할 수 있는 부분까지 변환해 주고, 입력된 문자열의 진법을 지정할 수 있다.

- 기본형 : parseInt("문자열", [입력 문자열 진법]); //디폴트는 10진법
- parseInt("33"); //숫자 33을 리턴
- parseInt("0x123"); //16진수 입력, 십진수 291 리턴
                        //parseInt("123",16);
- parseInt("33.123"); //숫자 33일 리턴(소수점 이하 삭제)

- parseInt("33", 16); //16진법으로 입력된 문자열 변환해 십진수 51 리턴
- parseInt("100 200 300"); //첫번째 값인 100을 리턴
- parseInt("97ab");   //숫자 97를 리턴
- parseInt("xy77z");   //NaN 리턴

parseFloat( ) 함수는 문자열을 실수로 변환해 준다. 즉, 소수점 이하가 존재하면 소수점 이하까지 그대로 실수로 변환해 준다. Number( ) 함수와 차이점은 문자열이 숫자와 문자가 섞여있을 때 왼쪽부터 시작해 숫자까지만 변환해 준다. 십진수의 문자열만 처리할 수 있다.

- parseFloat("33");   //숫자 33을 리턴
- parseFloat("33.123"); //숫자 33.123일 리턴
- parseFloat("33a.bc"); //33 리턴
- parseFloat("ab33.753"); //NaN 리턴

숫자를 객체로 생성하여 사용할 경우에는 다음과 같이 선언한다. new 키워드가 존재한다.

- 숫자 객체 생성 : new Number(생성할 숫자);
- Number( ) 함수와 다름.
- let x = new Number(100);
- typeof x; //데이터 유형이 object임.
- let x =100; typeof x; //데이터 유형이 number임.

객체는 독립적이기 때문에 객체 간의 비교는 할 수 없다. 동일한 값을 할당하여도 항상 false를 리턴한다.

- new Number(700) == new Number(700); //항상 false 리턴
- let x=100; x == new Number(100); //true 리턴
- let x=100; x === new Number(100); //false 리턴(데이터 유형이 다름)

JavaScript는 기본 데이터형을 마치 객체처럼 취급하기 때문에 객체의 속성과 메서드를 사용할 수 있다.

숫자인 경우에는 객체로 생성되는 경우와 기본 데이터형으로 생성되는 경우가 있다. 상황에 따라서는 객체 간의 비교가 필요한 데, 이미 언급하였지만 객체간의 비교는 허용되지 않는다. 이러한 문제점을 해결하기 위해 숫자 객체를 기본 데이터형으로 변환할 필요가 있을 수 있다. 이러한 일을 수행해 주는 메서드(함수)는 valueOf( )이다. 이 함수는 객체인 숫자나 부울형 데이터를 기본 데이터형으로 변경할 때 사용하는 함수이며 다음과 같이 사용한다.

- 숫자객체.valueOf( ); //문자열객체.valueOf( ), 부울린객체.valueOf( )
- var x = new Number(30); //x의 데이터 유형 : object
- x.valueOf( ); //x의 데이터 유형 : number

(2) 부울린(Boolean)

JavaScript에서 비교 및 조건 연산에 대한 표현식의 결과 값은 부울 값(true, false)이다. Boolean 연산에서 false를 돌려주는 경우와 true를 돌려주는 경우를 정리하면 아래와 같다.

■ false를 리턴하는 경우

- 0, -0, +0, 0.0 등 모든 형태의 0은 false Boolean(-0.0) : false리턴
- 빈 문자열("")의 Boolean 값 : Boolean("") : false 리턴
- null 값 : Boolean(null) : false 리턴
- undefined 값 : Boolean(a) : false 리턴(변수 a 선언이 없음)
- NaN 값 : Boolean(NaN) : false 리턴
- 비교 결과가 거짓일 경우 : false 리턴 [Boolean(3 > 100)

■ true를 리턴하는 경우

- 위의 false를 리턴하지 않는 나머지 모든 경우
- 비교 결과가 참일 때 : true 리턴 [Boolean(3 > 1)]
- Boolean("Hello"); Boolean(1); Boolean(0.01); :모두 true 리턴

Boolean 값을 객체로 생성할 수 있지만, 이 방식은 참고만 하면 됩니다. new Boolean( )을 사용하면 부울 객체를 생성할 수 있다.

- let x = new Boolean(572);
- typeof x;   //object 리턴 (x.valueOf( ) => boolean 형)
- let y = false; //기본 데이터형(Primitive data) : boolean

(3) 문자열(String)

전역 함수인 String( ) 함수(=window.String())에 대해 알아보자. 숫자, 부울 값, 날짜(Date( )) 등을 문자열로 변환해 준다. 객체인 new String( )과 달리 상이한 데이터형을 문자열로 변환해주는 전역 함수이다.

- String(123);   //문자열 "123"으로 변환하여 리턴
- (123).toString(2) :2진수 문자열 변환
- String(10+20); //문자열 "30"으로 변화하여 리턴
- String(true);   //문자열 "true"로 변환하여 리턴
- String(new Date()); //Fri Oct 11 2024 09:00:00 GMT+0900 (한국 표준시)
- String(null);   //문자열 "null" 리턴
- String(undefined) //문자열 "undefined" 리턴
- String(NaN); //문자열 "NaN" 리턴(=NaN.toString())

string 데이터는 문자열의 개수를 알려주는 .length 속성이 있다. 많이 사용되는 속성이니 잘 기억하고 있어야 한다.

- let len = "beautiful".length;   //len=9(문자열의 개수가 6개)
- let x = "안녕하세요";   let y = x.length; //y=5

문자열은 기본 데이터 유형으로 생성할 수도 있지만, 객체로 생성할 수 있다. new String( )을 사용하면, 문자열을 객체로 생성한다.

- let a = new String("홍길동");   //변수 a에 문자열 객체가 할당됨.
- typeof a;   //데이터 유형으로 object를 리턴
- let b = "홍길동";
- typeof b;   //Primitive data : string

문자열에서 지원하는 메서드(함수)들을 아래에 정리하였다. 메서드(함수) 이름은 lower camel case를 따르고 있는 것도 주목하기 바란다.

.charAt(index)	index 값에 위치하는 문자를 리턴. var c = "abcdef", y= c.charAt(1); //y=b
.concat(str[,..strN])	입력된 문자열들을 연결하여 리턴함.(문자열 덧셈을 활용할 것) str + str1 + str2 형태의 문자열 덧셈과 동일.
.indexOf(검색문자열 [, 검색시작index])	검색 문자열과 처음 일치하는 위치의 index를 리턴.(search( )와 유사) 일치하는 문자열이 없으면, −1을 리턴. ("abcdef").indexOf("bc"); //1을 리턴
.lastIndexOf(검색문자열)	검색 문자열과 마지막으로 일치하는 위치의 index를 리턴. 일치하는 문자열이 없으면, −1을 리턴. ("ab cd ab").indexOf("ab"); //6을 리턴
.trim( )	문자열의 시작과 끝 부분에 있는 공백을 제거하여 리턴. (" abc ").trim( ); //abc 리턴
.toUpperCase( )	문자열의 내용을 모두 대문자로 변환하여 리턴. ("aBcDef").toUpperCase( ); // ABCDEF 리턴
.toLowerCase( )	문자열의 내용을 모두 소문자로 변환하여 리턴. ("aBcDef").toUpperCase( ); // abcdef 리턴
.startsWith(searchStr)	문자열이 searchStr문자열로 시작하는지 여부를 판별(true/false) ("ab cd ef").startsWith("ab"); //true 리턴
.endsWith(searchStr)	문자열이 searchStr문자열로 종료하는지 여부를 판별(true/false) ("ab cd ef").endsWith("ef"); //true 리턴
.search(searchStr)	문자열과 searchStr을 비교하여 처음 일치하는 문자열 위치의 index를 리턴. 일치하지 않으면 −1을 리턴(검색은 문자열 혹은 정규표현식 가능함) var x = "I am a boy"; x.search("am"); //2 리턴

문자열 내에서 부분 문자열의 대체나 문자열 추출을 수행할 수 있는 몇 가지 함수가 아래와 같이 있다.

.replace(A, B)	기존 문자열 A(정규표현식 가능)를 새로운 문자열 B로 대체하여 리턴. var str = "I am a boy."; var rep = str.replace("boy", "girl"); 결과 : I am a girl을 rep 변수에 저장

`.substring(start, end)`	문자열의 start index부터 end index까지를 읽어서 리턴.(end 값은 포함 안함) 원래 문자열은 수정되지 않으니, 반드시 새로운 변수에 담을 것 end 인자가 없으면, 문자열 끝까지를 의미함. var x = "happiness is..."; var res = x.substring(1,5); //res="appi"
`.substr(start, length)`	문자열의 start index부터 length개만큼 추출해 리턴. length가 0이하이면, 빈 문자열을 리턴. var x = "happiness is..."; var res = x.substr(1,3); //res="app"
`.slice(start, end)`	substring( )과 동일함. end가 생략되면, 마지막 문자까지 포함. 음수 index 사용도 가능(뒷 부분 추출시)(-5, -1)은 가능, (-1, -4)는 허용 안함. var str ="hello, guys"; var y=str.slice(-4); //y="guys"

문자열을 지정한 구분자를 기준으로 분할해 배열로 변환하는 split( ) 함수는 중요하다. 아래의 예를 잘 살펴보자.

```
.split(separator);
- 문자열을 separator를 기준으로 분리하여 배열로 리턴.
- 추가적인 파라미터로 limit가 있지만, 거의 사용하지 않기 때문에 생략함

const str = "I am a boy";
let res = str.split(" "); //공백을 기준으로 배열의 item을 나눔. res=["I", "am", "a", "boy"]
str.split( ); //하나의 item을 갖는 배열 ["I am a boy"]
str.split(""); //모든 문자를 item으로 갖는 배열 ['I ',' ' , 'a','m',' ', 'a',' ', 'b','o','y']

const x ="a,b,c,d,e";
let  res = x.split(","); // res = ["a", "b", "c", "d", "e"]
```

모든 배열의 원소(item)들을 문자열로 연결하여 표현하고 싶다면 join( ) 함수를 사용하면 된다. join( ) 함수에 파라미터로 구분자를 넣어주면, 배열의 각 원소들 사이에 구분자가 삽입되어 문자열로 변환된다.

```
.join(separator);

• 배열의 각 원소들 사이에 separator를 넣어 문자열을 생성해 리턴.
• 구분자(separator)가 없으면 각 원소들을 ,로 구분하여 문자열을 생성해 리턴.
```

```
const  arr = ["do", "re", "mi", "pa", 7];
const  res = arr.join( );//구분자가 없음. res = "do,re,mi,pa,7"
arr.join("*"); //"do*re*mi*pa*7" 리턴
arr.join("OK"); //"doOKreOKmiOKpaOK7"
```

4.6 배열(Array)

배열은 기호로 [ ]를 사용하고 내부에 콤마로 구분하여 배열 요소들을 나열해 표현한다. 배열의 개별 요소를 접근할 때 인덱스는 0부터 시작한다는 것은 대부분의 언어가 동일하다. 배열은 데이터형이 object(객체)이다. 항상 주목해야 하는 것은 객체는 독립적인 존재이기 때문에 비교할 수 없다. 배열을 생성하는 2가지 방안을 제시하고 있는데, 여러분들은 가급적 new Array( )를 사용하지 말고, [ ]를 사용한 배열을 생성하기 바란다. 이유는 간단하기도 하지만 수행 속도도 더 빠르다. 배열의 요소(item)는 무엇이든지 가능하다. 숫자, 부울 값, 문자열, 객체, 함수 등 거의 모든 것이 배열의 요소가 될 수 있다.

- const arr = new Array('John', 'Thompson', 'David', 'Julie');
- const arr = ['Lorem', 'Ipsum', 'Dolor', 'Sabre']; //object

배열도 배열의 개수(길이)를 알려주는 .length 속성을 제공한다.

- const arr = ['Lorem', 'Ipsum', 'Dolor' 'Sabre'];
- arr.length //4(배열 요소의 수가 4개)
- arr[arr.length-1] // 배열의 마지막 요소 액세스

배열은 다양한 데이터형의 원소들을 가질 수 있다. 아래 예는 의도적으로 다양한 형태의 원소들로 구성된 배열을 보여준다. 그리고 인덱스를 사용하여 데이터를 액세스하는 방법도 보여준다.

- var arr = [{name:"홍길동", age:20}, true, {hobby:"soccer", car : "ray"},
                function(){return 11}, 127];
- 함수 액세스 : arr[3]( ) //함수가 실행되어 11을 리턴
- 객체 액세스 : arr[0].name //홍길동을 리턴

모든 원소를 특정 값으로 초기화하여 배열을 생성하는 방법은 소개한다. 여러분들은 간단히 참고만 하기 바란다. Array(Num)에서는 Num은 배열의 개수를 의미한다. 여기에 모든 값을 특정 값으로 할 당하고자 한다면 fill(값) 메서드(함수)를 적용하면 된다. 아래 예를 보자.

```
let j = Array(10).fill('안녕');
//j = ['안녕', '안녕', '안녕', '안녕', '안녕', '안녕', '안녕', '안녕', '안녕', '안녕']
let k = Array(5).fill(700);
//[700, 700, 700, 700, 700]
```

배열의 원소들을 사용하는 반복문을 구현할 경우에 기존의 for 문을 사용할 수 있지만, 최근에는 forEach( ) 함수를 많이 사용한다. forEach( ) 내의 함수에 최대 3개의 파라미터를 전달할 수 있다. 첫 째는 배열 요소(원소)이다. 내부 함수는 배열 요소를 인덱스 순서대로 하나씩 전달 받는다. 두 번째는 배열의 index이며, 세 번째는 배열 자체를 파라미터로 전달 받는다. 두 번째와 세 번째 파 라미터는 옵션이다. 내부 함수에서 배열요소들을 하나씩 처리한다. forEach( ) 함수는 연산 결과를 반환하지 않기 때문에 적절한 전역 변수 등에 필요한 연산의 결과를 저장해야 한다.

배열명.forEach(function(배열요소, index, 배열자체))

- 배열요소 : 필수. 현재 배열 요소의 값. 순서대로
- index : 옵션. 배열 요소에 해당하는 index 값
- 배열자체 : 옵션. 본래의 배열 자체
- 주) 값을 리턴하지 않음

다음 예제를 잘 살펴보기 바란다.

```
<!DOCTYPE html>
<html>
<head>
<meta charset="utf-8">
<title>배열 forEach()메서드 활용하기</title>
</head>
<body>
<h2>배열의 메서드 forEach( )를 활용해 봅시다.</h2>
<div style="color: red">
```

```
<b>나의 취미는</b><br>
<div id="forEach"></div>
</div>
여러분 화이팅하세요.

<script>
var hobby, text;
hobby = ["운동하기", "요리만들기", "자전거타기", "등산하기"];
text="<ol>";
hobby.forEach(function(item, index){ //index 생략 가능함
  text += "<li>" + item + "</li>";
});
text += "</ol>"

document.getElementById("forEach").innerHTML = text;
</script>
</body>
</html>
```

배열의 마지막에 배열 요소를 추가할 때는 push( ) 함수를 사용하고, 배열의 마지막 요소를 리턴해 주면서 마지막 요소를 제거하는 pop( ) 함수가 있다.

```
push(item1, item2, ..., itemN); //배열 끝에 item들을 추가 및 배열길이 리턴

pop( ); //배열의 마지막 요소를 리턴하고, 마지막 요소를 제거함.(파라미터 없음)
```

```
const arr = [ ];
arr.push(1);  //arr=[1] 배열에 파라미터로 넘겨주는 값을 추가함
arr.push(2);  //arr=[1,2]
arr.push(3,4,5); //arr=[1,2,3,4,5]

let  x = ["a", "b", "c", "d", "e", "f"], y=null;
y = x.pop( );  //y="f",  x=["a", "b", "c", "d", "e"] 마지막 요소가 제거
y = x.pop( );  //y="e",  x=["a", "b", "c", "d"]
```

push( )와 pop( ) 메서드는 배열의 마지막에 값을 추가하거나 마지막 값을 리턴하고 제거하는 기능을 수행한다.

배열의 앞 부분에 새로운 값을 추가하거나 제거하는 함수도 존재한다. unshift( ) 함수는 배열의 맨

앞에 새로운 요소를 추가한다. 그리고 shift( ) 함수는 배열의 첫 번째 요소를 리턴하고 제거한다.

- unshift(item1, item2, ..., itemN); //배열 맨 앞에 item들을 추가 및 배열길이 리턴
- shift( ); //배열의 첫 번째 요소를 리턴하고, 첫 번째 요소를 제거함.(파라미터 없음)

```
var arr = [1, 2, 3];
arr.unshift("x"); //arr=["x", 1, 2, 3] 배열에 파라미터로 넘겨주는 값을 추가함
arr.unshift("y"); //arr=["y", "x", 1, 2, 3]
arr.unshift(10, 70); //arr=[10, 70, "y", "x", 1, 2, 3]

var x = ["a", "b", "c", "d", "e", "f"], y=null;
y = x.shift( ); //y="a", x=["b", "c", "d", "e", "f"] 첫 번째 요소가 리턴 및 제거
y = x.shift( ); //y="b", x=["c", "d", "e", "f"]
```

다음은 배열에서 지정한 요소들 추출해 새로운 배열로 리턴하는 slice( ) 함수가 있다. 배열의 원본은 변경되지 않는다.

- slice(startIndex, endIndex); //시작부터 종료 index 전까지 선택하여 배열로 리턴.

```
let  x = ["a", "b", "c", "d", "e", "f"], y=null;
y = x.slice(1, 4); //y=["b", "c", "d"]
y = x.slice(3); //y=["d", "e", "f"]  startIndex=3, endIndex 생략[마지막 요소까지]
```

splice( ) 함수는 배열에 요소를 추가하거나 제거할 수 있고, 제거된 요소들은 배열로 리턴해 준다. 배열 요소의 추가 및 제거를 하나의 함수로 할 수 있는 특징이 있다.

```
splice(index, 삭제갯수, item1, ....., itemN)
```

- index : 기준 index
- 삭제갯수 : 기준 index를 기준으로 삭제갯수만큼의 요소들을 리턴하고 제거함
- item1,...,itemN : 기준 index 위치에 추가할 배열 요소들

다음은 splice( ) 함수를 배열에 적용하는 예를 보여준다.

```
let x = ["a", "b", "c", "d", "e", "f"], y=null;
y = x.splice(4, 2);  //index 4부터 2개 리턴 후 삭제  y=["a", "b", "c", "d"]
x.splice(1, 0, "alpha");  //삭제 없이 추가함 x=["a", "alpha", "b", "c", "d"]
y = x.splice(1, 1, "x", 1, "y") //삭제 1, 추가 3, y=["a", "x", 1, "y", "b", "c", "d"]
```

모든 배열 요소에 대해 하나 씩 요소 값을 함수에 전달하여 연산을 완료한 결과 값을 다시 배열로 돌려주는 map( ) 함수가 있다. 콜백 함수의 파라미터는 forEach( ) 함수와 동일하다. 각 원소들에 대해 연산을 완료한 값들을 배열로 돌려주기 때문에 리턴 값을 별도의 변수에 저장해 사용해야 한다.

```
배열명.map(function(curItem[필수], index, 배열자체));  //배열로 리턴
```

map( ) 함수는 다음 예제를 직접 코딩한 후, 웹 브라우저에서 확인해 보면 도움이 많이 될 것이다.

```
<!DOCTYPE html>
<html>
<head>
<meta charset="utf-8">
<title>배열 map()메서드 활용하기</title>
</head>
<body>

<h2>map( ) 메서드 활용하기</h2>
<p>배열의 모든 item에 대해 함수에서 연산을 수행하여 배열로 리턴함.<br>
아래는 1부터 10까지의 수에 대해 각각 x2를 하여 리턴하는 예제임.</p>
<p id="p1"></p>

<script>
const num = [1, 2, 3, 4, 5, 6, 7, 8, 9, 10];
let numx2 = num.map(function (item, index) {
  return item*2;
});
const  x = document.getElementById("p1");
x.innerHTML = numx2;
</script>

</body>
</html>
```

배열에서 테스트 조건을 만족하는 모든 요소들을 다시 배열로 돌려주는 filter( ) 함수가 있다.

```
배열명.filter(function(curItem[필수], index, 배열자체));  //배열로 리턴
```

다음은 filter( ) 함수를 활용하는 예제이다.

```
<!DOCTYPE html>
<html>
<head>
<meta charset="utf-8">
<title>배열 filter()메서드 활용하기</title>
</head>
<body>
<h2>filter( ) 메서드 활용하기</h2>
<p>배열에서 특정 조건을 만족하는 item만을 배열로 리턴해줌.<br>
아래 결과는 배열에서 100이상의 값을 배열로 리턴함<</p>
<p id="p1" style="font-weight : bold"></p>
<script>
const num = [100, 2, 30, 4, 555, 6, 77, 80, 9, 120];
let numFilter = num.filter(function (item, index) { //index는 사용하지 않음.(삭제)
  return item >= 100;
});
const x = document.getElementById("p1");
x.innerHTML = numFilter;
</script>

</body>
</html>
```

배열 관련 주요 함수(메서드)들을 아래에 정리하였다.

.concat(arr[,..arrN])	2개의 배열을 합쳐서 하나의 배열로 리턴함. 파라미터로 2개 이상의 배열이 올 수 있음. var a = [1,2], b=['a','b']; a.concat(b) //[1,2,'a','b']

.every(function(curItem, index, 배열자체));	배열 내의 모든 요소들이 테스트 조건을 만족하는지를 체크함
	하나라도 조건을 만족하지 못하면 false 리턴, 그렇지 않으면 true 리턴
	curItem: 배열 index 순의 요소, index :배열요소의 index
	var num= [10, 20, 55, 500]
	num.every(function(curItem){
	  return curItem > 300;
	}); //false를 리턴함.

`.some(function(curItem, index, 배열자체));`	배열 내의 요소 중에서 하나라도 테스트 조건을 만족하는지를 체크함.
	조건을 만족하는 첫 번째 요소를 찾으면 true 리턴, 모두 만족하지 않으면 false
	var num= [10, 20, 55, 500]
	num.some(function(curItem){
	  return curItem > 300;
	}); //false를 리턴함.

`.reduce(function(total, curItem, Index, 배열자체));`	배열을 단일 값으로 축소해 리턴함.
	total[필수] : 배열의 첫 번째 요소로 초기값 혹은 전 단계에서 반환된 결과 값
	curItem[필수] : 배열의 두 번째부터 마지막 요소까지의 값
	index, 배열자체 : 옵션(생략 가능)
	var num = [1,3,5,7,9]
	var x = num.reduce(function(total, curItem){
	  return total - curItem;
	}); //1-3-5-7-9 = -23을 x에 저장

`.find(function(curItem, index, 배열자체));`	테스트 조건을 만족하는 첫 번째 배열 요소를 리턴함.
	조건을 만족하는 배열 요소를 찾지 못하면 undefined를 리턴함.
	var num= [10, 20, 55, 500]
	num.find(function(curItem){
	  return curItem > 300;
	}); //조건을 만족하는 첫 번째 요소 리턴, 그렇지 않으면 undefined.

`.findIndex(function(curItem, index, 배열자체));`	테스트 조건을 만족하는 첫 번째 배열 요소의 index를 리턴함.
	조건을 만족하는 배열 요소를 찾지 못하면, -1을 리턴함.
	var num= [10, 20, 55, 500]
	num.findIndex(function(curItem){
	  return curItem > 300;
	}); //3 리턴함.

`.indexOf(item, 시작index)`	찾고자 하는 배열 요소(item)를 발견하면 해당 요소의 index를 리턴함 배열 요소 item을 찾지 못하면 -1을 리턴함. 두 번째 인자가 없으면 배열의 처음부터 순차적으로 찾음. var num= [10, 20, 55, 500] num.indexOf(55); //

`.lastIndexOf(item,시작index)`	끝에서부터 배열 요소(item)를 발견하면 해당 요소의 index를 리턴함
	두 번째 인자는 역으로 검색할 배열 요소의 시작 index
	var x = [1,2,3,4,50,1,2,3,4,5];
	x.lastIndexOf(50,8); //index 8부터 역으로 검색함.(4 리턴)

`.includes(검색Item,시작idex)`	배열에 찾는 검색Item이 있으면 true를 리턴하고 그렇지 않으면 false 리턴
	두 번째 인자는 역으로 검색할 배열 요소의 시작 index
	var fruit = ["apple", "Orange", "pear", "raspberry"];
	var x = fruit.includes("pear"); //true 리턴 [검색조건 : case sensitive]

4.7 객체(Object)

객체는 { }(중괄호)로 감싸고 "속성 : 값"들을 열거하고 변수에 할당하면 된다. 아래와 같이 컴퓨터 객체를 만들 수 있습니다.

```
const computer = {cpu: '2.5GHz', cache: '8MHz', mainMemory: '8GB',
                  graphicCard: 'geforce', mouse: '광마우스'}
```

JavaScript는 특이하게 속성인 cpu, cache 등은 이중 인용부호 안에 쓰지 않습니다. 사실상 인용부호를 사용하지 않지만, 따옴표를 생략한 것이 맞는 표현이다.

객체의 속성에 접근하거나 속성 값을 바꾸는 방법은 다음과 같다. 객체명.속성명 혹은 객체명["속성명"]으로 액세스할 수 있다. 속성 값을 읽어서 변수에 저장해 보자.

```
let  x = computer.cpu; //x에 2.5GHz 저장됨.[이 방법의 선호됨]
let  y = computer["cache"]; //y에 8MHz 저장됨.
```

이제 속성 값을 변경해 보자.

```
let  computer.cpu = "5.7GHz";   //cpu : "5.7GHz" 로 변경
let  computer["cache"] = "16MB"; //cache : "16MB"로 변경
```

이제 computer 객체에 속성을 추가해 보자. 컴퓨터에 usb 포트가 있는지를 알려주는 속성을 추가해 보자.

```
let  computer.usb = "있음"; //객체에 속성 추가함
let  computer["usb"] = "있음";
```

위와 같은 방식으로 필요한 속성을 추가할 수 있다. 먼저 객체만 선언하고 위와 같은 방식으로 계속해서 객체의 속성을 추가하는 것도 가능하다.

만약 특정 속성을 제거하고 싶다면 다음과 같이 delete 키워드를 사용해 해당 속성을 제거한다.

```
delete computer.usb;    //객체의 usb 속성을 제거함.
```

new 키워드를 사용해 객체를 생성할 수 있다. 다음과 같이 new Object( ); 표현식을 사용하면 객체가 생성된다. 이 방식으로 객체를 생성하는 것은 일반적이지 않다. 아래 예제는 new Object( )를 사용해 computer 객체를 생성합니다.

```
const  computer = new Object( );  //computer 객체 생성
computer.cpu = "2.5GHz";
computer.cache = "8MHz";
computer.mainMemory ="8GB";
computer.graphicCard = "geforce";
computer.mouse = "광마우스";
```

⑴ 객체 생성자(Constructor) 함수

공동으로 사용할 설계도(Blue Print : 청사진)를 만들어 놓고 필요할 때마다 동일한 형태를 갖는 객체를 생성하여 사용한다면 편리할 것입니다. 객체의 설계도를 만들 때 객체 생성자 함수를 사용한다. 객체 생성자 함수 이외에도 class를 사용해 객체 설계도를 생성하는 것도 가능하다.

생성자 함수는 이름이 의미하듯이 함수로 객체 설계도를 만든다. 향후에 객체 생성을 위해 사용할 것이기 때문에 함수명의 첫 글자를 대문자로 사용하는 것이 일반적이다. 생성자 함수에 넘겨주는 파라미터는 향후 객체 생성시 사용할 속성 설정을 위한 초기 값 전달 통로라고 생각할 수 있다. 생성자 함수 내부에서 차후 객체 속성에 포함된다는 것을 지시하기 위해 속성 이름 앞에 this 키워드를 사용한다. 아래는 생성자 함수를 사용해 선언한 자동차 객체를 위한 설계도이다.

```
//자동차 객체 생성자 함수(설계도 제작)
function Car(year, cc, fuel, weight) {
  this.year = year;  //객체 속성 year에 파라미터 year를 할당
  this.cc = cc;
  this.fuel = weight;
}
```

여기서 this는 생성되는 객체를 의미한다. 객체 생성자 함수를 사용해 설계도를 만들어 놓았으니,

실제 객체를 생성해 보자. 생성자 함수에 new 키워드를 붙여서 호출하면 객체가 생성된다. 트레일 블레이저와 쏘렌토 객체는 다음과 같이 생성할 수 있다.

```
//사용할 객체 생성
const  trailBlazer = new Car(2019, 1331, "gasoline", 1340);
const  sorento = new Car(2020, 1995, "diesel", 1860);
```

여러분들이 원하는 다양한 종류의 사동차 객체를 생성해 사용할 수 있다. 그런데 트레일블레이저에만 승객수 속성을 추가하고 싶다면, trailBlazer 객체에 새로운 속성을 다음과 같이 추가할 수 있다.

```
//트레일 블레이저에만 passenger 속성 추가
trailBlazer.passenger = 4;  //trailBlazer["passenger"]=4; 와 동일
```

트레일 블레이저에만 메서드를 추가할 수 있다.

```
//트레일 블레이저에만 display 메서드 추가
trailBlazer.display = function( ) {
  return this.year + "  " + this.cc;
};
```

위에서 설명했던 passenger 속성이나 display 메서드는 오직 trailBlazer 객체에서만 사용할 수 있으며, sorento 객체는 사용할 수 없다는 것을 명심하기 바란다.

모든 JavaScript 객체는 prototype 속성으로부터 속성과 메서드를 상속받는다. 배열 객체는 Array.prototype으로부터 상속을 받고, 위에서 정의한 생성자 함수 Car로 생성한 객체는 Car.prototype으로부터 상속을 받는다. prototype 상속 체인에서 최상위에는 Object.prototype이 존재한다. 따라서 배열이나 Car를 사용해 생성한 객체는 Object.prototype을 상속한다.

여러분들이 new Car(...) 와 같이 새로운 객체를 생성한다면 속성이나 메서드를 상속하게 되는 통로인 Car.prototype을 사용하여 새로운 속성이나 메서드를 등록해 주면, 관련된 모든 객체는 등록된 속성이나 메서드를 사용할 수 있다.

우선적으로 배열에 속성 alpha를 등록해 보자. 개념만 이해하자.

```
//모든 배열에서 사용할 수 있는 속성 추가
Array.prototype.alpha = 'MyAlpaca';  //속성 추가
const arr = [1,2,3,4];
arr.alpha;  //MyAlpaca를 의미.
```

Array.prototype에 alpha 속성을 추가하였으므로 이제는 모든 배열 객체는 alpha 속성을 사용할 수 있다.

이전에 학습하였던 생성자 함수 Car에 새로운 속성이나 메서드를 등록해 사용해 보자.

```
//자동차 객체 생성자 함수(설계도 제작)
function Car(year, cc, fuel, weight) {
  this.year = year;  //객체 속성 year에 파라미터 year를 할당
  this.cc = cc;
  this.fuel = weight;
}
//생성자 함수에 속성 country 추가
Car.prototype.country = "Korea";

//생성자 함수에 메서드 view( ) 추가
Car.prototype.view = function( ) {
  return "출시 년도 : " + this.year + ", 배기량 : " + this.cc;
}

//사용할 객체 생성
var trailBlazer = new Car(2019, 1331, "gasoline", 1340);
var sorento = new Car(2020, 1995, "diesel", 1860);
//추가한 속성의 액세스
var x = trailBlazer.country;
trailBlazer.country = "대한민국";  //변경도 가능함
//추가한 메서드의 액세스
var view = trailBlazer.view( );
```

새롭게 생성하는 모든 객체에서 추가된 속성이나 메서드를 사용할 수 있도록 prototype을 사용하여 추가하였다. 아래 예제를 살펴보자.

```html
<!DOCTYPE html>
<html>
<head>
<meta charset="utf-8">
<title>객체 생성자 함수</title>
</head>
<body>

<h2>객체 생성자 함수 사용하기</h2>
<p>객체 생성자 함수에 속성 및 메서드를 추가할
 경우, prototype을 사용해야 함</p>

<p id="p1"></p>
<p id="p2"></p>
<script>

// 객체 생성자 함수 Car [설계도]
function Car(year, cc, fuel, weight) {
  this.year = year;
  this.cc = cc;
  this.fuel = fuel;
  this.weight = weight;
  //this.spec = function(){return this.year }; [사용 가능함]
}

// Car 객체 생성
var trailBlazer = new Car(2019, 1331, "gasoline", 1340);
var sorento = new Car(2020, 1995, "diesel", 1860);
//prototype을 이용한 속성 추가[모든 생성 객체에서 사용 가능]
Car.prototype.country = "Korea";
//prototype을 이용한 메서드 추가[모든 생성 객체에서 사용 가능]
Car.prototype.view = function ( ) {
  return "출시년도 : " + this.year + ", 배기량: " + this.cc;
};
//트레일 블레이저 출력 실습
document.getElementById("p1").innerHTML = trailBlazer.country + "  " + trailBlazer.view( );
//쏘렌토의 country 속성을 변경
sorento.country = "대한민국";
//쏘렌토는 트레일 블레이저에서 개별적으로 생성한 속성등은 사용하지 못함.
document.getElementById("p2").innerHTML = sorento.country + "  " + sorento.view( );
</script>

</body>
</html>
```

이번에는 객체를 생성하여 배열에 저장하는 실습을 해보자. 이름과 나이를 객체로 생성하여 배열에 순차적으로 등록해 보자.

```javascript
//배열 선언
var arr = [];
//이름과 나이를 관리하는 객체 생성자 함수
function Employee (name, age) {
  this.name = name;
  this.age = age;
}
//객체 생성 및 배열 등록
const  mem1 = new Employee("홍길동", 21);
const  mem2 = new Employee("김순자", 24);

arr.push(mem1);    //arr.push(mem1, mem2); 가능
arr.push(mem2);

//배열 요소 액세스
let  x = arr[0].name;
let  y = arr[0].age;
};
```

다음 예제는 HTML 내에 자바스크립트를 작성하였다. 최종적으로 실행된 브라우저 화면도 함께 확인해 보자.

```html
<!DOCTYPE html>
<html>
<head>
<meta charset="utf-8">
<title>객체와 배열의 응용</title>
</head>
<body>
```

```
<h2>객체와 배열의 응용</h2>
<p>객체를 배열에 등록하고, 액세스하는 방법을 알아봅니다.</p>

<p id="p1"></p>
<p id="p2"></p>
<script>
let  arr = [ ]; //배열 선언
//객체 생성자 함수 정의
function Employee(name, age) {
  this.name=name;
  this.age=age;
}

const  mem1 = new Employee("홍길동", 21);
const  mem2 = new Employee("김순자", 24);

arr.push(mem1); //하나씩 등록
arr.push(mem2);

const  mem3 = new Employee("추진력", 33);
const  mem4 = new Employee("날아라", 27);
arr.push(mem3, mem4); //추가할 요소를 나열할 수 있음

let  x = arr[0].name;
let  y = arr[0].age;

document.getElementById("p1").innerHTML = x + " " + y;
document.getElementById("p2").innerHTML = arr[3].name + "  " + arr[3].age;
</script>

</body>
</html>
```

(2) Date 객체

new Date( ) 생성자를 사용해 새로운 Date 객체를 생성하는 4가지 방법이 있다. 아래 네 가지 방법을 잘 살펴보자.

- new Date( );

- new Date(year, month [, day, hours, minutes, seconds, millisconds]);

- new Date(milliseconds);

- new Date("date string");

- (참고) Date( ); //현재 시간과 날짜를 문자열로 리턴함(data type : string)

new Date( )는 현재의 날짜와 시간 정보를 포함하는 새로운 Date 객체를 생성한다. new Date(year, month,[이하 옵션])는 파라미터로 전달한 값을 사용해 Date 객체를 생성한다. 파라미터는 모두 숫자다. 달(Month) 정보는 0부터 표시한다. 즉, 0은 1월에 해당한다. 연도와 달은 필수 파라미터이다. new Date(milliseconds)는 밀리초(msec)로 환산한 숫자 값을 파라미터로 전달하면 1970년 0시 0분 0초로부터 경과한 시간을 날짜와 시간 변환된 값을 가지는 객체를 생성한다. new Date(dateString)은 날짜와 시간 정보를 문자열로 전달하면 날짜와 시간 값을 가지는 객체를 생성한다. 이 때 날짜와 시간에 대한 문자열의 표현 방식은 몇 가지 정해진 형식을 준수해야 한다. dateString 에서는 월을 숫자가 아닌 영어로 표기할 수 있는데 영문 3글자 이상을 적으면 생성자 함수가 알아서 변환해 준다. new 키워드를 사용하지 않고 생성자 함수 Date( )를 호출하면 객체를 생성하지 않고 현재 날짜와 시간을 문자열로 돌려준다.

아래 프로그램은 Date 객체를 활용하여 날짜와 시간을 표현하는 다양한 방법을 확인해 볼 수 있다.

```
<!DOCTYPE html>
<html>
<head>
<meta charset="utf-8">
<title>Date 객체 알아보기</title>
</head>
<body>

<h2>JavaScript Date 객체 활용하기</h2>
<p>Date 객체를 활용해 날짜와 시간을 표현하는 다양한 방법을 이해하기</p>

<p id="p1"></p>
<p id="p2"></p>
<p id="p3"></p>
<p id="p4"></p>
```

```
<p id="p5"></p>

<script>
var date1 = new Date(); //객체
var date2 = new Date(2020, 1, 15, 12,10,11);//월은 0부터 시작
var date3 = new Date("May 15 2020 10:11:12");
//다음의 표현도 무방함(date3 ~ date6은 동일한 출력)
//var date4 = new Date("2020 may 15 10:11:12");//시:분:초:밀리초 방식 사용
//var date5 = new Date("2020 5 15 10:11:12"); //문자열은 월이 1부터 시작함.
//var date6 = new Date("2020, may 15 10:11:12");//년월일 사이에 , 가능함
var date7 = new Date(1500000000000); //밀리초로 표현
//var d = new Date(-150000000000); //음수는 1970년 이전
var date8 = Date( ); //현재 날짜와 시간을 문자열로 리턴

document.getElementById("p1").innerHTML = "new Date( ) : <b>" + date1 + "</b>, date type: " + typeof date1;
document.getElementById("p2").innerHTML = "new Date(2020, 1, 15, 12,10,11) : <b>" + date2 + "</b>, date
type: " + typeof date2;
document.getElementById("p3").innerHTML = 'new Date("May 15 2020 10:11:12") : <b>' + date3 + "</b>, date
type: " + typeof date3;
document.getElementById("p4").innerHTML = "new Date(1500000000000) : <b>" + date7 + "</b>, date type: " +
typeof date7;
document.getElementById("p5").innerHTML = "Date( ) : <b>" + date8 + "</b>, date type: " + typeof date8;
</script>

</body>
</html>
```

날짜와 시간 정보 중에서 특정한 부분만을 읽어오는 메서드와 특정한 부분만을 설정하는 메서드가 있다. 정보를 설정하는 메서드보다 정보를 읽어오는 메서드가 더 중요하다. 읽기 메서드를 실행하였을 때 돌려주는 데이터형은 모두 숫자이다.

Date 객체 메서드	설명
getFullYear( )	년도를 숫자로 리턴.
getMonth( )	달을 숫자로 리턴. [주]달은 0 ~ 11 사이의 값, 0:1월
getDate( )	1~31 사이의 날짜를 숫자로 리턴
getDay( )	요일을 0~6 사이의 숫자로 리턴 [주]0:일요일, 1:화요일, ...6:토요일
getTime( )	1970년1월1일 0시 이후 경과된 시간을 ms 단위인 숫자로 리턴
getHours( )	시간 정보에서 시간을 0~23 사이의 숫자 값으로 리턴.
getMinutes( )	시간 정보에서 분을 0~59 사이의 숫자 값으로 리턴.
getSeconds( )	시간 정보에서 초를 0~59 사이의 숫자 값으로 리턴.
getMillisecondes( )	시간 정보에서 0~999 사이의 ms만을 숫자로 리턴.

여기서는 built-in 자바스크립트 생성자 함수를 정리한 것이다.

```
new String( )    // A new String object
new Number( )    // A new Number object
new Boolean( )   // A new Boolean object
new Object( )    // A new Object object
new Array( )     // A new Array object
new RegExp( )    // A new RegExp object
new Function( )  // A new Function object
new Date( )      // A new Date object
Math   // 전역 객체. new 키워드를 사용하지 않음.
```

4.8 함수(Function)

자바스크립트 함수의 기본형은 아래와 같다.

```
function 함수이름(parameters) {
    //함수의 코드 블록
    return 표현식; //데이터형 지정 안함
}

parameters : 데이터형은 지정하지 않음.
(x, y, z....)
```

JavaScript는 함수를 정의할 때 반드시 function 키워드를 사용해 정의한다. 그리고 함수에 파라미터를 넘겨줄 때, 데이터 유형을 지정하지 않는다. 데이터 유형은 함수가 호출되어 수행되는 순간 결정되기 때문입니다. 최근에 타입 스크립트(Type Script)를 사용해 에러를 줄이기 위해 예정된 데이터의 형을 명시해주는 방식도 많이 사용되고 있다.

console.log( ) 함수를 사용하면 브라우저가 아닌 콘솔 창에 디버깅 목적 등으로 출력할 수 있다. 아래 함수는 콘솔 창에 메시지와 간단한 계산 결과를 출력한다. 개별적인 *.js 파일로 작성할 수 있지만, 여기서는 HTML 내부에 직접 사용하기 위해 <script> 태그 내에 작성한 것이다.

```
<script>
let  x=13, y=210;
function info(a, b) {
  console.log("덧셈 계산을 테스트합니다.");
  console.log(a+b);  //a와 b를 더한 결과를 출력
  console.log("종료합니다.");
}

//함수의 호출
info(x,  y); //info( ) 함수는 리턴 값은 없음
info(20, 55);
</script>
```

기본 함수의 선언을 할 때, 파라미터에 디폴트 값을 설정할 수 있다. 모든 파라미터에 디폴트 값을 설정할 수도 있으며, 파라미터의 일부만 디폴트 값으로 설정할 수 있다. 파라미터의 일부만 디폴트 값으로 설정할 경우에는 반드시 디폴트가 아닌 파라미터의 뒤에 위치해야 한다.

```
<script>
function sum(a, b, c=55, d=75) {
  return a+b+c+d;
}

var x = sum(33, 53);  //sum(33,53,55,75)과 동일
var y = sum(5, 5, 2);  //sum(5,5,2,77)와 동일
var z = sum(51,62,73,84); //4개의 파라미터를 모두 새롭게 전달
</script>
```

버튼을 누를 때마다 함수를 수행하여 결과를 웹 페이지에 출력하는 예를 살펴보자. HTML의 태그 요소는 onclick 속성이 있는데, 여기에 함수를 할당한다. 즉, 버튼을 누를 때마다 함수를 호출하는 예제이다.

```html
<!DOCTYPE html>
<html>
<head>
<meta charset="utf-8">
<title>함수를 이용한 구구단 실습</title>
</head>
<body>
<h2>자바스크립트 함수 실습하기(구구단)</h2>
<p>구구단 실습하기</p>
<button id="btn1" onclick="multiply()"
style="color:red;background:blue">구구단 실습하기</button>

<p id="p1">여기에 결과가 출력됩니다.</p>

<script>
function multiply() {  //x는 단
  let  str="";
  let  dan = parseInt(prompt("구구단의 원하는 단을 입력해주세요."));

  for let i=1; i < 10; i++){
    str += dan + " x " + i + " = " + (dan*i) + "<br>";
  }
  document.getElementById("p1").innerHTML = str;
}
</script>
</body>
</html>
```

JavaScript의 함수는 일급(First class) 객체이므로 변수에 할당하는 것이 가능하다. 아래와 같이 정리할 수 있습니다.

```
const funcName = function (parameters ) {
                //코드 블록
            };
```

```
함수의 호출(Function Call) :  funcName(인자전달);
```

일급 객체란 무엇인지 간단히 정리해 보았다. JavaScript에서 함수는 일급 객체에 해당하기 때문에 아래의 정의를 적용할 수 있다. 함수를 변수에 할당할 수 있고, 심지어 함수를 파라미터로 전달할 수도 있고, 반환 값이 함수가 될 수도 있으며, 객체나 배열의 데이터로 저장할 수도 있다.

■ 일급 객체의 특징
• 변수에 할당이 가능함
• 함수의 파라미터로 전달할 수 있음
• 함수의 반환값으로 사용할 수 있음
• 배열에 저장할 수 있음

두 수 중에서 큰 수를 리턴해주는 익명 함수를 정의하고, 사용해 보자. 이러한 함수는 향후 화살표 함수(Arrow function)와 함께 많이 활용될 것이다.

```
<script>
  const maxValue = function (num1, num2) {
                    let temp = (num1 >= num2 )  ?  num1  :  num2 ;
                    return temp;
                }

  let  x = maxValue(100, 200);  //함수 호출
  console.log(`출력 : ${x}`);    //콘솔 창에 출력
</script>
```

JavaScript 함수는 arguments 객체를 보유하고 있다. 함수로 전달되는 가변 개수의 인자들을 배열

로 관리하는 객체이다. 배열은 length 속성이 있기 때문에, 이를 이용해 arguments 객체에 등록된 원소의 개수를 알아낼 수 있다. 그렇지만 배열과 동일하지는 않은데, 배열의 pop( ), push( ) 등과 같은 메서드는 지원하지 않는다. argument[0]은 첫 번째로 넘겨받는 인자 값이고, 가장 마지막 인자 값은 arguments[agruments.length-1]이다. 아래의 예는 양쪽이 모두 동일한 결과를 도출한다. 자바스크립트의 함수는 넘겨줄 파라미터를 반드시 열거할 필요는 없다는 것을 주목하기 바란다. 우측의 함수는 함수가 넘겨받을 파라미터를 적시하지 않았다. 하지만 문제가 되지 않는다.

```
<script>
function sum(a, b){
    return a+b;
}
let  x = sum(5, 7);  //12 저장
</script>
```

```
<script>
function sum( ){
    return arguments[0] + arguments[1];
}
let  x = sum(5, 7); //12 저장
</script>
```

함수의 이름만 할당하면 함수의 선언을 출력해 준다. 다음 예는 화씨를 섭씨로 변경해주는 HTML 소스 코드이다.

```
<!DOCTYPE html>
<html>
<head>
<meta charset="utf-8">
<title>함수의 정의 출력하기</title>
</head>
<body>

<h2>화씨를 섭씨로 변경해 봅니다.</h2>
<p>섭씨 = (화씨-32) / 1.8</p>
화씨 :<input  type="text" id="fah" size="5">
<button id="btn1" onclick="degConvert()">섭씨온도로 변환>></button>
섭씨 : <input type="text" id="cel" size="5">
<h2>실습을 위해 정의한 함수는 아래와 같습니다.</h2>
<p id="p1"></p>

<script>
function degConvert( ) {
  var fah = document.getElementById("fah").value;
  var cel = (fah - 32) / 1.8;
  document.getElementById("cel").value = cel.toFixed(2);
```

```
    //함수의 이름은 함수의 정의를 돌려줌[함수 정의 출력]
    document.getElementById("p1").innerHTML = degConvert;
}
</script>
</body>
</html>
```

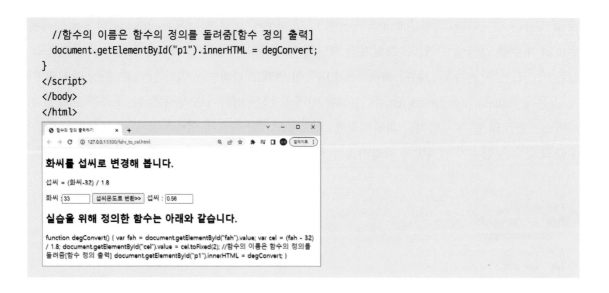

(1) 타이머(Timer) 메서드

JavaScript에서 타이머 관련 메서드는 2가지 종류로 모두 전역 함수이다. 하나는 일정한 시간 간격으로 콜백 함수나 표현식을 수행하는 방식(setInterval)이고, 다른 하나는 설정된 시간이 경과하면 한 번만 콜백 함수나 표현식을 수행하는 방식(setTimeout)이다. 타이머 설정(Set) 함수와 타이머 설정 해제(Clear) 함수가 쌍으로 존재한다. 또한 타이머에서 사용하는 시간 단위는 ms(Millisecond)이다.

먼저 setTimeout( ) 메서드와 clearTimeout( ) 메서드를 설명하겠다. setTimeout( ) 메서드의 기본 문법은 아래와 같다.

---

setTimeout(콜백함수, 설정시간(ms) [, param1, param2,...]);

- 콜백함수 : 설정 시간이 경과하면 수행될 함수
- 설정시간 : 콜백 함수가 수행되기 전 대기해야할 시간(밀리초 단위)
- params : 함수에 전달할 파라미터들
- 리턴 값 : 설정된 타이머의 숫자로 표시된 ID 값. clearTimeout(ID)로 타이머 해제

---

setTimeout( ) 메서드는 타이머가 설정될 때 숫자로 된 ID 값을 리턴한다. 이 값을 변수에 저장하여 만약에 타이머를 해제하고 싶을 때 ID 값을 사용할 수 있다. 위의 설명에도 나와 있듯이

clearTimeout(ID값)과 같이 메서드를 호출하면 설정된 타이머는 동작하지 않는다. ID 값은 동적으로 할당된다.

clearTimeout( ) 메서드는 setTimeout( ) 메서드를 사용해 설정한 타이머를 해제하는 기능을 수행한다. 이전 설명과 같이 파라미터로 타이머 설정시 리턴받아 저장한 ID 값을 넘겨주면 된다. clearTimeout( ) 메서드의 기본 문법은 다음과 같다.

```
const  ID1 = setTimeout(funcA, 3000);  //ID1은 타임아웃 설정 함수의 ID 리턴 값

clearTimeout(ID1);  //ID1을 가지는 타이머를 해제함.
```

아래는 setTimeout( )과 clearTimeout( ) 메서드에 대해 실습한 예제이다.

```html
<!DOCTYPE html>
<html>
<head>
<meta charset="utf-8">
<title>setTimeout/clearTimeout</title>
</head>
<body>

<h2>타이머 설정과 해제[한 번만 수행됨]</h2>

<button onclick="setTimer()">setTimeout( )메서드 실행</button>
<button onclick="clearTimer()">clearTimeout( )메서드 실행</button>
<p id="p1"></p>

<script>
var myID; //타이머의 ID 값 저장할 변수
function setTimer() {
  document.getElementById("p1").innerHTML = "타이머 동작이 시작되었습니다.";
  myID = setTimeout(function(){
    alert("타이머의 실행 결과입니다.");
    }, 2000); //2초
}
function clearTimer() {
  console.log(myID); //콘솔창에 ID 값 출력[F12 키 사용할 것]
  clearTimeout(myID);
  document.getElementById("p1").innerHTML = "타이머를 해제하였습니다.";
}
```

```
</script>
</body>
</html>
```

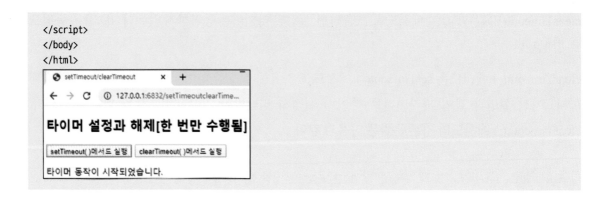

일정한 시간마다 콜백 함수를 수행하거나 표현식을 평가하는 setInterval( ) 메서드가 있다. 이 메서드는 clearInterval( ) 메서드가 호출될 때까지는 반복적으로 수행을 지속한다. 이 메서드 또한 콜백함수가 주기적으로 수행하도록 시간 간격을 설정할 때 ID 값을 리턴한다. ID 값은 변수에 저장해 두었다가 타이머를 해제하고 싶을 때 clearInterval(ID값) 에 파라미터로 전달하면서 호출하면 된다.

setInterval( ) 메서드의 기본 문법은 다음과 같다.

```
setInterval(콜백함수, 설정시간(ms) [, param1, param2,...]);
```

- 콜백함수 : 설정된 시간 단위로 수행되는 함수
- 설정시간 : 콜백 함수를 수행하는 시간 간격 설정(밀리초 단위)
- params : 함수에 전달할 파라미터들
- 리턴 값 : 설정된 타이머의 숫자로 표시된 ID 값. clearInterval(ID)로 타이머 해제

clearInterval( ) 메서드는 타이머를 해제할 때 사용한다. 아래는 setInterval( )과 clearInterval( ) 메서드를 사용하는 간단한 예제이다.

```
<!DOCTYPE html>
<html>
<head>
<meta charset="utf-8">
<title>setInterval/clearInterval</title>
</head>
<body>
<h2>반복 동작하는 타이머 설정과 해제</h2>
```

```
<button onclick="setTimeInterval()">setInterval( )메서드 실행</button>
<button onclick="clearTimeInterval()">clearInterval( )메서드 실행</button>
<p id="p1"></p>

<script>
let myID; //타이머의 ID 값
let i=0; //타이머 함수 수행 횟수
function setTimeInterval() {
  myID = setInterval(function(){
    i += 1;
    document.getElementById("p1").innerHTML = i + "번째 타이머 수행";
    }, 1000); //1초
}
function clearTimeInterval() {
  console.log(myID); //콘솔창에 ID 값 출력
  clearInterval(myID);
  i =0; //i 값 초기화
  document.getElementById("p1").innerHTML = "타이머를 해제하였습니다.";
}
</script>
</body>
</html>
```

아래는 콜백 함수에 파라미터를 전달하는 방법을 보여주기 위한 예제이다. 자주 사용되지 않지만 필요하면 아래와 같은 방법으로 파라미터를 전달해 사용하면 된다.

```
<script>
//setInterval은 전역 함수입니다. 즉, window 객체의 메서드.
let intervalID = window.setInterval(callback, 100, '안녕', 3); //parameters : '안녕', 3
//파라미터 전송
function callback(a, b) //2개의 파라미터를 받음
{
 console.log(a);
```

```
  console.log(b);
}

//Interval 함수 해제
function clearTimer( )
{
 clearInterval(intervalID);
}

</script>
```

4.9 화살표 함수(Arrow function)

화살표 함수도 ES6(ECMAScript 2015)에서 표준화되었다. 함수의 이름이 없는 익명 함수는 화살표 함수로 만들 수 있다. 화살표 함수를 사용하면 코드를 간결하게 할 수 있는 특징이 있다. 최근 점점 많은 프로그래머들이 화살표 함수를 사용하고 있다. ReactJS에서도 컴포넌트를 생성할 때 화살표 함수를 보편적으로 사용하게 되면서 더 급속하게 화살표 함수의 사용이 확산되고 있다.

화살표 함수는 function 키워드를 사용하지 않는다. 파라미터를 전달하는 영역과 함수 블록의 시작 사이에 "=>"를 삽입하여 만든다. 또한 함수의 블록이 한 문장일 경우에는 함수의 블록을 감싸는 중괄호와 return 키워드를 제거할 수 있다. 그리고 함수의 인자인 파라미터가 하나일 경우에는 파라미터를 감싸는 소괄호를 제거할 수 있다.

화살표 함수의 기본형은 다음과 같다.

```
const  funcName = (param1, param2, ...) => {

        //코드 블록

   }
```

만약에 함수를 할당하는 변수의 이름이 example이라고 하자. 그리고 익명으로 정의한 함수를 example에 할당하는 것이 가능하다고 했다. 함수를 할당할 경우에도 const 키워드를 사용할 것을 권고한다. 아래의 그림을 살펴보고 익명 함수가 어떻게 화살표 함수로 변환되는지 집중하기 바란다.

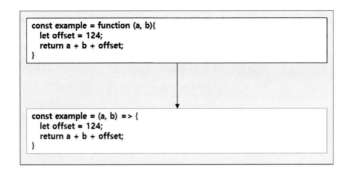

```
const example = function (a, b){
    let offset = 124;
    return a + b + offset;
}
```

```
const example = (a, b) => {
    let offset = 124;
    return a + b + offset;
}
```

여러분들이 이전까지 함수를 정의(선언)하였던 방식의 관점에서 살펴보면 다음과 같이 표현할 수 있다.

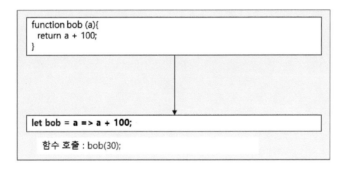

```
function bob (a){
    return a + 100;
}
```

```
let bob = a => a + 100;
```

함수 호출 : bob(30);

위의 그림에서 한 가지 주목점이 있는데 함수의 블록이 한 줄인 경우에 해당된다. 이 경우에는 함수의 블록을 표현하는 { }를 사용하지 않으면서 return 키워드를 사용하지 않아도 된다. 그렇지만 만약에 { }를 사용하게 되면, return 키워드를 생략하면 리턴되는 값이 존재하지 않으므로 주의해야 한다.

또 하나 주목해야 할 것은 전달하는 파라미터가 오직 1개만 존재할 경우에는 화살표 좌측에 존재하는 ( )를 생략할 수 있다. 생략할 수 있다는 의미는 생략하지 않을 수도 있다는 의미이다. 그렇지만 생략하는 것이 일반적이기 때문에 파라미터가 오직 한 개라면 소괄호를 생략하기 바란다.

사실상 함수가 선언되었기 때문에 함수를 호출하여 사용하는 것은 기존에 학습했던 방식과 동일하다. 즉, 위의 그림처럼 bob( ) 함수를 호출하려면 bob(30)과 같이 기술하면 된다.

그리고 함수의 블록이 한 문장일 경우에 함수 블록을 의미한 { } 생략할 수 있다고 했지만, 함수가 리턴하는 데이터가 객체다면 소괄호로 감싸주어야 한다. 아래의 예제를 살펴보기 바란다. 객체를 감싸는 소괄호가 없으면 "Uncaught SyntaxError: Unexpected token ':'" 에러가 발생한다.

```
//객체를 리턴할 경우에는 한 문장이더라도 소괄호로 감싸야 함.
const  func = ( ) => ( {이름 : "홍길동", 나이:23} );
```

다음은 기존에 학습하였던 타이머 함수의 콜백 함수로 화살표 함수를 사용해 구현한 예이다.

```
let id = 0;
const obj = {
    count : 100,
    timer : function(){
            id = setInterval( ( ) => {
                    this.count++;   //객체의 속성인 count
                    console.log(this.count);
                }, 300);
    }
}

obj.timer();
//clearInterval(id);   //타이머 종료
```

4.10 구조 분해 할당(Destructuring assignment) 연산

구조 분해 연산도 ES6(ECMAScript 2015)에서 표준화되었다. 배열이나 객체의 개별적인 값들을 구분되는 변수에 할당하여 사용하는 것을 의미한다. 배열을 구조 분해하려면 [ ] 안에 변수들을 나열해 구현한다. 그리고 객체를 구조 분해하려면 { } 안에 변수들을 나열해 구현한다. 단, 객체에 대해서는 { } 안에 키 값을 나열해야 하며, 키 값이 변수명으로 맵핑된다. 물론 해당 키를 다른 변수명으로 변경해 구조 분해하는 방법도 있다.

먼저 배열의 구조 분해에 대해 알아보자. 이미 언급하였지만, 배열이나 객체의 속성들의 값을 구분되는 개별 변수 값으로 분해할 수 있다는 것이다. 배열이나 객체의 구조 분해 할당 연산에서 ...rest의 의미는 rest 변수에 이미 할당을 완료한 데이터를 제외한 나머지 데이터를 모아서 기존의 데이터형과 같은 데이터형으로 할당하라는 뜻이다.

```
let x, y, z,  rest;
[x, y, z] = [30, 50, 70];
console.log(x);  //x에는 30이 할당되어 있음
console.log(z);  // z에는 70이 할당되어 있음
[x, y, z, ...rest] = [30, 50, 70, 20, 40, 60]; //...rest (나머지 데이터 연산자)
console.log(rest);  //reset = [20, 40, 60]
```

구조 분해 할당 연산에서 값을 할당하지 않고 건너 띄고 싶다면, 자리 위치만 콤마로 표시하고 변수를 맵핑시키지 않으면 된다. 아래의 예를 살펴보자. 만약에 첫 번째에 배열 값과 마지막 배열 값만을 할당하는 예이다.

```
let a, b;
[a,  ,  , b] = [30, 50, 70, 90]; //맵핑되는 변수가 없으면 해당 데이터 skip함
console.log(a);  //a=30
console.log(b);  // b=90
```

구조 분해 할당에서 디폴트 값을 할당하도록 구현할 수 있다. 여기서 디폴트의 의미는 좌,우 변수 및 데이터의 수가 같지 않을 때 발생할 수 있는 문제를 제거하기 위해 맵핑되는 데이터가 존재하지 않을 때 디폴트 값을 사용하라는 의미이다.

```
//디폴트 값을 할당한 구조분해
let a, b;

[a=5, b=7] = [1];  //맵핑 값이 있으면 맵핑 값을 사용하고, 없으면 디폴트 값 사용
console.log(a); // 1 (맵핑 값)
console.log(b); // 7 (디폴트 값)
```

C 언어 등에서 데이터의 교차 할당(Swapping) 과 구조 분해 할당 연산을 이용해 쉽게 데이터의 교차 할당이 가능하다.

```
//변수 값의 swapping
let x = 1;
let y = 3;

[x, y] = [y, x];      //x와 y 값을 swapping함
```

또한 함수의 리턴 값이 배열이나 객체일 경우에도 구조 분해 할당을 사용해 변수에 쉽게 저장할 수 있다. 아래의 예를 잘 살펴보기 바란다. 현재 구조 분해 할당은 대부분의 프로그래머들이 활발히 사용하고 있기 때문에 반드시 알고 있어야 한다.

```javascript
function func1( ) {
  return [10, 20, 50];
}

let a, b, c;
//함수의 리턴 값을 구조분해 할당
[ a, b, c ] = func1( );
console.log(a); // a=10
console.log(c); // c=50

function func2( ) {
  return [1, 3, 5];
}

//맵핑하지 않는 위치는   ,로 자리만 확보
const [ j,    ,k ] = func2( );  //j=1; k=5;
```

함수에 배열을 파라미터로 전달할 경우에 구조 분해를 사용할 수 있다.

```javascript
function myDetails( [ name,   , major] ){
      return `나는 ${name}이고, 전공은 ${major}이다`;
    }

const id1 = ['홍길동', 23, '소프트웨어융합학부'];

const me = myDetails( id1 );
//me = '나는 홍길동이고, 전공은 소프트웨어융합학부이다'
```

다음은 객체에 대한 구조 분해 할당 연산이다. 객체의 속성명을 기준으로 구조 분해 할당을 수행하며, 좌측의 속성명이 변수명으로 사용된다.

```javascript
const obj = { x: 10, y: 20, z: 30 };
const { x, y } = obj; //좌우측의 데이터 수가 다르면 좌측에 순서대로 맵핑
```

```
[위와 동일한 결과]
const x = obj.x;
const y = obj.y;
```

좀 더 많이 사용하는 예를 사용해 설명하면 아래와 같다. 원칙적으로 속성명과 변수명은 동일해야 한다.

```
const id1 = {name:"홍길동", age: 23, hobby:"Tennis"};
const {name, age, hobby} = id1;

[위와 동일한 결과]
const name = id1.name;
const age = id1.age;
const hobby = id1.hobby;
```

객체의 속성 중에서 일부의 속성만을 구조 분해 할당을 사용해 변수에 할당하려면 좌측의 변수명에 원하는 속성명만을 사용한다. 위의 예에서 id1 객체에서 name과 hobby만을 취하고자 한다면 다음과 같이 작성하면 된다.

```
const id1 = {name:"홍길동", age: 23, hobby:"Tennis"};
const {name, hobby} = id1;   //좌측에 할당을 원하는 속성명만 열거함

[위의 구조 분해 할당은 아래와 같이 할당됨]
name = "홍길동";
hobby = "Tennis";
```

변수명과 객체의 속성명을 다르게 지정하고 싶으면 다음과 같은 방식으로 규정한다. 좌측의 변수를 규정할 때 {키변수:새변수명, 키변수:새변수명,…}와 같이 표현한다.

```
const obj = {first: 42, second: true};

//{키변수:새변수명, 키변수:새변수명,…}
const {first: foo, second: bar} = obj;

console.log(foo); // 42
console.log(bar); // true
```

```
//객체 내에 객체를 포함하는 경우
const obj = { x: 11, y: { c: 22 } };
const { x } = obj; // a = 11
let { y: { c: age } } = obj; // age = 22
```

객체의 값들을 배열에 저장할 수 있다.

```
const values = [];
const obj = { x: 100, y: 200 };
({ x: values[0], y: values[1] } = obj);
```

또한 나머지 연산자 속성(Rest property)을 사용할 수 있다. 나머지 연산자는 반드시 마지막 부분에 위치해야 한다. 객체에서 나머지 연산자(...rest)를 적용하면 rest 변수에 맵핑하지 않은 나머지 데이터를 객체로 할당한다.

```
let {a, b, ...rest} = {a: 10, b: 20, c: 30, d: 40};
a;    // 10
b;    // 20
rest;   // { c: 30, d: 40 }
```

함수에서 객체를 파라미터로 전달하면, 구조 분해 연산을 사용해 수신할 수 있다. 구조 분해 할당 연산을 사용하면 기존의 방식보다 훨씬 효율적인 코드를 유지할 수 있다.

```
[기존 방식(ES5)]
function myIntro( myObj ) {
   let name = myObj.name;
   let age = myObj.age;
   let hobby = myObj.hobby;
   return `나는 ${name}이고, ${age}이며, 취미는 ${hobby}이다.`
}

const me = myIntro({ name: '홍길동', age: 24, hobby:'Climb'});

[구조 분해 사용(ES6)]
function myIntro( { name, age, hobby } ) {
   return `나는 ${name}이고, ${age}이며, 취미는 ${hobby}이다.`
}

const me = myIntro({ name: '홍길동', age: 24, hobby:'Climb'});
```

위에 예를 보면 기존의 방식을 사용한 객체 전달보다 구조 분해를 사용한 객체 전달이 좀 더 간단하고 가독성이 높은 것을 확인할 수 있다.

위의 예에서 함수에서 구조 분해 연산을 통해 값을 전달할 때, 변수명을 변경하여 전달하는 것도 아마 추론할 수 있을 것이다. 아래와 같다.

```javascript
//변수명을 변경
function myIntro( { name: 이름, age:나이 } ) {
    return `나는 ${이름}이고, ${나이}살이다.`
}
const  selfIntro = { name: '홍길동', age: 24, hobby:'Climb'};

const me = myIntro( selfIntro );
//me = '나는 홍길동이고, 24살이다.';
```

디폴트 값을 설정해 구조 분해 연산을 적용하는 것도 유추할 수 있을 것이다.

```javascript
//변수명을 변경
function myIntro( { name: 이름, age:나이, hobby='등산' } ) {
    return `나는 ${이름}이고, ${나이}살이고, ${hobby}을 좋아한다.`
}
const  selfIntro = { name: '홍길동', age: 24, hobby:'Climb'};

const me = myIntro( selfIntro );
//me = '나는 홍길동이고, 24살이고, Climb을 좋아한다.'
const you = myIntro( { name: '홍길동', age: 24} );
//you = '나는 홍길동이고, 24살이고, 등산을 좋아한다.'
```

다음은 함수의 파라미터로 객체 구조 분해를 이용한 예제이다. 다시 한 번 잘 살펴보기 바란다.

```javascript
const  user = {
  id: 37,
  displayName: 'jdoe',
  fullName: {
      firstName: 'John',
      lastName: 'Doe'
  }
};
```

```
//파라미터 { } : 객체에서 키가 id 인 것만 사용
function userId( {id} ) {
  return id;
}

//객체에서 displayName과 fullName을 전달받아 사용하는데,
//fullName의 firstName을 name이란 변수로 변경하여 사용함
function whois( {displayName, fullName: {firstName: name} } ) {
  return `${displayName} is ${name}`;
}

console.log(userId(user)); // 37
console.log(whois(user));  // "jdoe is John"
```

■ 객체 리터럴 향상(Object Literal Enhancement)

구조 분해와 반대로 배열이나 객체 구조를 다시 만들어 내는 과정으로 내용을 한 데 묶는 것을 의미한다. 현재 영역에 있는 변수를 개개의 필드로 묶으면 된다.

```
//배열 객체 리터럴
const name = "홍길동";
const age = 23;
const addr = "경기도 오산시 양산동";

//기존의 할당 변수들을 활용해 객체 생성
//기존 데이터를 조합한 배열 만들기
const myIntro = [name, age, addr];
console.log(myIntro);

//출력은 [ '홍길동', 23, '경기도 오산시 양산동' ]

const name = "홍길동";
const age = 23;
const addr = "경기도 오산시 양산동";

//기존의 할당 변수들을 활용해 객체 생성
//기존 변수들을 조합한 객체 생성하기
const myIntroObj = { name, age, addr };

console.log(myIntroObj);

//출력 : { name: '홍길동', age: 23, addr: '경기도 오산시 양산동' }
```

4.11 전개 연산자(Spread Operator)

전개 연산자는 다른 말로 펼침 연산자라고 한다. 배열, 문자열, 객체 등 반복 가능한 객체를 개개의 요소로 분할할 때 사용한다. "...variable_name"과 같이 변수명 앞에 3개의 점을 붙여서 표현한다. "...rest"로 나머지 연산자로 사용할 경우에는 맵핑을 하지 못한 남은 개개의 원소들을 배열이나 객체(Object)로 다룰 때 사용한다. 하지만 "...variable_name"으로 전개 연산자로 사용할 경우에는 배열이나 객체의 모든 원소들을 개별 원소로 나누어 표현한다.

```javascript
function multiply(x, y, z) {
    return x * y * z;
}

const numList = [1, 3, 5];
const result = multiply(...numList);  //multiply(1, 3, 5)와 동일

//result = 15
```

2개의 배열을 하나로 합치거나 기존 배열에 다른 원소들을 추가하여 새로운 배열을 생성하는 예제이다.

```javascript
//2개의 배열을 하나의 배열로 합칠 수 있음
let number1 = [0, 1, 2];
let number2 = [11, 12];

number1 = [...number1, ...number2];  //=> number1.concat(number2)
//number1 결과 : [0, 1, 2, 11, 12]

//다양한 방식으로 전개 연산자와 조합 가능함.
const newArr = [1, 100, ...number1, 33, ...number2, 500];
//newArr = [1, 100, 0, 1, 2, 33, 11, 12, 500];
```

전개 연산자를 사용해 동일한 데이터를 갖는 새로운 객체를 생성할 수 있다. 전개 연산자는 배열, 문자열, 객체와 같은 반복 가능한(Iterable) 객체에만 적용할 수 있다.

```
//전개 연산자를 사용한 객체 복사(다른 객체)
const arr1 = [1, 3, 5, 7];
const arrClone = [ ...arr1 ];

arr1.push(33);  //arr1=[1, 3, 5, 7, 33],  arrClone=[1, 3, 5, 7]
```
```
let str = "alphabet";
const arr = ['x', 'y', ...str, 'z'];  //문자열은 개별 문자로 구분됨

//arr = ['x', 'y', 'a', 'l', 'p', 'h', 'a', 'b', 'e', 't', 'z']
```

객체에 대해서도 전개 연산자를 사용하면 유용하다. 객체에 대한 전개 연산자는 객체에 적용해야한다. 만약에 전개 연산에서 중복된 키(key)가 존재하면 마지막 키 값의 데이터를 적용한다.

```
let obj1 = { foo: 'bar', x: 42 };
let obj2 = { foo: 'baz', y: 13 };

let clonedObj = { ...obj1 };     //동일한 데이터의 다른 객체로 복사
// clonedObj = { foo: "bar", x: 42 }

//중복된 키는 마지막 키 값이 적용
let mergedObj = { ...obj1, ...obj2,  };
// mergedObj = { foo: "baz", x: 42, y: 13 }
```
```
//key-value 쌍의 객체는 배열에서 전개 연산을 적용할 수 없음
let obj = {'key1': 'value1'};
let array = [...obj];
// TypeError: obj is not iterable(허용되지 않음)
```

그리고 함수의 파라미터로 전개 연산자를 사용하면 개별 입력들을 배열로 묶어서 처리할 수 있다. 다음의 예제를 잘 살펴보기 바란다. forEach( ) 함수(메서드)는 배열에서만 사용할 수 있다.

```
const sum = ( ...params ) => {    //개별 데이터를 배열로 묶음
  params.forEach((item) => {
    data.push(item ** 2);
  });
};
```

```
let data = [ ];
sum( 1, 2, 3, 4, 5, 6, 7, 8, 9, 10 );
console.log(data);

//data = [ 1, 4, 9, 16, 25, 36, 49, 64, 81, 100 ]
```

4.12 논리 연산자 ||와 &&

논리 연산자 ||(OR)와 &&(AND)는 한 변수에 디폴트 값을 설정할 때 많이 사용하는 방식이다. 기존의 개념인 단순히 OR와 AND 연산을 수행해 true나 false를 리턴하는 개념이 아니다. 먼저 0, false, ""(빈 문자열), undefined, NaN 값은 거짓을 의미한다.

```
let  value =  A ||  B;
```

해석
A의 값이 거짓일 경우에는 value에 B를 할당하고, 그렇지 않으면 value에 A를 할당함

위의 예를 일반화하면 다음과 같이 정리할 수 있다.

```
일반화 :  A || B || C || D….;
```

해석
값 A부터 우측 방향으로 조사를 시작해 최초의 참인 값을 만나면 해당 값을 돌려줌

위 방식은 약간의 문제가 있다. 특히 A의 값이 0이나 ""(빈 문자열)일 때, 유효한 값으로 사용하려 해도 이러한 값은 거짓으로 취급해 값을 할당할 수 없는 문제가 발생한다. 이러한 문제를 극복하기 위해 다음 절에서 논의될 ??(nullish coalescing operator)가 출현하게 되었다.

OR 연산을 사용한 값의 할당 예를 아래에서 살펴보자.

```
let first = "" || 0 || 333 || undefined || NaN;
console.log(first); //출력 : 333

let count = 0; //유효한 값이지만 거짓
let str = ""; //유효한 빈 문자열이지만 거짓

let test1 = count || "fighting";
let test2 = str || "앞의 데이터가 빈 문자열";

console.log(test1); //출력 : fighting
console.log(test2); //출력 : 앞의 데이터가 빈 문자열
```

논리 연산 &&은 좌측부터 시작해 우측으로 최초의 거짓을 만나면 거짓에 해당하는 값을 돌려주고, 모두 참일 경우에는 마지막 값을 돌려준다.

```
let  value = A && B && C && D && ...;
```

&& 논리 연산을 사용한 값 할당 방식을 다음에서 확인해 보자.

```
let anding = 10 && "key" && "hello";
console.log(anding);  //출력 : hello

let a2 = 100 && "key" && null && 300;
console.log(a2);  //출력 : null

let a3 = 100 && "key" && undefined && 300;
console.log(a3);   //출력 : undefined

let a4 = 100 && "key" && 300 && false;
console.log(a4);   //출력 : false
```

향후에 배울 ReactJS에서 논리 연산을 사용한 예이다. 브라우저 화면에 출력된 내용을 보면, 조건이 거짓이면 뒤의 내용이 출력되지 않는다.

■ 조건이 참일 때

```
function Demo1( ) {
  const k = 3;
  return (
    <div>
      <h1>여러분, 화이팅!</h1>
      { k > 0 &&
        <h2>
          당신은 {k} 값을 가지고 있어요.
        </h2>
      }
    </div>
  );
}
```

> **여러분, 화이팅!**
> **당신은 3 값을 가지고 있어요.**

■ 조건이 거짓일 때

```
function Demo1( ) {
  const k = 3;
  return (
    <div>
      <h1>여러분, 화이팅!</h1>
      { k > 500 &&
        <h2>
          당신은 {k} 값을 가지고 있어요.
        </h2>
      }
    </div>
  );
}
```

> **여러분, 화이팅!**

그런데 특정 값과 && 연산을 수행해 앞의 값이 false가 아닐 경우에 뒤의 내용을 출력하고 싶다면 다음의 예를 살펴보아야 한다. 즉, 거짓으로 해석되는 값 0이 존재하면 의도하지 않았지만 0이 출력되는 문제가 있다. 물론 앞의 값이 null, undefined, "" 이면 아무런 출력되지 않는다.

■ count 값이 7(참)

```
function Demo1( ) {
  const count = 7;
  return (
    <div>
      { count && <h1>당첨번호: {count}</h1> }
    </div>
  );
}
```

> **당첨번호: 7**

■ count 값이 0(거짓)

```
function Demo1( ) {
  const count = 0;
  return (
    <div>
      { count && <h1>당첨번호: {count}</h1> }
    </div>
  );
}
```

> 0

4.13 Nullish Coalescing 연산자(??)

Nullish coalescing 연산자는 좌측 데이터 값이 null이거나 undefined일 때 우측 데이터 값을 리턴해 주고, 그렇지 않을 경우에는 좌측 데이터 값을 돌려주는 논리 연산자이다. 주목할 점은 거짓을 의미하는 0, ""(빈 문자열), false, NaN과 같은 값이 좌측에 위치해 있어도 그대로 본래의 값을 리턴해 준다. Nullish coalescing 연산의 기본 표현식은 아래와 같다.

```
Nullish Coalescing 표현식 : 좌측표현식 ?? 우측표현식;   (A ?? B;)
```
• null과 undefined 데이터일 경우에 한정해서 ??의 우측에 있는 값을 돌려줌.

좌측에 수신한 데이터가null이나 undefined이면 우측의 디폴트 값으로 할당할 때 사용하면 유용하다.

```
let vNull = null;
let vUndef ;  //undefined

console.log(vNull ?? "안녕");   //출력 : 안녕
console.log(vUndef ?? "Hello"); //출력 : Hello

const vEmptyStr = "";
const  zero = 0;
const  notANum = NaN;
const  정수값 = 127;

const case1 = vEmptyStr ?? 정수값;  //출력 : ""
const case2 = zero  ?? 정수값; //출력 : 0
const case3 = notANum   ?? 정수값; //출력 : NaN

const x = 3535;
const newV = vUndef ?? x;
//newV에는 3535가 할당됨
```

?? 연산자와 && 혹은 || 연산자를 직접 결합하여 사용할 수 없다. 다만 사용하고자 한다면 소괄호로 분리해야 한다.

```
//에러가 발생하는 상황(||과 && 연산을 동시 결합하여 사용하는 것은 허용하지 않음)
null || undefined ?? "Hello"
Uncaught SyntaxError: Unexpected token '??'
```

```
(null || undefined) ?? "Hello"
//결과  : false
```

4.14 로컬 저장소(Local Storage)

로컬 저장소는 클라이언트 측, 즉 브라우저 상에 데이터를 저장할 수 있는 기술인 웹 스토리지 기술이다. 웹 스토리지(Web storage)에는 로컬 스토리지(Local Storage)와 세션 스토리지(Session Storage)가 있다.

세션 스토리지는 웹 페이지의 세션이 끝날 때 저장된 데이터가 제거되는 반면에, 로컬 스토리지는 웹페이지의 세션이 끝나더라도 데이터가 유지된다. 로컬 스토리지의 데이터를 제거하기 위해서는 removeItem( ) 메서드를 사용한다. 문자열 데이터형만 지원한다. 항상 키(key)와 값(value)의 쌍으로 저장하며, 키를 이용해 값을 읽어 낼 수 있다.

로컬 스토리지에 데이터(아이템)를 등록(저장)하고, 읽어내고, 지우는 방법을 아래 정리하였다.

```
• 아이템 등록
  window.localStorage.setItem(key, value); //window 생략
• 아이템 읽기
  localStorage.getItem(key);
• 아이템 제거
  localStorage.removeItem(key);
• 도메인 내의 전체 아이템 비우기
  localStorage.clear();
• 로컬스토리지의 key 리스트 알아내기
  const keys = Object.keys(window.localStorage);
```

다음은 로컬 저장소를 사용하는 간단한 예이다.

```
//키 myCart, 값 Candy
localStorage.setItem('myCart', 'Candy');

//로컬 스토리지에서 읽기
const myItem = localStorage.getItem('myCart');

//특정 아이템 지우기
localStorage.removeItem('myCart');

//전체 아이템 지우기
localStorage.clear();
```

4.15 모듈(Module)

모듈은 객체들을 모아놓은 하나의 자바스크립트 파일이다. 가독성이나 유지보수가 용이하도록 함수 또는 객체들을 *.js 파일로 별도로 작성한 것을 의미한다.

임의의 자바스크립트 파일에서 외부에서 작성한 모듈을 불러오기 위해 기존에는 module. exports 를 사용해 외부 파일에서 호출 가능하도록 선언하였다. 이 경우 임의의 파일은 외부에 작성된 모듈을 불러오기 위해서는 require("모듈명") 함수를 사용해 불러 들여야 사용할 수 있었다. 그리고 이러한 방식은 모듈을 불러올 때 import 구문을 사용하지 않는다. 그렇지만, 지금 소개한 방식은 현재는 많이 사용하지 않는다. 물론 지금도 사용되고 있다. 다음 예제를 먼저 살펴본 후 많이 사용되는 import를 사용해 모듈을 불러오는 방법을 배우자.

다른 파일에서 현재 작성한 파일을 모듈로 불러오는 것이 가능하도록 export하는 하는 2가지 방식을 아래 소개한다. 파일명은 test.js라 가정한다.

■ 방식 1 : 함수 exportedFunc( )와 문자열 exprtedString을 외부에서 사용 가능하도록 함

```
module.exports = function exportedFunc() {
  return "출력값";
};

module.exports.exportedString = " hello, Guys";  //exportedString은 외부에서 사용
```

■ 방식 2 : 2개 이상의 객체를 한 번에 외부에 export하는 방식

```
function exportedFunc() {
  return "출력값";
};

exportedString = "hello, Guys";

module.exports = {  //1개 이상일 때 { } 내에 나열
  exportedFunc,
  exportedString,
};
```

위에서 작성한 파일을 다른 파일에서 불러와 사용하는 방법은 아래와 같다. module.exports를 사용해 외부에서 사용 가능하도록 export하면, 이를 사용하는 파일에서는 반드시 require( ) 함수를 이용해 사용을 원하는 객체를 불러들여야 한다. 이 방식 또한 2가지 있다.

■ 불러오기 : 방식 1 : 모듈명.객체명으로 사용

```
const externalM = require("./test.js");
console.log(externalM.exportedFunc() );
console.log(externalM.exportedString);
```

■ 불러오기 : 방식 2 : 개별 객체로 불러오기

```
const {exportedFunc, exportedString} = require("./test.js");
console.log(exportedFunc );
console.log(exportedString);
```

이제 ES6(ECMAScript 2015)에서 표준화된 모듈의 export와 import에 대해 소개한다. 한 파일에서 오직 하나의 객체만이 export default 구문을 사용할 수 있고, 나머지는 객체들은 export 구문을 사용하거나 2개 이상의 객체를 묶어서 export { } 방식을 사용해 외부 파일에서 사용할 수 있도록 해준다.

파일을 export하는 방식은 3가지가 있는데 아래 정리하였다.

```
Named Exports (Zero or more exports per module)
Default Exports (One per module)
```

```
[방식 1] : Named export : Exporting individual features
export let name1, name2, …, nameN; // also var, const
export let name1 = …, name2 = …, …, nameN; // also var, const
export function functionName(){...}
export class ClassName {...}
```

```
[방식 2] : Export list(일괄 export)
export { name1, name2, …, nameN };
```

```
[방식 3] : Default export(파일 당 default export는 하나만 존재할 수 있음)
export default expression;
export default function (…) { … } // also class, function*
export default function name1(…) { … } // also class, function*
export { name1 as default, … };
```

아래에 제시된 방법 중에서 어느 것을 사용해도 된다.

```
export function funcA() { ... }
export function funcB() { ... }
```

```
function funcA() { ... }
function funcB() { ... }
export { funcA, funcB }
```

위와 같이 객체를 export하면 다음과 같이 import할 수 있다.

- **export**

```
//sample.js

export default function eFunction() {
  …….
export let alpha = 0.7;
}
```

```
//sample2.js
// 2개 이상의 개별적인 named export
export const cString = " 문자열정의";
export const cNumber = 75;
```

- **import**

```
// default exported value
// import 다음에 { } 사용이 필요 없음.
import eFunction from "sample.js";
import { alpha } from "sample"; //.js 생략

//임포트한 함수나 변수 등을 직접 사용
console.log(alpha);
```

```
//2개 이상의 객체를 동시에 불러들이기
import { cString, cNumber } from "sample2.js";
```

4.16 반복문(Loop)

배열 및 문자열과 같은 반복 가능한(Iterable) 객체는 기존의 C언어와 같은 형태의 for 반복문 대신에 for~of 문을 사용해 구현할 수 있다. for~of 구문은 ES6에서 표준화되었다. 아울러 새로 도입된 Map, Set 객체도 반복 가능한 객체이기 때문에 for ~ of 구문을 사용할 수 있다. 반복 가능한 객체는 for ~ of 문을 사용해 아이템(Item) 별로 반복 수행할 수 있다.

기본 문법은 아래와 같다.

```
for ( let 변수 of 반복가능한객체 ) {
    statement1;
    statement2;
    ...
}
```

개념 이해를 위해 간단한 예제를 살펴보자.

```
for (const x of [1, 3, 5, 7, 9]) {   //배열
    console.log(x * 10);
}
```

출력
```
10
30
50
70
90
```

```
for (const x of "여러분") {
    console.log(x + "출력");
}
```

출력
```
여출력
러출력
분출력
```

HTML과 관련한 예제를 아래와 같이 작성할 수 있다.

```
let lists = ['대한민국', '캐나다', '이집트', '브라질'];
let text="";
text += "<ul>";

for (let list  of  lists) {
    text += `<li>${list}</li>`
}

text += "</ul>";
```

최종 결과

```
text = '</ul><li>대한민국</li><li>캐나다</li><li>이집트</li><li>브라질</li></ul>'
```

객체인 경우에는 키 값을 차례대로 전달받아 반복문을 수행할 수 있는데, 이 때는 for ~ in 문을 사용하면 된다. 기본적인 문법은 다음과 같다.

```
for (const 변수  in  object) {   //변수는 키값
    statement1;
    statement2;
    ...
}
```

객체에 대한 for ~ in 문에 대한 간단한 예를 살펴보자.

```
const obj = {red: 1, orange: 2, yellow: 3, green: 4};

for (const key in obj) {
    console.log(`obj.${key} = ${obj[key]}`);
}
```

결과

```
obj.red = 1
obj.orange = 2
obj.yellow = 3
obj.green = 4
```

4.17 Map과 Set

Map 객체는 키-값 쌍(key-value pairs)을 저장하며, 특징적인 것은 키의 최초 등록 순서를 유지한다. 또한 키는 문자열이나 숫자 등의 사용이 허용된다. 기존의 객체는 키는 항상 문자열이다. Map의 크기를 알려주는 size 속성을 가지고 있다. Map 객체는 new Map( )을 사용해 생성한다. 그리고 키-값 쌍의 추가는 Map.set(키, 값) 함수(메서드)를 사용한다. 아울러 Map 객체는 다음과 같은 다양한 메서드를 제공한다.

set( )	키-값 쌍을 설정함
get( )	적용한 키에 대한 값을 돌려줌
clear( )	Map 객체에 있는 모든 요소를 제거함
delete( )	키에 해당하는 맵 요소를 제거함
forEach((값, 키)=>{ })	각 (값, 키) 쌍에 대한 콜백 함수를 수행
entries( )	[key, value]의 값들로 구성된 iterator 객체를 돌려줌
keys( )	Map 객체에 있는 key들을 iterator 객체로 돌려줌
values( )	Map 객체에 있는 value들을 iterator 객체로 돌려줌

Map 객체는 [키, 값]으로 구성된 배열을 전달하여 생성할 수 있다. 또한 빈 Map 객체를 생성한 다음 set( ) 메서드(함수)를 사용해 요소를 추가할 수 있다. 간단한 예는 다음과 같다.

```
// Create a Map
//배열을 전달해 map 객체 생성하기
const fruits = new Map([
    ["apples", 500],  //[키, 값]
    ["bananas", 300],
    ["pears", 150]
]);

let  fruit1 = fruits.get("apples");
let num = fruits.size; //요소의 개수 3

// Create a Map
const fruits = new Map();
```

```
// Set Map Values
fruits.set("apples", 500);  //(키, 값)
fruits.set("bananas", 300);
fruits.set("pears", 150);
//키를 사용한 값 얻기
let val1 = fruits.get("bananas");
```

Map 객체에 forEach((값, 키)=>{ }) 함수를 적용할 수 있다.

```
// Create a Map
const fruits = new Map([
    ["apples", 500],
    ["bananas", 300],
    ["pears", 150]
]);
let text = "";
fruits.forEach ((value, key) => {
    text += key + ' = ' + value + "<br>"
})
```

Set 객체는 집합을 의미한다. 즉, Set( ) 함수는 반복 가능한 데이터를 전달하면 집합의 원소들로 구성된 Set 객체를 돌려준다. Set 객체 또한 반복 가능한 객체이다. Set 객체의 중복되지 않는 유일한 값들로 구성된 모임인 집합을 의미한다. 집합은 다음과 같이 생성할 수 있다.

```
const set1 = new Set( );
```

Set 객체를 생성할 때는 2가지 방안이 있다. 첫 째는 반복 가능한 객체를 파라미터로 전달하면 Set( ) 생성자 함수에서 Set 객체로 돌려준다. 아래와 같다.

```
const arr = [1, 100, 5, 10, 1, 2, 1, 2, 1, 3];

const set1 = new Set(arr);
//set1 = {1, 100, 5, 10, 2, 3}
```

Set 객체를 생성하는 두 번째 방안은 add( ) 메서드(함수)를 사용하는 것이다.

```
const set2 = new Set()

set2.add('참새')            // Set { '참새' }
set2.add('오리')            // Set { '참새', '오리' }
set2.add('비둘기')          // Set { '참새', '오리', '비둘기' }
set2.add('참새')            // Set { '참새', '오리', '비둘기' }  (유일한 값만 가짐)
```

Set 객체의 원소 수 정보를 갖고 있는 size 속성이 있고, 특정 원소를 제거하기 위해서는 delete(삭제할값) 메서드(함수) 등도 있다.

Set 객체도 반복 가능한 객체이기 때문에 for ~ of 문의 사용이 가능하다.

4.18 Promise 객체

Promise는 비동기(Asynchronous) 함수를 순차(동기 : Synchronous)적으로 처리하기 위해 고안된 객체이다. 현재까지 여러분들이 학습한 내용 중에서 비동기적으로 동작하는 대표적인 함수가 setTimeout( ) 함수이다. 즉, 여러분들이 코딩한 순서대로 수행되는 것이 보장되지 않는다. 아래의 예를 살펴보고, Promise 객체를 다시 설명할 것이다.

```
let a = 10;
setTimeout(() => {
  console.log("첫 번째 실행한 타이머함수(5초)");
  console.log(new Date().toLocaleTimeString());
}, 5000);
console.log(`최초 a = ${a}`);
setTimeout(() => {
  console.log("두 번째 실행한 타이머함수(3초)");
  console.log(new Date().toLocaleTimeString());
}, 3000);
console.log(`두번째 a = ${a + 1}`);
setTimeout(() => {
  console.log("세 번째 실행한 타이머함수(1초)");
  console.log(new Date().toLocaleTimeString());
}, 1000);
console.log(`세번째 a = ${a + 2}`);
```

```
콘솔 출력 결과
//(코딩 순서대로 종료되지 않음)
최초 a = 10
두번째 a = 11
세번째 a = 12
세 번째 실행한 타이머함수(1초)
2:08:29 PM
두 번째 실행한 타이머함수(3초)
2:08:31 PM
첫 번째 실행한 타이머함수(5초)
2:08:33 PM
```

타이머 함수의 실행이 순서대로 되지 않고 있다는 것을 확인할 수 있을 것이다. 즉, 프로그램에서 비순차적으로 실행되는 부분이 존재할 때 순차적 수행을 보장할 필요가 있을 수 있다.

Promise의 영어 의미가 약속이다. 만약에 철수가 영민이에게 한 달 안에 "우주의 기원"이란 책을 선물하기로 약속했다고 하자. 그러면 철수는 선물할 책을 한 달 이내에는 구입해야 한다. 책을 구입하기 위해 행동하는 동안을 "pending" 상태, 책 구입에 성공한 것을 "fulfilled" 상태, 책 구입을 하는데 실패한 것을 "rejected" 상태라고 표현한다. 즉, 철수는 영민이에게 선물할 책을 구입하는 것은 생산자에 해당한다. 책 선물을 기다리는 영민이는 철수가 최종적으로 책 선물에 성공할지 혹은 실패할지를 기다리는 소비자에 해당된다. 만약에 책 선물을 받으면, 책을 읽어서 독후감을 쓴다 등의 행위를 할 것이다. 아무튼 영민이는 철수가 성공 혹은 실패를 통보할 때까지 자신의 일을 하면서 기다릴 것이다.

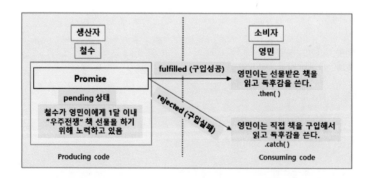

규정한 임무를 수행하기 위해 어떤 시간이 소요되는 코드를 생산 코드(Producing code)라고 하며, 생산된 코드의 결과를 기다리는 코드를 소비(Consuming code)라고 한다. Promise는 생산 코드와

소비 코드를 연결한 객체이다. Promise 객체는 new Promise( )를 사용해 생성하며, Promise 객체는 파라미터로 2개의 콜백 함수를 받는다. 첫 번째 파라미터는 생산코드가 성공적으로 완료되었을 때 사용되는 콜백 함수이며, 두 번째 파라미터는 생산 코드가 실패했을 때 사용되는 콜백 함수이다. Promise 객체는 작업 상태로 결과 값이 아직 undefined인 "pending" 상태와 정상적인 결과 값을 도출한 완료한 상태인 "fulfilled" 상태, 그리고 작업중 에러가 발생해 결과 값이 error 객체인 "rejected" 상태로 구분한다.

다음은 Promise 객체의 생성 및 생산 코드 및 소비 코드를 작성하는 기본형을 보여준다.

```
const  promise1 = new  Promise(function( resolved, rejected) {

   시간이 소요될 수 있는 "Producing code" 작성
   ......
  resolved( );  // 성공시 수행할 콜백함수

  rejected( );  //실패했을 때 수행할 콜백함수
});

// "Consuming Code" (fulfilled/rejected Promise를 기다려야 함)
promise1.then(
  function(value) { /* 성공시 수행하는 코드*/},
  function(error) { /* 실패(에러)시 수행하는 코드 */ }
);
```

Promise 객체의 콜백 함수 resolved와 rejected가 파라미터로 존재하고, 내부의 소비 코드가 성공적으로 완료되면 resolved( ) 함수로 값을 전달하며, 실패하면 rejected( ) 함수에 값을 전달한다.

소비 코드부에서는 Promise 객체인 promise1의 비동기적인 수행의 결과가 성공했을 경우 then( ) 함수 내의 첫 번째 콜백 함수 인자로 값을 넘겨받아 수행하며, 실패했을 경우에는 then( ) 함수 내의 두 번째 콜백 함수 인자로 에러를 넘겨받아 수행한다.

다음은 Promise 객체를 활용하는 간단한 예제 코드이다.

```
function myShowing(some) {
  document.getElementById("demo").innerHTML = some;
}

let myPromise = new Promise((myResolve, myReject)=>{
    let x = 0;

    // 생산코드 (실제는 어떤 시간이 소요되는 작업 수행함)
```

```
    if (x == 0) {
        myResolve("OK");
    } else {
        myReject("Error");
    }
});

//소비 코드 : 프라미스 객체의 결과를 받으면 then( ) 함수
myPromise.then(
    (value)=>{myShowing(value);},   //fulfilled일 때 실행하는 콜백함수
    (error)=> {myShowing(error);}  //rejected일 때 실행하는 콜백함수
);
```

Promise 생성자 함수가 성공적으로 수행하면 then( ) 함수(메서드)로 값을 전달하고, 실패하면 catch( ) 함수에 에러를 전달한다. 또한 then( ) 함수는 여러 개 체인으로 연결할 수 있다. 위의 소비 코드를 then( )과 catch( ) 함수로 분리해 작성하면 다음과 같다.

```
//소비 코드 : then( )과 catch( )로 분리 작성
myPromise
    .then( (value)=>{myShowing(value);} )    //fulfilled일 때 실행
    .catch( (error)=> {myShowing(error);} );  //rejected일 때 실행
);
```

종종 catch( ) 함수는 Promise 관련 체인에서 맨 마지막에 위치시며, 모든 에러는 catch( ) 함수에 처리하는 경향이 있다. 개념적으로 간단히 표현하면 아래와 같다.

```
const promise1 = new Promise((resolve, reject) => {
  setTimeout(() => {
    resolve('foo~');
    //reject("oops!!");  //resolve 대신 이 함수 수행해 볼 것
  }, 350);
});

promise1
.then( value => value + ' 1st ' )  //arrow 콜백 함수
.then( value => value + ' 2nd ' )
.then( value => value + ' 3rd ' )
.then( value => value + ' 4th ' )
.then( value => { console.log(value) })
.catch( err => { console.log(err) });
```

Promise 객체의 all( ) 함수(메서드)는 배열로 등록한 모든 Promise 객체의 실행이 완료되었을 때 소비 코드(then( ))의 수행을 시작하도록 한다. 또한 race( ) 함수의 경우에는 all( ) 사용법이 거의 같지만, 차이점이 있다면 race( ) 함수에 배열로 등록된 Promise 객체중에서 어느 하나라도 완료되면 즉시 소비 코드를 수행한다.

다음 Promise.all( )을 사용한 간단한 예제이다. then() 함수에 넘겨주는 인자 값도 각 Promise 객체의 값을 원소로 하는 배열로 전달한다.

```javascript
const prom1 = new Promise((resolve, reject) => {
  setTimeout(() => resolve("하나"), 1000);
});
const prom2 = new Promise((resolve, reject) => {
  setTimeout(() => resolve("둘"), 2000);
  //reject(new Error("rejected"));
});
const prom3 = new Promise((resolve, reject) => {
  setTimeout(() => resolve("셋"), 3000);
});
const prom4 = new Promise((resolve, reject) => {
  setTimeout(() => resolve("넷"), 4000);
});
const prom5 = new Promise((resolve, reject) => {
  setTimeout(() => resolve("다섯"), 5000);
  //reject(new Error("rejected"));
});

// 소비 코드
Promise.all( [prom1, prom2, prom3, prom4, prom5] )
  .then((values) => {
    console.log(values);
  })
  .catch((error) => {
    console.error(error.message);
  });
```

최종 출력
['하나', '둘', '셋', '넷', '다섯']

4.19 ASYNC와 AWAIT

Async와 await는 Promise를 좀 더 쉽게 작성하기 위해 고안된 것이다. Async는 Promise 객체를 리턴하는 함수 앞에 붙이는 예약어이고, await는 함수 내에서 Promise 객체의 수행 완료를 기다리는 함수 앞에 붙이는 예약어이다.

함수 앞에 async 예약어를 붙이면 그 함수는 Promise 객체를 리턴한다는 것을 꼭 명심해야 한다. 따라서 async 함수는 Promise 객체를 리턴하기 때문에 then( ) 함수를 사용할 수 있다.

다음은 동일한 기능을 하는 두 함수를 보여준다.

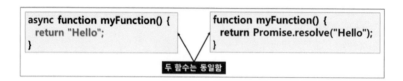

다음은 간단한 async/await를 활용하는 예제이다.

```html
<h3>JavaScript async / await</h3>

<p id="demo"></p>

<script>
function myShowing(some) {
  document.getElementById("demo").innerHTML = some;
}

async function myAsync() {return "Hello, Guys!";}

myAsync().then(
    value=>myShowing(value),
    error=>myShowing(error)
);</script>

</body>
```

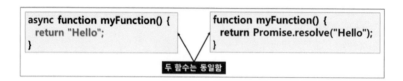

await 예약어는 async 예약어가 있는 함수와 연계해서만 사용할 수 있다. Await는 함수가 Promise 값을 기다리게 한다. 아래 예를 간단히 살펴보기 바란다.

```
<h3>JavaScript async / await</h3>

<div id="demo"></div>

<script>
async function myShowing() {
  let promise1 = new Promise(function(resolve) {
    resolve("async/await의 사용법을 확인하고 있습니다.");
  });
  document.getElementById("demo").innerHTML = await promise1;
}

myShowing();
</script>
```

async를 사용할 경우에는 종종 try~catch 문을 적용하여 구현하는데, 다음 예제를 살펴보기 바란다.

```
// a promise
let promise = new Promise(function (resolve, reject) {
    setTimeout(function () {
    resolve('약속 실천했음')}, 1700);
});

// async function
async function asyncFunc() {
    try {
        // 약속에 해결될 때까지 기다림
        let result = await promise;

        console.log(result);
    }
```

```
    catch(error) {
        console.log(error);
    }
}

// calling the async function
asyncFunc().then(x => console.log(x)); // 약속 실천했음
```

4.20 Fetch API

서버와 비동기 통신을 하는 기존의 방법은 웹 페이지의 변경없이 필요한 데이터만 전송할 수 있는 ajax를 비롯해 XMLHttpRequest 방식이 존재한다. 그러나 최근들어 fetch API와 axios 라이브러리를 사용한 방식이 많이 보편화되고 있다. 여기서는 웹 브라우저가 웹 서버에 HTTP 요청을 할 수 있는 fetch( ) 함수에 대해 알아보자. 이 함수는 ES6에서 공식적으로 채용되었다.

Fetch( ) 함수는 Response 객체를 돌려주며, Response 객체의 text( ) 함수는 객체에서 읽어온 데이터를 텍스트로 얻을 때 사용한다. json( ) 함수는 읽어온 JSON 형식의 데이터를 자바스크립트 객체로 변환할 때 사용한다.

아래는 fetch( ) 함수를 사용한 간단한 예제이다. 서버에 있는 특정 파일을 읽어와 콘솔 창에 출력하고 있다.

```
fetch('./readMe.txt')
    .then(res=>res.text())  //Response 객체
    .then(data=>console.log(data))
```

JSON 형식의 파일을 읽어와 자바스크립트 객체로 변환한 후 객체의 데이터를 테이블 방식으로 브라우저에 출력하는 예제이다. JSON 객체의 테스트를 위한 무료의 가짜 API 사이트인 https://jsonplaceholder.typicode.com/에서 데이터를 fetch( ) 함수를 사용해 읽어와 브라우저에 테이블로 출력하는 예제이다.

```
<head>
    <style>
```

```
        table, th, td {
            border: 2px solid;  border-collapse: collapse;
        }
        table {
            width: 80%;   margin: auto;
        }
    </style>
  </head>
<body>
    <h3 style="color: red">Fetch API</h3>
    <table>
      <caption>
        JSON 파싱/ 표 만들기
      </caption>
      <tr>
        <th>번호</th> <th>제목</th> <th>설명</th>
      </tr>
    </table>
    <script>
      //fetch('url')
      //.then()은 서버와 통신 후 response 객체 return
      //posts에는 100개의 json 데이터가 들어있음
      fetch("https://jsonplaceholder.typicode.com/posts").then(function (res) {
        res.json().then(function (json) {
          for (i = 0; i < json.length; i++) {
            document.querySelector("table").innerHTML +=
              "<tr>" + "<td>" +  json[i].id +  "</td>" +
              "<td> " + json[i].title + "</td>" +
              "<td> " + json[i].body + "</td>" + "</tr>";
          }
        });
      });
    </script>
  </body>
```

번호	제목	설명
		JSON 파싱/ 표 만들기
1	sunt aut facere repellat provident occaecati excepturi optio reprehenderit	quia et suscipit suscipit recusandae consequuntur expedita et cum reprehenderit molestiae ut ut quas totam nostrum rerum est autem sunt rem eveniet architecto
2	qui est esse	est rerum tempore vitae sequi sint nihil reprehenderit dolor beatae ea dolores neque fugiat blanditiis voluptate porro vel nihil molestiae ut reiciendis qui aperiam non debitis possimus qui neque nisi nulla
	ea molestias quasi	et iusto sed quo iure voluptatem occaecati omnis eligendi aut ad

5.1 개요

ReactJS를 사용해 프론트 엔드 디자인을 수행할 때 2가지 방식으로 컴포넌트를 선언하는 것이 가능하다. 2019년 리액트 버전 V16.8이 공개되기 전까지는 주로 클래스 방식의 컴포넌트를 사용했다. UI를 생성하는 기본 기능뿐만 아니라, 컴포넌트의 생성, 갱신, 소멸과 같은 라이프 사이클(Life Cycle) 시기에 따른 적절한 조작을 자유롭게 할 수 있었다. 그런데 2019년 리액트 버전 V16.8 출시부터 함수형 컴포넌트에 리액트 훅(Hooks)을 지원하기 시작하였다. 리액트 훅의 출현은 함수형 컴포넌트에서 상태 관리가 가능하게 되었다. 또한 함수형 컴포넌트를 사용하면 코드가 간결하고 가독성이 좋다는 장점이 있다. 아울러 파라미터인 props의 구조 분해를 적용한 인자 사용이 가능하게 되었다. 다만, 함수형 컴포넌트는 컴포넌트 자신을 의미하는 this 키워드를 지원하지 않기 때문에 this 키워드를 사용할 경우에는 신중을 기해야 한다. 그리고 클래스형 컴포넌트보다 메모리 자원을 적게 사용하는 특징도 있다. 함수형 컴포넌트에서 함수명 즉, 컴포넌트명을 작명할 경우에 리액트에서는 시작 문자를 반드시 대문자로 시작해야 한다. 일반 함수의 경우에는 함수명을 소문자로 사용하는 것이 원칙이다.

컴포넌트란 독립적이고 재 사용이 가능한 코드를 의미한다. 즉 컴포넌트는 UI를 독립적이고 재 사용이 가능한 작은 모듈로 분할한 것이다. 따라서 리액트 컴포넌트는 리액트로 만들어지는 앱을 구성하는 최소 단위이다. 리액트 컴포넌트는 HTML 요소들을 리턴해주는 함수이다.

브라우저 화면(UI)은 재 사용이 가능한 여러 개의 컴포넌트를 조합하여 생성할 수 있다. 컴포넌트는 props라는 파라미터 객체를 통해 화면 구성에 필요한 컨텐츠를 전달할 수 있다. 일반적으로 함수명을 컴포넌트 이름으로 사용한다. 최근 리액트를 사용한 프론트 엔드 디자인에서 함수형 컴포넌트가 대세이기 때문에 함수형 컴포넌트를 이용하는 방법에 대해 집중적으로 설명할 것이다.

5.2 클래스형 컴포넌트와 함수형 컴포넌트

먼저 간단하게 클래스형 컴포넌트와 함수형 컴포넌트를 작성하는 방법을 알아보자. 리액트의 공식 사이트에 있는 컴포넌트와 props라는 문서의 내용을 소개한다. 사이트 주소는 "https://reactjs.org/docs/components-and-props.html"이다. 컴포넌트는 개념으로 자바스크립트 함수와 유사하며, 파라미터로 임의의 입력(props 객체)을 받아서 UI를 구성하는 리액트 요소(Element)를 돌려준다.

아래 예제는 동일한 결과를 도출하는 클래스 컴포넌트와 함수 컴포넌트를 보여주고 있다.

■ 클래스 컴포넌트

```
class MyComponent extends React.Component {
  render() {
    return <h1>Hello, 내 이름은 {this.props.name}입니다.</h1>;
  }
}
```

■ 함수 컴포넌트

```
function MyComponent(props) {
    return <h1>Hello, 내 이름은 {props.name}입니다.</h1>;
}
```

입력 파라미터인 props 객체는 다양한 데이터를 담고 있는 속성(Properties)을 의미한다. 클래스 컴포넌트는 속성명 앞에 this라는 키워드를 사용해야 한다. 함수 컴포넌트는 컴포넌트를 정의할 때 명시적으로 props 파라미터를 사용한다. 다만 이름은 props가 아닌 다른 이름을 사용해도 되지만, 대부분의 경우에는 props라는 이름을 사용한다. 위의 예를 보면 알 수 있지만, 클래스 컴포넌트보다 함수 컴포넌트가 훨씬 친밀하게 느껴질 것이다. 좀 더 직관적이다.

그리고 컴포넌트 내부를 간단히 살펴보면 HTML 코드의 요소들을 리턴하고 있는데, 순수 HTML 코딩은 아닌 것을 알 수 있다. HTML 내부에 { }를 사용해 다른 내용을 추가하는 상황을 학습한 적이 없을 것이다. 즉, 컴포넌트 내에서 사용하는 코딩 문법은 순수 HTML 문법도 아니고, 순자 자바스크립트 함수의 문법도 아니다. 이러한 문법은 추후 학습하게 될 JSX(JavaScript XML) 문법이라고 한다. 다소 생소할 수도 있지만, JSX 문법을 이해하고 실제 사용하게 되면 익숙해질 것이다.

여러분들이 작성한 리액트 컴포넌트가 브라우저 화면에 출력되기 위해서는 특정 요소 노드에 전달해야 한다. 리액트는 이러한 요소의 ID를 'root'로 지정한다. 리액트를 배우는 학습자라면 대부분 알고 있겠지만, ID 명은 사실 설계자가 자유롭게 부여할 수 있다. 즉, 'root'를 꼭 사용해야 하는 것이 아니다.

ReactDOM.createRoot( )를 사용해 렌더링할 요소의 ID를 설정한다. 그리고 컴포넌트를 호출한다.

컴포넌트의 호출은 XML 문법을 따른다. 즉, 시작 태그와 종료 태그가 반드시 존재해야 한다. 또한 시작 태그의 시작 위치에 호출할 컴포넌트의 이름 기입한다. 그리고 컴포넌트에 전달할 파라미터(인자)가 존재할 경우에는 "파라미터명 = 전달할 값"과 같은 형식으로 나열한다. 마지막으로 선택한 요소에 대한 컴포넌트를 인자로 전달받는 render( ) 함수를 호출하면 브라우저 화면에 여러분들이 작성한 컴포넌트가 출력된다. 아래는 위의 예에 제시한 컴포넌트인 MyComponent를 렌더링하는 예이다.

```
class MyComponent(props) {
  render() {
    return <h1>Hello, 내 이름은 {props.name}입니다.</h1>;
  }
}


const root = ReactDOM.createRoot(document.getElementById('root'));
const element = <MyComponent  name="홍길동" />;
root.render(element);
```

그리고 하나의 컴포넌트는 하나의 JavaScript 파일로 저장하는 것이 일반적이지만, 하나의 JavaScript 파일에 여러 개의 컴포넌트를 포함하는 것도 가능하다.

하나의 컴포넌트는 외부의 다른 컴포넌트를 불러와 사용할 수 있다. 컴포넌트를 호출하는 방법은 조금 전 설명하였던 XML 문법을 사용한다.

외부 파일로 작성한 컴포넌트를 불러와야 사용할 수 있다. 외부에 JavaScript 파일 안에 기술된 컴포넌트를 불러오는 방법은 import 문을 사용하는 것이다. 그리고 외부 파일에서 현재 작성한 컴포넌트를 사용할 수 있도록 허용하는 것이 export 문이다. 컴포넌트 사용을 위해 import 문을 사용할 때 자바스크립트 파일의 확장자인 ".js"는 생략할 수 있다. 또한 현재 작성한 컴포넌트 App을 사용할 수 있도록 허용하기 위한 export 문은 export default App;과 같은 구문을 사용해야 한다. export 하는 방식은 다른 방식도 있기 때문에 조만간 다시 설명할 것이다.

다음 그림은 함수 컴포넌트의 기본 구성을 보여준다. 전체적인 흐름을 파악하기 바란다.

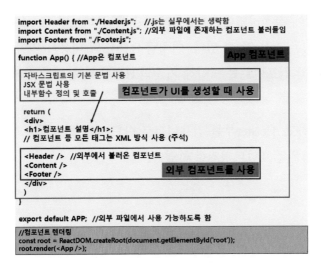

```
import Header from "./Header.js";   //.js는 실무에서는 생략함
import Content from "./Content.js"; //외부 파일에 존재하는 컴포넌트 불러들임
import Footer from "./Footer.js";

function App() { //App은 컴포넌트                          App 컴포넌트

  자바스크립트의 기본 문법 사용
  JSX 문법 사용                    컴포넌트가 UI를 생성할 때 사용
  내부함수 정의 및 호출

  return (
  <div>
  <h1>컴포넌트 설명</h1>;
  // 컴포넌트 등 모든 태그는 XML 방식 사용 (주석)

  <Header />  //외부에서 불러온 컴포넌트
  <Content />                      외부 컴포넌트를 사용
  <Footer />
  </div>
  )
}

export default APP;  //외부 파일에서 사용 가능하도록 함

//컴포넌트 렌더링
const root = ReactDOM.createRoot(document.getElementById('root'));
root.render(<App />);
```

5.3 기존 HTML 파일을 컴포넌트로의 분할

기존의 HTML 파일을 좀 더 작은 단위의 컴포넌트로 분할하여 컴포넌트 기반의 웹 페이지를 작성해 보자. 다음은 기존의 HTML 방식으로 전체 웹 페이지를 작성한 예제이다. 그림을 보면 스타일시트인 CSS도 HTML 내에 포함되어 있는 것을 볼 수 있다. CSS도 별도 파일로 작성할 수 있지만,

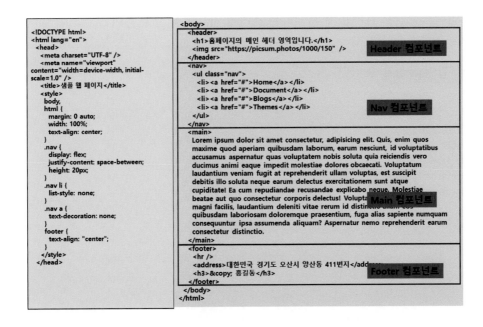

편의상 HTML 파일 내에 작성하였다. HTML의 body를 살펴보면 Header부, Nav부, Main부 및 Footer부로 구성되어 있는 것을 알 수 있다. 이처럼 HTML의 내용을 역할에 따라 분할해 리액트 컴포넌트로 작성한 후 각 컴포넌트를 병합해 기존의 HTML과 동일한 결과를 도출하도록 작성할 수 있다.

일단 CSS 부분은 생략하고, Header부를 컴포넌트로 만드는 방법은 다음과 같다. JavaScript로 작성한 컴포넌트의 파일명은 컴포넌트명.js로 하였다.

```javascript
//Header.js
function Header( ) {
    return (
      <header>
          <h1>홈페이지의 메인 헤더 영역입니다.</h1>
          <img src="https://picsum.photos/1000/150" />
      </header>
    );
}

export default  Header;
```

나머지 컴포넌트들도 Header.js 파일을 생성하는 것과 같은 방식으로 생성하면 된다.

App.css 파일에는 기존의 HTML에 존재하는 스타일 시트에 대한 내용이 포함되어 있다고 전제하자. 그리고 전체 컴포넌트를 병합하여 기존의 HTML과 동일하게 브라우저에 출력하는 App.js 파일은 다음과 같이 작성할 수 있다.

```javascript
import "./App.css";
import Header from "./Header"; //.js는 생략 가능
import Nav from "./Nav";
import Main from "./Main";
import Footer from "./Footer";

function App() {

  return (
    <div>
          <Header />
```

```
        <Nav />
        <Main />
        <Footer />
    </div>
  );
}
export default App;
```

다음과 같은 웹 브라우저 화면을 보여준다.

컴포넌트를 사용한 구현은 HTML의 전체 구조를 파악하기 용이하게 할 뿐만 아니라 각 컴포넌트
는 재사용이 가능한 장점이 있다.

5.4 컴포넌트(모듈)의 import와 export

리액트를 사용하면 앱 전체 UI 코드를 여러 개의 파일로 분할해 작성할 수 있다고 하였다. 그리고
이러한 개별 파일들은 컴포넌트를 구성한다. import 문은 다른 파일에서 작성한 컴포넌트(모듈)를
읽어 들일 때 사용한다. export 문은 다른 파일에서 현재 작성한 컴포넌트(모듈)를 사용할 수 있도
록 해준다. 사실 각 파일은 컴포넌트, 배열, 객체 등과 같은 데이터 및 함수 등을 포함할 수 있다. 또
한 한 파일 내에서도 여러 모듈을 export할 수 있다. 파일 안으로 컨텐츠를 읽어올 때(import) 전체
컨텐츠 혹은 일부 컨텐츠만을 불러올 수 있다.

잘 사용하지 않는 방법이지만, 한 파일 내에서 모든 컴포넌트를 작성할 수도 있다. 컴포넌트들을 병합한 최상 컴포넌트 파일이 App.js라 하자. 최상위 컴포넌트인 App을 제외한 나머지 컴포넌트를 import나 export 없이 사용이 가능하다. 그렇지만 실무에서는 각 컴포넌트는 하나의 파일로 작성하는 것이 권고된다. 다음은 import와 export 없이 사용이 가능한 단일 파일로 구성한 예이다. 단순 참고만 하자. 이 때는 최상위 컴포넌트인 App에 대해서만 export default App;을 App 컴포넌트 아래 선언하면 된다. App 컴포넌트 내에서 사용하는 컴포넌트에 대해서는 import나 export를 선언할 필요가 없다. "./"는 현재 작성중인 파일과 동일한 폴더에 파일이 위치하고 있다는 의미이다.

```
//App.js(All components in one file)
import "./App.css";

function App( ) {
  return (
    <div>
      <h1>컴포넌트 설명</h1>;
       //컴포넌트 등 모든 태그는 XML 방식 사용
      <Header />
      <Content />
      <Footer />
    </div>
  );
}
export default App;

function Header( ) {
  return (
    <div>
      <h1>여기는 앱의 헤더 영역입니다. </h1>
      <p>헤더 영역과 관련된 내용을 작성합니다.</p>
    </div>
  );
}

function Content( ) {
  return (
    <div>
      <h1>여기는 컨텐츠 영역입니다. </h1>
      <p>적절한 컨텐츠를 작성합니다.</p>
    </div>
  );
}

function Footer( ) {
```

```
  return (
    <div>
      <h1>여기는 풋터 영역입니다. </h1>
      <p>적절한 풋터 작성합니다.</p>
    </div>
  );
}
```

하나의 JavaScript 파일에서 export default 구문은 한 번만 사용할 수 있다. 예를 들어 Alpha라는 컴포넌트가 존재할 때 컴포넌트를 export default로 선언하는 방법은 2가지가 있다.

- export default 방법 1

```
export  default function Alpha( ) {
  . . . . . . . . . . . . .
}
```

- export default 방법 2

```
function Alpha( ) {
  . . . . . . . . . . . . .
}

export  default  Alpha;
```

export default 구문을 사용해 export한 컴포넌트는 import 문에서 다음과 같은 방법으로 불러들일 수 있다. From 뒤에 파일명을 기술하는데, 파일 확장자 .js는 일반적으로 생략한다. 물론 생략하지 않아도 정상적으로 동작한다.

- export default Alpha의 import 방법

```
import  Alpha  from './Alpha';  //'./Alpha.js'
```

export 문을 사용해 컴포넌트를 export할 수 있다. 다음과 같이 2가지 방법으로 export할 수 있다. 컴포넌트명이 Gamma라 하자. export function Gamma( ) {...}와 같이 export하는 방법과 함수를

정의한 다음에 export { Gamma }와 같이 export할 수 있다. 두 방식 모두 자주 사용한다.

- **export 방법 1**

```
export  function Gamma( ) {
  ..............
}
```

- **export 방법 2**

```
function Gamma( ) {
  ..............
}

export  { Alpha };
```

export 구문을 사용한 export는 하나의 파일 내에 여러 개가 존재하는 것을 허용해 준다.

export 구문을 사용해 export된 컴포넌트는 다음과 같은 방법으로 import해야 한다. import 다음에 불러들이는 컴포넌트를 지정할 때 중괄호({ }) 안에 컴포넌트를 작성해야 한다. 여러 개의 컴포넌트를 불러들일 때는 중괄호 내에 콤마로 구분해 열거하면 된다.

import와 export의 개념은 이미 언급한 바와 같이 함수, 객체, 배열 등에도 사용할 수 있다. 다음은 import와 export를 사용하는 방법을 보여준다.

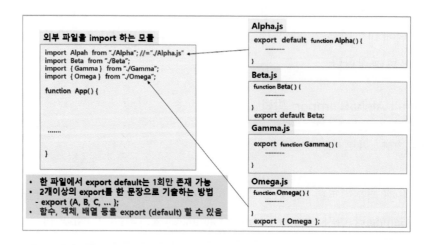

다음 그림은 export와 export default를 혼용해 사용한 경우이다. App 컴포넌트에서 이미 파일로 작성된 컴포넌트를 불러오는 방법을 보여준다. 위에서 설명한 원칙을 따르면 정상적으로 컴포넌트를 불러올 수 있다.

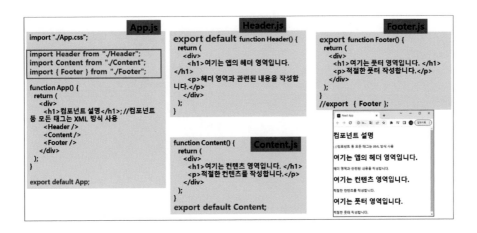

5.5 컴포넌트에서 props 파라미터 전달

사실상 컴포넌트는 특이한 자바스크립트 함수에 해당된다. 컴포넌트는 props 파라미터를 전달받을 수 있으며, 이를 처리해 화면에 출력될 리액트 요소들을 리턴한다. JSX 속성과 children을 객체(Object)로 전달한다. 이러한 객체를 props라 부른다. 컴포넌트로 전달한 props 객체는 read-only이기 때문에 속성 값을 수정하는 것은 허용되지 않는다. Props에 문자열 이외의 값을 전달할 경우에는 반드시 { }를 사용해야 한다. JSX 속성을 사용한 객체 전달 방법은 다음과 같다.

```
<ComponentName    name="홍길동"    age="25" />
```

속성 name과 age를 컴포넌트에 전달하는 예이다. 이러한 props는 필수 사항은 아니고 옵션이다. 그리고 반드시 props라는 객체명을 사용하지 않고 다른 변수명을 사용하는 것도 가능하지만, props를 사용하는 것이 일반적이다.

컴포넌트를 정의할 때 파라미터로 props 객체를 전달받을 경우에는 파라미터로 props를 등록해 놓아야 한다. Props 객체는 구조 분해를 통해 값을 전달받을 수 있지만, 이 부분은 나중에 설명할 것이다.

다음은 Content 컴포넌트에 props를 전달하는 간단한 예제이다. 그리고 변수나 함수 등을 선언할 때는 return 문 위에 작성한다.

```
//App.js
import "./App.css";
import Content from "./Content";

function App() {
  const myName = "Brian";
  const myAge = 18;
  return (
    <div>
      <h2>- component에 속성 전달하기</h2>
      <Content  name="홍길동"  age="25" />
      {/* (주석)아래는 JSX 문법이 적용되었음 */}
      <Content  name={myName}  age={myAge} />
    </div>
  );
}
export default App;
```
```
//Content.js
function Content( props ) {
  //props는 객체 props = {name : …, age:….}
  return (
    <div>
      <h3>props 객체를 통해 파라미터 수신 </h3>
      <p>
        내 이름은 {props.name}이고, 나이는 {props.age}입니다.
      </p>
    </div>
  );
}

export default Content;
```

Props를 통해 객체를 전달하는 방법을 보여주는 예제이다. Props는 객체이며, 컴포넌트에 전달하는 속성은 props 객체의 속성으로 등록되기 때문에 아래와 같은 방법으로 컴포넌트는 속성을 다룰 수 있다. HTML 요소를 리턴하는 함수 컴포넌트는 return 문 안에 존재하는 HTML 요소들은 하나의 부모 태그로 감싸야 한다. 그렇지 않으면 에러가 발생한다. 태그명이 없는 < > ~</>는 태그명 없이 HTML 요소들을 감싸는 JSX 문법이다. 이를 프레그먼트(Fragment)라고 부른다.

```
//App.js
import "./App.css";
import Content from "./Content";

function App() {
  const myInfo = { myName: "Brian", myAge: 18 };

  return (
    <div>
      <h2>- component에 속성 전달하기</h2>
      <Content    name={myInfo} />
    </div>
  );
}
export default App;
```
```
//Content.js
function Content(props) {
  //props는 객체
  //props= {name : { myName: "Brian", myAge: 18 }}
  return (
    <>
      <h3>props 객체를 통해 파라미터 수신 </h3>
      <p>
          내 이름은 {props.name.myName}이고, 나이는 {props.name.myAge}입니다.
      </p>
    </>
  );
}
export default Content;
```

다음은 props 객체를 구조 분해해 수신하는 방법을 소개한다. 위에서 작성된 코드 중에서 컴포넌트의 파라미터로 'name = { myName: "Brian", myAge: 18 }'로 전달하였다고 가정하자. name는 props 객체의 속성이 된다고 하였다. 따라서 객체 구조 분해 규칙에 따라 객체의 속성명을 { } 안에 열거하면 구조 분해된 변수를 직접 사용할 수 있다. 아울러 배열도 구조 분해를 사용해 수신하는 것이 더 편리할 수 있다. 아래 예제를 살펴보자.

```
//Content.js (객체 구조 분해)
function Content( { name } ) {
  //props 객체 구조 분해
  //name = { myName: "Brian", myAge: 18 }}
  return (
    <>
      <h3>props 객체를 통해 파라미터 수신 </h3>
      <p>
        내 이름은 { name.myName }이고, 나이는 { name.myAge }입니다.
      </p>
    </>
  );
}
export default Content;
```

Props 객체에 children 속성을 전달할 수 있다. 컴포넌트의 시작 태그와 종료 태그 사이에 HTML
요소를 작성하면 props 객체의 children 속성으로 전달된다. Children 속성을 전달받은 컴포넌트는
내부의 적절한 위치에 { props.children } 구문을 작성하면 최종적으로 컴포넌트는 내부의 모든 요
소들을 HTML으로 통합하여 리턴해 준다. Props 객체의 children 속성은 단일 부모 태그를 필요로
하지 않는다는 것을 염두해 두기 바란다. 예제에 일부 JSX 관련 문법은 다음 장에서 자세히 설명
할 것이다.

```
//App.js
import "./App.css";
import Content from "./Content";

function App() {
  const myName = "Brian";
  const myAge = 18;

  return (
    <div>
      <h2>- component에 속성 전달하기</h2>
      <Content name="홍길동" age="25" />
      {/* (주석)아래는 JSX 문법이 적용되었음 */}
      <Content name={myName} age={myAge}>
        <div style={{ width: "700px", backgroundColor: "lightgreen" }}>
          <h3>이 부분은 컴포넌트 태그 안에 작성한 html 콘텐츠입니다.</h3>
          <p>
            Lorem ipsum, dolor sit amet consectetur adipisicing elit. Vel ab
            voluptates natus quasi sunt eligendi est maxime ullam? Impedit
```

```
          corporis dolorem provident ullam? Consectetur dolor veniam, quia
          dolorum laudantium unde aspernatur eius possimus, voluptas numquam
          illo est odit. Tempora nam quod dolorem autem quasi. Nihil corporis
          deserunt voluptas tempora ex.
        </p>
      </div>
      <p>안녕 여러분</p>
    </Content>
  </div>
  );
}
export default App;
```

```
//Content.js
function Content(props) {
  //props는 객체
  //props= {name:..., age:..., children: 부모컴포넌트에서 전달받은 요소}
  return (
    <div>
      <h3>props 객체를 통해 파라미터 수신 </h3>
      <p>
        내 이름은 {props.name}이고, 나이는 {props.age}입니다.
      </p>
      {props.children}
    </div>
  );
}
export default Content;
```

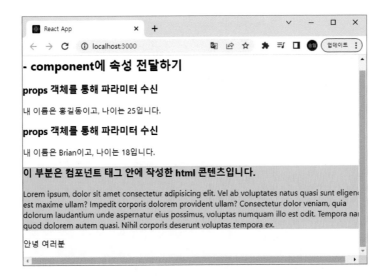

다음은 children 속성을 포함한 객체 구조 분해를 확인해 보자. 이미 구조 분해에 대해 설명을 하였기 때문에 바로 이해할 수 있을 것이다. 컴포넌트를 정의할 때 파라미터를 props가 아닌 {속성1, 속성2, ...}으로 전달하면 속성명을 변수로 사용할 수 있는 장점이 있다.

```javascript
//App.js
import "./App.css";
import Content from "./Content";

function App() {
  const myInfo = { myName: "Brian", myAge: 18 };

  return (
    <div>
      <h2>- component에 속성 전달하기</h2>
      <Content name={myInfo}>
        <h3> 컴포넌트 안에 있는 내용</h3>
        <p>children 속성도 구조 분해해서 사용해 보세요.</p>
      </Content>
    </div>
  );
}
export default App;
```

```javascript
//Content.js
function Content( { name, children } ) {
  //props는 객체
  //props= {name : { myName: "Brian", myAge: 18 },
  //          children : 전달된 HTML 요소들  }
  return (
    <>
      <h3>구조분해를 사용한 파라미터 수신 </h3>
      <p>
        내 이름은 {name.myName}이고, 나이는 {name.myAge}입니다.
      </p>
      <div style={{ color: "red", backgroundColor: "gray" }}>
          {children}
      </div>
    </>
  );
}
export default Content;
```

위의 소스 코드를 실행한 결과이다. 여러분들은 위에 제시한 예제를 실행하는 방법을 아직까지 정확하게 배우지 못한 상태이다. 따라서 지금 제시한 예제를 실습하기를 원한다면 조금 리액트를 학습한 이후에 가능할 것이다.

5.6 리액트 컴포넌트 렌더링

본 절에서는 리액트 버전 v18에서 도입한 새로운 API를 소개한다. 기존의 리액트 요소 렌더링은 다음과 같다.

■ 기존의 방식

리액트 18에서는 더 이상 지원하지 않음

```
import  ReactDOM from 'react-dom';
const container = document.getElementById('app');

ReactDOM.render(<App />, container);
```

위의 방식은 더 이상 리액트 버전 v18에서 지원하지 않는다. 리액트 v18의 렌더링은 기존의 렌더링 방식보다 성능을 향상시키고, 안정적이라고 한다. 또한 기존에 사용하던 컨테이너(Container)를 제거하였다. 그리고 import 구문도 일부 변경된 것에 주목하기 바란다. 아래 예를 살펴보기 바란다.

```
//리액트 버전 v18에서 제공하는 렌더링
import ReactDOM from 'react-dom/client';

const root = ReactDOM.createRoot(document.getElementById('root'));
root.render(
  <React.StrictMode>
    <App />
  </React.StrictMode>
);
```

React.StrictMode는 리액트 앱의 잠재적인 문제를 찾아내는 도구로 문제가 될 수 있는 부분이 존재하면 경고해 준다. 이것은 개발 과정에서만 필요하며, 일단 배포가 완료되면 더 이상 동작하지 않는다. 본 옵션은 개발 과정에서 제거할 수도 있다.

CHAPTER **6**

리액트 문법 JSX

6.1 개요

리액트 컴포넌트는 UI를 구성하는 최소 단위이다. 이러한 컴포넌트를 생성하기 위해 리액트를 개발한 페이스북(현재 메타 플랫폼)은 순수 자바스크립트가 아닌 자바스크립트에 새로운 JSX 문법을 추가하였다. 순수 자바스크립만을 사용한 UI 개발보다 훨씬 수월하게 디자인이 가능하도록 도와준다. 물론 순수 자바스크립트와 HTML 등을 사용해 웹 개발을 할 수 있다. 그렇지만 리액트를 사용한 UI 개발을 원한다면 새롭게 추가한 JSX 문법을 습득해야 할 것이다.

JSX는 "JavaScript XML"을 의미하며, 자바스크립트 표준인 ES6을 지원하고 있다. JSX는 JavaScript의 문법을 확장한 것이다. JSX는 JavaScript 코드 내에서 HTML을 직접 작성하는 것이 가능하도록 JavaScript를 확장하였다. 리액트를 사용하면 HTML을 추가하는 것이 용이하다. JSX를 반드시 사용해야 하는 것은 아니지만, JSX는 리액트를 사용한 UI를 아주 손쉽게 작성할 수 있도록 도와준다.

JSX는 { }(중괄호) 안에 표현식을 작성하는 것을 허용한다. JSX 문법은 런타임(run time)시에 정규 JavaScript로 변환된다.

6.2 JSX의 특징

JSX 문법은 문자열도 HTML도 아니다. JSX에 XML이 포함되어 있는데, 이는 XML 규칙을 준수한다는 의미다. 따라서 JSX는 반드시 종료 태그를 사용해야 한다. JSX는 React 요소(Element)들을 모아서 DOM에 렌더링한다.

JSX 문법에서 HTML 속성 등을 기술할 때 lower camel case를 따라야 하는데, 예를 들면 "tab-index"는 "tabIndex"와 같이 첫 단어는 소문자로 시작해야 하고, 다음 단어부터는 첫 글자만 대문자를 사용해 모든 단어를 연결한다.

JSX 표현식은 문자나 반복문 등에서 사용할 수 있고, 변수에도 할당할 수 있다. 또한 변수에 HTML 문장을 직접 할당할 수 있다. 기존의 JavaScript에서는 변수에 HTML 문장을 문자열로 할당하는 것만 가능하였다.

JSX에서 렌더링할 HTML 코드는 반드시 하나의 부모 태그 내에 존재해야 한다. 그리고 변수에 할당할 경우에도 두 문장 이상은 반드시 부모 태그로 감싸는 것이 요구된다.

6.3 JSX 기초 문법

HTML 문장을 할당할 때 문자열이 아닌 HTML 문법을 사용한다. 다음과 같이 변수에 할당한다.

```
const ele = <p>즐거운 하루 하루가 되기 소망합니다.</p>;
```

만약에 여러분들이 순수 자바스크립트를 사용하고 있다면 HTML 문장을 변수에 할당하려면 문자열로 저장해야 한다.

두 문장 이상의 HTML 요소를 하나의 변수에 할당할 경우에는 반드시 두 요소를 감싸는 부모 태그를 필요로 한다. 여러분들이 함수 컴포넌트에서 return 문을 사용해 HTML 요소들을 리턴할 경우에도 부모 태그로 감싸야 한다. 따라서 리턴할 문장이 단일 태그의 HTML 요소일 경우에는 단일 태그 자체가 부모 태그가 된다.

아래는 2 문장의 HTML 요소들을 <div> 태그로 감싸서 변수에 할당하는 예이다.

```
const element1 = (
  <div>
    <h1>파라다이스 학원에 오신 것을 환영합니다.</h1>
    <p>힘들지만 행복한 하루 하루가 되길 소망합니다.</p>
  </div>
); // 두 문장 이상이면 바깥쪽에 ( )로 감싸는 것이 원칙임
```

그리고 두 문장 이상일 경우에는 바깥 쪽에 ( )로 감싸서 변수에 할당하는 것이 원칙이다.

이미 설명하였지만, XML 문법은 반드시 종료 태그가 있어야 한다. 만약에 종료 태그가 없으면 에러가 발생해 정상적인 렌더링 결과를 볼 수 없다. JSX 문법이 적용된 파일은 파일 확장자가 *.js이다. JSX에서 주석은 {/*주석 내용 작성*/}과 같이 작성한다.

다음은 종료 태그 없는 몇 가지 태그에 대해 JSX 문법을 적용해 표현하는 방법을 보여준다. 즉, 시작 태그만 있는 경우에는 시작 태그를 닫기 전 '/'를 넣어주면 된다.

```
const data = <input type="text" />;
const img  = <img src="./abc.png"> alt="사진1" />
<br />
<hr />

{/* JSX 주석 : */}
```

2개 이상 형제 태그를 갖는 HTML 문장을 감쌀 때 주로 <div> 태그를 많이 사용한다. 하지만 JSX 문법이 아닌 순수 HTML 문법에서는 형제 태그들을 감쌀 필요가 없다. 실제로 JSX에서 형제 태그들을 감싸면 형제 태그 밖에 <div> 태그가 추가되기 때문에 HTML이 더 복잡해 질 수 있다. 따라서 형제 태그들을 감싸지만 태그가 최종 HTML에는 보이지 않는 것을 원할 수 있다. 다른 말로 표현하면, DOM에 별도의 노드를 추가하지 않는다. 이러한 경우에는 <></>라는 프래그먼트(fragment) 사용하면 된다. 즉, 최종 HTML로 변환된 코드에는 부모 태그를 생성하지 않는다.

<React.Fragment>…. </React.Fragment>을 줄여서 <></>로 표현한 것이다. 실무에서는 <></>을 사용한다. 정리하면, React.fragment는 추가적인 DOM 노드의 생성을 하지 않으면서 2개 이상의 형제 요소들을 감싸서 리액트 컴포넌트에 더하는 문법이다.

```
import React from 'react' ;
const eleEx = (
  <>
    <h1>유니버셜 스튜디오</h1>
    <p>즐겁고 안전한 관광 되세요.</p>
  </>
);
```
```
import React from 'react' ;
const eleEx = (
  <React.Fragment>
    <h1>유니버셜 스튜디오</h1>
    <p>즐겁고 안전한 관광 되세요.</p>
  </React.Fragment>
);
```

중괄호({ }) 안에 자바스크립트 표현식(Expression)을 작성하면 중괄호 안의 표현식을 평가해 결과 값을 돌려준다. 이미 언급한 바 있지만, JSX에서 HTML 문장 내에서 자바스크립트 표현식을 사용해 결과 값을 HTML 문장 내에서 자연스럽게 사용하고 싶다면 자바스크립트 표현식을 { } 안에 작성하면 된다. 이것은 마치 순수 자바스크립트에서 템플릿 리터럴(Template Literal) 내에 '${표현식}'를 사용하는 것과 같은 개념이다.

컴포넌트에 속성을 전달할 때도 사용한다. 속성으로 단순 문자열을 할당할 수도 있지만, 배열, 객체, 함수 등을 할당할 경우에는 반드시 중괄호({ })로 할당 값을 감싸야 한다. 아마도 JSX 문법을 처음 접하는 초보자들이 템플릿 리터럴과 JSX의 { } 사용을 정확히 구분하려면 조금 시간이 소요될 수 있다. 어렵다기 보다는 처음에는 헷갈리기 때문이다.

먼저 순수 자바스크립트에서 HTML 문장을 할당하는 방법은 다음과 같다. 즉, 변수에 할당하고 싶다면 문자열로 저장해야 한다.

■ 순수자바스크립트

```
const element1 = "<h1>JSX 배우기</h1>";
```

JSX에서는 HTML 문장에 인용 부호를 사용하지 않고 할당한다. JSX에서 2개 이상의 형제 태그를 갖는 HTML 문장을 할당하려면 부모 태그로 감싼 후 부모 태그를 소괄호( )로 감싸는 것이 원칙이다. 아래 예는 JSX 기본 문법을 적용한 간단한 App 컴포넌트이다.

```
function App( ) {
  const element1 = <h1>JSX 배우기</h1>;
  const element2 = (
    <div>
      <h1>파라다이스 학원에 오신 것을 환영합니다.</h1>
      <p>힘들지만 행복한 하루 하루가 되길 소망합니다.</p>
    </div>
  );
  const element = (
    <div>
      {element1} {element2}
    </div>
  );
  return <div className="App">{element}</div>;
}

export default App;
```

변수에 HTML 요소(문장)를 할당할 때, 표현식을 사용할 수 있다고 하였다. 아래는 이러한 표현식을 사용한 예이다.

```
const a1 = 20;
const ele2 = <h1>React is {a1 + 80} times better with JSX</h1>;
```

JSX 문법을 사용하면 컴포넌트를 생성할 때 JSX 문법을 사용하지 않을 때보다 훨씬 수월하다. JSX 문법을 사용하지 않고 React.createElement( ) 함수를 사용해 HTML 요소를 생성할 수 있다. HTML 요소를 생성해 변수에 할당하는 문법은 다음과 같다.

```
const element = React.createElement('태그명',{속성1:값, 속성2:값2,...}, ...children);
```

먼저 '태그명'에는 생성할 태그 이름 작성하며, 다음 파라미터인 객체에 HTML 속성과 값을 설정하며 속성을 전달하지 않으면 null을 사용한다. 세 번째 파라미터인 children은 생성된 태그의 child에 해당하는 컨텐츠(Contents)를 작성한다.

아래의 예는 아주 간단한 형태의 컴포넌트를 JSX 문법을 적용하지 않은 방식과 JSX 문법을 적용한 방식을 보여준다. 그런데, JSX 문법을 사용하지 않는 방식으로 컴포넌트를 생성시 HTML 요소가 많아지면 매우 복잡해진다. HTML 컨텐츠를 작성할 때도 템플릿 리터럴 방식을 사용하고 있음을 알 수 있다.

```
//JSX를 사용하지 않은 방식
class Hello( props ) {
  render() {
```

```
    return React.createElement('div', null, `Hello ${props.myName}`);
  }
}
```

다음은 JSX 문법을 적용해 컴포넌트를 생성하였다. JSX 문법을 적용해 컴포넌트를 생성하면 훨씬 손쉽게 생성할 수 있고, 코드도 간단한 것을 확인할 수 있다. 여러분들은 앞으로 JSX 문법을 적용한 컴포넌트를 생성하기 바란다.

```
//JSX를 사용한 방식
function Hello( props ) {
  return <div>Hello { props.myName }</div>;
}
```

JSX는 HTML이 문법에 맞지 않게 작성되었을 경우에 에러를 발생한다.

다음 JSX 문법을 사용하면서 {표현식}을 사용한 App 컴포넌트 생성 예제이다.

```
import "./App.css";  //웹 화면 가운데 정렬
function App() {
  const myName = "홍 길동";
  const age = 24;
  const hobby = "프로그래밍 코딩";
  const element = (
    <div>
      <h1>내 이름은 {myName}입니다.</h1>
      <p>지금 나이는 {age}세입니다.</p>
    </div>
  );

  return (
    <div className="App">
      <h1>JSX 배우기</h1>
      {element}
      <p>최근의 취미는 { hobby }입니다. </p>
    </div>
  );
}
export default App;
```

위의 예를 보면 명확히 알 수 있지만, JSX 문법을 사용할 때 HTML 요소 내에 표현식을 사용하는 방법은 중괄호를 사용한다는 것이다.

다음은 컴포넌트 안에 별도의 함수를 정의한 후, 호출해 사용하는 예이다. HTML 문장 안에서 함수를 호출할 경우에도 중괄호를 사용하면 된다. 예제를 잘 살펴보기 바란다.

```
function App() {
const introMyself = {
name: "홍 길동",
age: 25,
hobby: "프로그래밍 코딩",
address: "서울특별시 서대문구 신촌동 377번지",
};
const introduction = (person) => {
const temp = (
<h3>
나는 {person.name}이고, {person.age}세이며, 취미는 {person.hobby}입니다.
</h3>
);
return temp;
};

return (
<div className="App">
<h1>JSX 배우기(소개하기)</h1>
<h2>{introduction(introMyself)}</h2>
</div>
);
}
```

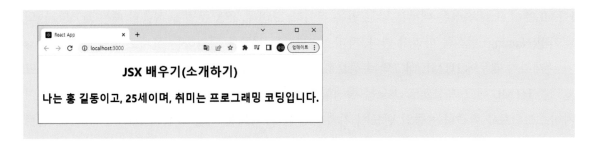

다음 예제는 여러분들이 HTML 문장에 백틱(Back-tick)을 사용할 경우에는 순수 자바스크립트로 해석되기 때문에 템플릿 리터럴로 인식된다. 이 경우 표현식은 ${표현식}을 사용해야 한다. 여러 분들은 HTML 문장에 대해 템플릿 리터럴을 사용하지 말고 앞 예제처럼 JSX 문법을 사용할 것을 당부하는 바이다. 두 예제는 브라우저에 동일하게 출력된다.

```
function App() {
  const introMyself = {
    name: "홍 길동",
    age: 25,
    hobby: "프로그래밍 코딩",
    address: "서울특별시 서대문구 신촌동 377번지",
  };
  const introduction = (person) => {
    const temp = `<h3>나는 ${person.name}이고, ${person.age}세이며,
    취미는 ${person.hobby}입니다.</h3>`;
   //백틱(순수 자바스크립트)
    return temp;
  };

  return (
    <div className="App">
      <h1>JSX 배우기(소개하기)</h1>
      <h2>{introduction(introMyself)}</h2>
    </div>
  );
}
```

6.4 HTML 스타일 속성 적용하기

JSX 문법을 적용한 HTML 태그 속성을 설정하는 방법은 기존의 HTML 태그에 속성을 설정하는 방법과 다르다. 먼저 가장 많이 접하게 되는 class 속성에 대한 설명으로 시작해 보자. 기존의

HTML에서 class 속성은 대부분 알고 있을 것이다. 그런데, JSX 문법을 적용할 때는 JavaScript의 네이밍(Naming) 방식을 따라야 한다. 자바스크립트는 객체를 생성하는 설계도 역할을 하는 class 가 존재하기 때문에 HTML 태그의 속성으로 사용하는 class와 중복된다. 이러한 이유로 자바스크립트는 HTML 태그 속성으로 class를 설정할 때는 className을 사용한다. 이 내용은 여러분들이 자바스크립트를 학습하는 동안 반드시 기억해야 한다. 아래는 기존 방식의 class와 자바스크립트의 class를 사용하는 방식을 보여준다.

- 기존 방식

```
<p class="class1">다람쥐 마을 여행</p>
```

- JSX 문법

```
<p className="class1">다람쥐 마을 여행</p>
```

순수 자바스크립트가 아닌 JSX 문법을 사용해 인라인(Inline) 방식의 CSS를 적용할 때는 자바스크립트 객체를 사용해야 한다. 또한 CSS의 속성에 대한 표기법은 Lower camel case를 적용해야 한다. 예를 들면, background-color는 backgroundColor와 같이 사용해야 한다. 먼저 기존 방식과 JSX 문법을 적용한 인라인 CSS 설정 방법은 다음과 같다.

- 기존 방식

```
<p style="color : red; font-size : 15px"> 신나는 가을 단풍 놀이</p>
```

- JSX 문법

```
<p style={ {color : "red", fontSize : "15px" } } 신나는 가을 단풍 놀이</p>
```

JSX로 속성을 설정할 때 속성 값은 숫자 이외에는 반드시 문자열을 사용해야 한다. JSX로 인라인 CSS 설정시 style={ {color : "red", fontSize : "15px" } }와 같이 작성하였다. 그런데 이 부분에 대한 정확한 이해를 하고 있어야 한다. style ={ }의 의미는 중괄호 안에 JSX 표현식을 사용한다고 해석해야 한다. 중괄호 안에 표현식을 작성하는데, JSX는 CSS 스타일을 객체로 정의해야 한다. 따라서 중괄호 안에 표현식을 객체인 {color : "red", fontSize : "15px" }로 작성하였다. 이러한 이유로 인라인 CSS 스타일을 정의할 때는 중괄호 안에 중괄호로 표현한 객체가 존재하는 것이다.

다음은 인라인 스타일을 적용할 스타일 정보를 미리 객체로 선언한 다음 style 속성에 적용하는 예제이다.

```
function App() {
  let style = {
    display: "inline-block",
    width: "450px",
    height: "40px",
    paddingLeft: "20px",
    paddingRight: "20px",
    backgroundColor: "navy",
    color: "white",
  };
  const element = (
    <h1 className="classA" style={style}>
      인라인 스타일 적용하기
    </h1>
  );

  return (
    <div className="App">
      <h1>JSX 배우기(속성(property))</h1>
      {element}
    </div>
  );
}

export default App;
```

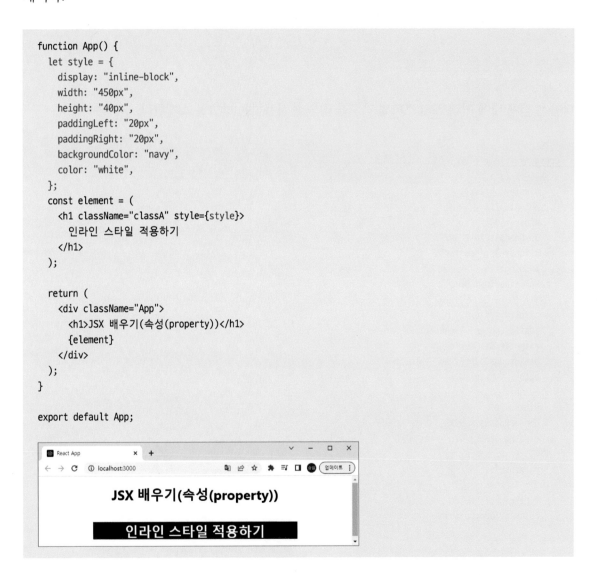

색상을 지정할 때 속성 값은 backgroundColor: "DodgerBlue"; 혹은 "dodgerblue"와 같이 대소문자를 구분하지 않고 사용해도 문제가 되지 않는다.

인라인 스타일을 적용한 간단한 예제를 다시 확인해 보자.

```
function MyComponent(){

return <div style={ { color: 'blue', lineHeight : 10, padding: 20 } }> 인라인 스타일 적용</div>

}
```

다음은 객체 내에 여러 개의 스타일 객체를 정의해 사용하는 방법을 소개한다.

```
const myStyle = {
  주내용: {
    display: "flex",
    height: 250,
    width: 500,
    boxShadow: "0 0 3px 2px #cec7c759",
    alignItems: "center",
    padding: 15,
    borderRadius: 30  },
  원형: {
    display: "flex",
    justifyContent: "center",
    alignItems: "center",
    backgroundColor: "dodgeblue",
    color: "white",
    height: 30,
    width: 30,
    borderRadius: "50%",
    padding: 15  },
  전기: {
    marginLeft: 15   },
  이름: {
    fontWeight: "bold"
    color : "GrayDolphin" }
};

function userCardComponent(){
```

```
      <div style={myStyle.주내용}>
        <span style={myStyle.원형}>왕</span>
      <div style={myStyle.전기}>
        <p style={myStyle.이름}>홍길동</p>
        <p>여러 개의 스타일 객체 예제</p>
      </div>
    </div>

  }
```

다음은 외부에 CSS 스타일을 정의하는 파일을 작성한 다음 컴포넌트 생성 파일에서 외부 스타일 파일을 불러오는 방법을 알아보자.

CSS 스타일 작성 방법은 기존 방식과 동일하다. 파일의 확장자는 *.css로 지정하여 저장한다. 컴포넌트에서 외부에서 작성한 CSS 스타일을 적용하기 위해서는 CSS 파일을 읽어 들여야 한다. Import 문을 사용해 외부 CSS 스타일을 불러오는 방법은 아래의 예를 살펴보기 바란다. "import 경로포함파일명"과 같이 작성하면 된다.

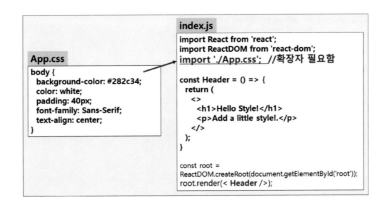

6.5 CSS 모듈(Module)을 사용한 스타일 적용하기

여러분들이 프론트 엔드 디자인을 수행하다 보면 종종 특정 컴포넌트의 class에만 특별한 CSS 스타일을 적용하고 싶은 상황이 있을 수 있다. 즉, 다른 컴포넌트에 존재하는 동일한 이름의 class에 대해서 특별한 CSS 스타일을 적용하지 않도록 하는 것이다. 이처럼 CSS 스타일을 적용할 수 있는 방법을 리액트는 지원하고 있다. 물론 순수 인라인 스타일을 말하는 것이 아니다.

파일의 확장자로 *.module.css를 갖는 파일에 class 속성들을 작성한 후, 사용을 원하는 컴포넌트에서 *.module.css 파일을 불러오면 오직 해당 컴포넌트 파일에 있는 class에만 영향을 미치는 CSS 스타일을 적용할 수 있다. 작성 방법은 기존의 CSS 파일을 작성하는 방법과 동일하다. HTML 태그 속성인 class의 이름을 컴파일 과정에서 자동으로 독립적인 유일한 이름으로 부여해 주기 때문에 class 이름의 충돌이 발생하지 않는다.

Special-style.module.css 파일이 존재할 경우 컴포넌트를 생성하는 파일에서 다음과 같이 import 하면 된다. *.module.css 파일은 import한 파일에서만 CSS 스타일을 적용할 수 있다. className={ } 내부에 특정 클래스명을 할당하면 적용된다.

```
import myStyle from './special-style.module.css';
//import * as myStyle from './special-style.module.css';
//css 파일을 불러와 myStyle이란 이름을 사용함
...........
//컴포넌트 내에서 적용 방법
<p className={myStyle.클래스명}>일취월장</p>;
```

*.module.css를 사용하는 다음 예제를 살펴보자.

```
//App.js
import "./App.css";
import Demo1 from "./Demo1";

function App() {
  return (
    <div className="App">
      <h1>JSX 배우기(*.module.css)</h1>
      <p>아래의 내용에만 module.css 스타일이 적용됨</p>
      <Demo1 />
    </div>
  );
}

export default App;
```
```
//Demo1.js
import specialStyle from "./special-style.module.css";
function Demo1() {
```

```
  return (
    <div className={ specialStyle.mStyle }>
      <h3>모듈.css 스타일이 적용되는 영역</h3>
      <p>여기에 적절한 컨텐트를 작용합니다.</p>
    </div>
  );
}
export default Demo1;
```

```
/* special-style.module.css 파일 */
.mStyle {
  background-color: navy;
  color: white;
  width: 500px;
  border-radius: 10px;
  margin: 0 auto;
  padding: 8px;
}
```

위의 예제를 실행하면 다음과 같은 브라우저 화면을 볼 수 있다. 최종적으로 생성된 HTML 파일을 확인해 보면 div 태그의 class명이 중복되지 않게 독립적으로 부여된 것을 볼 수 있다.

6.6 조건문(Conditional Statement)

리액트는 if 조건문을 지원하지만, if문 자체는 JSX 내부가 아닌 외부에 위치해야 한다. JSX는 DOM에 렌더링할 리액트 요소들(Elements)을 도출한다. 예를 들어, 컴포넌트의 return 문 안에서 는 JSX 문법만 사용할 수 있는 영역이다. 따라서 if 문을 return 문 안에서 사용하는 것은 허용되지 않는다. 단, 3항 연산자를 사용할 경우에는 JSX 내에서 사용이 가능하다. 일반적으로 리액트 JSX 는 3항 연산자나 AND(&&) 연산자를 사용해 조건문을 구현한다.

기존의 순수 자바스크립트처럼 if 문을 사용하는 것은 당연히 문제가 되지 않는다. 아래의 예를 먼저 살펴보자. JSX 문법 내에서 변수 등의 표현식은 항상 { } 안에 위치해야 한다. 아래의 예는 정상적으로 수행이 될 것이다.

```
const x = 5;
let text = "Goodbye";
if (x < 10) {
  text = "Hello";
}

//아래는 JSX 문법
const myelement = <h1>{text}</h1>;
```

그런데 JSX 문법 내에 if 문을 사용하면 에러가 발생한다. JSX 문법인 중괄호 안에서 if 문을 사용할 수 없다.

- 에러 발생 상황 1

```
const x = 5;
//아래와 같이 JSX용 {  } 안에 작성하면 수행이 되지 않고 에러가 발생함.
const myelement = <h1>{
    if (x < 10) {
      "Hello";
    } else { "Goodbye"}
}</h1>;
```

- 에러 발생 상황 2

```
//컴포넌트의 리턴 구문 내에 사용할 수 없음.(JSX와 if문을 함께 사용할 수 없음)
return (
 ... 생략 ...
 if (x > 10) {
    <h1>홍길동</h1>
 }
 else {
    <h1>이순신</h1>
 }
 )
```

다음은 조건문을 사용한 간단한 예제이다.

```
//본 예제는 정상적으로 수행됨.
function App() {
  const val = 33;
  const win = "You win";
  const lost = "You lost";
  let final = "임시";

  if (val > 25) {
      final = <p>{win}</p>;
  } else {
      final = <p>{lost}</p>;
  }

  return (
    <div className="App">
      <h1>Jsx 실습(조건문)</h1>
      { final }
    </div>
  );
}
export default App;
```

3항 연산자는 JSX 내부에 사용하는 것이 가능하다. 다음은 3항 연산자를 사용한 조건문을 구현한 예제이다.

```
function App() {
  const val = 33;
  const  win = "You win";
  const  lost = "You lost";

  const  final = <p>{val > 25 ? win : lost}</p>;  //3항 연산자 사용

  return (
    <div className="App">
      <h1>Jsx 실습(조건문)</h1>
      { final }
    </div>
  );
}
```

조건문을 사용해 컴포넌트를 선별해 리턴할 수 있다. 2개 이상의 컴포넌트에 대해 조건에 부합하는 컴포넌트를 리턴할 수 있다. 아래 예제를 살펴보자.

조건에 따라 다른 렌더링을 수행하는 예제를 간단히 살펴보자.

```javascript
//index.js
import React from 'react';
import ReactDOM from 'react-dom';

function MissedGoal() {
        return <h1>No... No... Goal!</h1>;
}

function MadeGoal() {
        return <h1>Wonderful Goal!</h1>;
}

function Goal(props) {
  const isGoal = props.isGoal;
  if (isGoal) {
    return <MadeGoal/>;
  }
  return <MissedGoal/>;
}

const root = ReactDOM.createRoot(document.getElementById('root'));
root.render(< Goal isGoal={true} />);
```

JSX에서는 AND(&&) 연산자를 적용해 조건문을 구현할 수 있다. AND 연산자를 사용한 조건문은 이미 언급한 3항 연산자와 함께 자주 사용되기 때문에 잘 알아두기 바란다.

먼저 대소 비교 연산을 수행한 결과와 HTML 요소를 AND 연산하면, 조건이 참이면 && 뒤에 있는 HTML 요소를 돌려주며, 거짓이면 아무 것도 돌려주지 않는다. 다음 예제를 살펴보기 바란다.

■ 대소 비교 결과가 참일 때

```
function Demo1( ) {
  const k = 3;
  return (
    <div>
      <h1>여러분, 화이팅!</h1>
      { k > 0 &&
        <h2>
          당신은 {k} 값을 가지고 있어요.
        </h2>
      }
    </div>
  );
}
```

> **여러분, 화이팅!**
> 당신은 3 값을 가지고 있어요.

■ 대소 비교 결과가 거짓일 때

```
function Demo1( ) {
  const k = 3;
  return (
    <div>
      <h1>여러분, 화이팅!</h1>
      { k > 500 &&
        <h2>
          당신은 {k} 값을 가지고 있어요.
        </h2>
      }
    </div>
  );
}
```

> **여러분, 화이팅!**

다음 특정한 값과 HTML 요소가 AND 연산이 수행된 경우를 살펴보자. 특정 값이 참이면 && 뒤에 있는 HTML 요소를 돌려주지만, 거짓이면 값을 돌려준다. 그런데 거짓인 값이 숫자 0일 경우에는 브라우저에 출력된다. 나머지 거짓(null, undefined, "")은 브라우저 화면에 나타나지 않는다. 다음의 간단한 예를 살펴보기 바란다.

```
function Demo1( ) {
  const count = 7;
  return (
    <div>
      { count && <
          h1>당첨번호: {count}</h1> }
    </div>
  );
}
```

당첨번호: 7

```
function Demo1( ) {
  const count = 0;
  return (
    <div>
      { count &&
          <h1>당첨번호: {count}</h1> }
    </div>
  );
}
```

0

6.7 리액트에서 배열 사용하기

배열에서 지원하는 map( ) 함수(메서드)는 ES6부터 사용되기 시작하였다. map( ) 함수는 배열의 개별적인 아이템들을 하나 씩 입력받아 처리할 수 있다. 이 함수는 수행 결과를 새로운 배열로 돌려준다.

리액트에서는 map( ) 함수로 생성하는 개별 데이터에 대해 key를 사용해 각 아이템을 추적할 수 있다. 이러한 key는 HTML 속성으로 추가해 주어야 한다. 그리고 key는 생성되는 각 요소들을 구분해 추적할 수 있도록 유일(unique)해야 한다. Key는 배열 아이템의 변경, 추가 및 제거 등을 할 때 각각을 구분할 수 있는 값이다. 따라서 여러분들이 배열을 작성할 때는 사용할 키(key) 값을 사전에 정의하는 것이 바람직하다. 물론 배열의 인덱스를 키 값으로 사용할 수 있지만, 동적인 변경이 발생하는 배열에서는 의도하지 않은 문제를 발생할 수 있다. 이를 테면, 배열의 출력 순서가 변경될 수 있다.

변경되지 않는 정적인 배열에서는 key 값으로 배열의 인덱스를 사용할 수 있지만, 동적으로 변경될 수 있는 배열에서는 key 값을 배열 생성시 미리 생성하는 것이 바람직하다.

```
//index.js
import React from "react";
import ReactDOM from "react-dom/client";
```

```
function Car(props) {
  return <li>차 브랜드 명 : {props.brand}</li>;
}

function Garage() {
  const cars = [
    { id: 1, brand: "현대" },
    { id: 2, brand: "기아" },
    { id: 3, brand: "쌍용" },
    { id: 4, brand: "GM" },
  ];
  return (
    <>
      <h1>Garage에 주차되어 있는 차의 브랜드</h1>
      <ul>
        {cars.map((car, idx) => (    //idx(인덱스)는 정적 배열에서 key 사용 가능함
          <Car  key={car.id}  brand={car.brand} />
        ))}
      </ul>
    </>
  );
}
const root = ReactDOM.createRoot(document.getElementById("root"));
root.render(<Garage />);
```

Key 값으로 정적인 배열에서는 배열의 인덱스를 사용할 수 있지만, 동적인 배열을 사용할 때는 인덱스를 사용하면 문제가 된다고 하였다. Key 값은 중복되지 않는 유일한 값을 사용해야 하기 때문에 배열의 아이템이 중복되지 않을 경우에는 아이템을 키로 사용할 수도 있다. 다음 예를 살펴보자.

```
import React from "react";  import ReactDOM from "react-dom/client";

function Item(props) {
```

```
  //컴포넌트
  return <li>{props.message}</li>;
}

function TodoList() {
  const todos = ["세수하기", "오전 운동", "사무실 근무", "헬쓰 클럽"];
  return (
    <>
      <h3>배열의 모든 아이템의 unique한 경우 : (key=아이템) 가능</h3>
      <ul>
        {todos.map((message) => (
          <Item key={message} message={message} />
        ))}
      </ul>
    </>
  );
}

const root = ReactDOM.createRoot(document.getElementById("root"));
root.render(<TodoList />);
```

6.8 리액트에서 이미지 사용하기

리액트를 사용한 프론트 엔드 디자인에서 이미지를 컴포넌트에서 사용하는 방식은 2가지가 있다. 물론 더 세부적으로 나누면 2가지가 넘을 수도 있지만, 본 교재에서는 2가지에 대해서만 다룰 것이다.

첫 째는 import 문을 사용해 이미지를 미리 불러온 후 이미지를 다루는 방법이다. 리액트에서는 import 문을 사용해 이미지를 포함시키는데, 기존의 모듈을 불러와 사용하는 방식과 유사하다. 다음은 import 문을 사용해 이미지를 불러오는 기본 문법이다.

```
import  내부에서_사용할_이미지명   from   경로를_포함한_이미지파일;
```

일반적으로 "src" 폴더 아래에 "img" 폴더를 생성하고, 여기에 프론트 엔드 디자인에서 사용할 이미지들을 저장해 놓는다. 만약에 "img" 폴더 안에 alpha.png, beta.png, gamma.jpg 파일이 저장되어 있다고 가정하자. 여러분들이 현재 "src" 폴더에서 작업을 하고 있을 때, 다음과 같은 방법으로 이미지 파일을 포함시킨다.

```
//이미지 사용 전에 import 문을 사용해 읽어옴
 import  alpha   from   "./img/alpha.png";
 import  beta    from   "./img/beta.png";
 import  gamma   from   "./img/gamma.jpg";

//컴포넌트를 arrow function으로 정의
 const ImgBlock = ( ) => {
       return (
           <div>
               <img  src = { alpha } alt="이미지 설명1"  />
               <img  src = { beta } alt="이미지 설명2"  />
               <img  src = { gamma } alt="이미지 설명3"  />
           </div>
       );
 }

export default  ImgBlock;
```

프론트 엔드 디자인을 하다보면 많은 이미지가 필요할 수 있고, 자주 사용하기 때문에 잘 알고 있어야 한다.

두 번째는 "src" 폴더가 아닌 "public" 폴더 아래에 "img" 폴더를 생성한 후, 여기에 필요한 이미지들을 저장하는 것이다. 이 방식의 특징은 import 문을 사용하지 않아도 된다. 그리고 process.env라는 자바스크립트 내장 객체를 사용할 수 있다. process는 전역 객체이기 때문에 import 문으로 불러들일 필요가 없고 모든 영역에서 process.env를 사용해 환경 변수에 접근이 가능하다. process.env.PUBLIC_URL은 public 폴더까지의 경로 정보를 알려준다. 이를 활용해 <img> 태그에 다음과 같이 이미지 파일을 포함시킬 수 있다. 이 경우에도 "img" 폴더에 alpha.png, beta.png, gamma.jpg 파일이 저장되어 있다고 하자.

```
//이미지의 전체 경로와 파일명(import 문 필요 없음)
//process.env.PUBLIC_URL = ReactJS 프로젝트의 public 폴더를 의미함

<img   src = { process.env.PUBLIC_URL + "/img/alpha.png" }  />
<img   src = { process.env.PUBLIC_URL + "/img/beta.png" }  />
<img   src = { process.env.PUBLIC_URL + "/img/gamma.jpg" }  />
```

다음은 import 문을 필요로 하지 않은 process.env.PUBLIC_URL를 적용한 이미지 불러오기를 구현한 예제이다.

```
//App.js 파일
import "./App.css";

function App() {
  let count = 1;
  return (
    <>
      <img
        style={{ width: 250, marginRight: 10 }}
        src={process.env.PUBLIC_URL + "/img/미국A.JPG"}
      />
      <img
        style={{ width: "250px", marginRight: 10 }}
        src={process.env.PUBLIC_URL + "/img/미국B.JPG"}
      />
      <img
        style={{ width: "250px" }}
        src={process.env.PUBLIC_URL + "/img/미국C.JPG"}
      />
    </>
  );
}

export default App;
```

6.9 리액트 이벤트(React Events)

HTML DOM처럼 리액트는 사용자 이벤트에 대한 응답으로 행위를 수행한다. HTML 이벤트와 동일한 이벤트를 지원한다. 지원한 이벤트의 종류는 click, dblclick, mouseover, mouseout, mouseenter, keypress, submit 등이 있다. 리액트 이벤트는 lower camel case 작명을 사용해야 한다. 따라서 리액트 이벤트는 onClick, onChange, onMouseOver, onMouseEnter, onSubmit 등과 같은 이름을 사용해야 한다. 이벤트 핸들러는 { } 안에 작성해야 한다.

다음은 기존의 HTML 태그에서 사용하는 이벤트와 리액트에서 사용한 이벤트의 차이점을 보여준다. 아래에 나오는 doSomething은 이벤트 핸들러 함수이다.

```
React : <button onClick={doSomething}> 오늘의할일 </button>
HTML : <button onclick=" doSomething( )">오늘의할일</button>
```

다음은 리액트 이벤트를 구현하는 간단한 예를 보여주고 있다.

```
//파일명 : index.js
import React from 'react';
import ReactDOM from 'react-dom';

function Football() {
  const  shoot = ( ) => {  //이벤트 핸들러
    alert("멋진 슛, 멋진 골");
  }

  return (
    <button onClick={ shoot }>버튼을 클릭하면 슛팅합니다.</button>
  );
}

const  root = ReactDOM.createRoot(document.getElementById('root'));
root.render(< Football />);
```

이제 몇 가지 입력 form 요소에 대해 알아보자. 사실 이 부분은 초보자에게 어려울 수 있기 때문에 일단 스킵하고 나중에 다시 학습하는 것도 가능하다. 상태를 관리하는 useState 훅(Hook)을 입력 양식에는 사용해야 한다. 사용자 입력 문자열이나 선택한 항목을 useState 훅에서 제공하는 상태 관리 함수를 사용해 상태를 변경하고, 변경된 상태는 다시 변경하기 전까지는 마지막 변경 값을 유지한다. 그리고 상태 관리 함수를 통해 변경된 값은 상태 변수를 통해서 사용할 수 있다.

useState 훅은 나중에 다시 자세히 학습할 것이지만, 개념적인 것을 알고 있어야 한다. useState 훅은 다음과 같이 형식을 갖는다.

```
import { useState } from "react"; //useState 훅은 불러와야 함

const [상태변수, 상태관리함수] = usetState(초기값);
```

useState("초기값") 함수는 배열로 상태 변수와 상태 관리 함수(혹은 상태 설정 함수, 상태 함수)를 리턴하기 때문에 상태 변수와 상태 관리 함수를 구조 분해해 할당한 것이다. 일반적인 선언 방식은 아래와 같다. 상태 관리 함수는 상태 변수가 state라면, 상태 관리 함수는 상태 변수에 set를 앞에 붙이고 뒤에 상태 변수를 연결해 작명하는 것이 일반적이다.

한 가지만 더 추가하자면 상태를 변경할 수 있는 것은 상태 관리 함수를 통해서만 가능하고, 내부의 상태 값은 상태 변수를 통해서 접근할 수 있다.

```
//일반적인 선언 방법
const [state, setState] = usetState(initial_value);
```

onChange 이벤트는 입력의 변화를 감지하면 발생하는 이벤트이다. HTML 요소인 <input> 태그 영역에 값을 입력하면 이벤트를 발생한다. 그리고 이벤트 핸들러의 첫 번째 파라미터는 이벤트 객체(Event Object)이다. 이벤트 객체의 target 속성은 최초 이벤트를 발생한 태그 요소를 가리킨다. target.value에서 value는 <input> 태그 영역에 사용자가 입력한 데이터이다.

```
import { useState } from "react";
import ReactDOM from 'react-dom';

function MyForm() {      //MyForm 컴포넌트
  const [name, setName] = useState("");   //[변수, 변수함수] = useState(초기값)

  return (
    <form>
      <label>성    명:
        <input
          type="text"
          value={name}
          onChange={ (e) => setName(e.target.value) }   //e : 이벤트 객체
        />
      </label>
    </form>
  )
}

const root = ReactDOM.createRoot(document.getElementById('root'));
root.render(< MyForm />);
```

다음은 사용자가 submit 버튼을 눌렀을 발생하는 이벤트를 처리하는 간단한 예제이다. Event.
preventDefault( ) 함수를 이벤트 핸들러 함수에서 사용하고 있는데, 이는 submit 이벤트가 발생했
을 때 행해지는 기본 동작을 중지시키는 것이다. 즉, submit 버튼을 클릭하면 브라우저 화면을 재
로딩(reloading)하는 것을 막는다.

```
import { useState } from "react";
import ReactDOM from 'react-dom';

function MyForm() {
  const [name, setName] = useState("");

  const handleSubmit = (event) => {
    event.preventDefault();   //이벤트 발생시 기본적으로 동작하는 화면 reload를 막기 위함.
    alert(`내 이름 : ${name}`);
  }

  return (
    <form onSubmit={handleSubmit}>
```

```
        <label>성    명:
         <input
           type="text"   value={name}  onChange={(e) => setName(e.target.value)}   />
        </label>
        <input type="submit" />
      </form>
    )
  }
```

네모 등을 작성할 때 사용하는 <textarea> 태그를 사용한 예는 다음과 같다. 상태를 관리하는 것은 추후에 어떤 액션을 취할 때 입력한 값을 변수를 통해 사용할 수 있기 때문이다.

```
import { useState } from "react";
import ReactDOM from "react-dom";

function MyForm() {
  const [textarea, setTextarea] = useState(
    "초기값을 여기에 적을 수 있음"
  );

  const handleChange = (event) => {
    setTextarea(event.target.value)
  }

  return (
    <form>
      <textarea value={textarea} onChange={handleChange} />
    </form>
  )
}

const root = ReactDOM.createRoot(document.getElementById('root'));
root.render(< MyForm />);
```

다음은 <select> 태그를 리액트에서 사용하는 간단한 예제이다.

```
function MyForm() {
  const [myCar, setMyCar] = useState("현대차");

  const handleChange = (event) => {
```

```
      setMyCar(event.target.value)
  }

  return (
    <form>
      <select value={myCar} onChange={ handleChange }>
        <option value="현대차">현대차</option>
        <option value="기아차">기아차</option>
        <option value="쌍용">쌍용</option>
        <option value="GM">GM</option>
      </select>
    </form>
  )
}
```

마지막으로 여러 개의 입력을 갖는 예제이다. 이 예제는 단순히 참고만 하기 바란다. 여러분들이 좀 더 리액트에 대해 알고 있어야 이해가 쉬울 것이다. 예제에 나오는 문법 중에서 inputs. username || ""과 같은 표현은 앞의 데이터가 거짓일 때는 빈 문자열을 할당할 때 사용한다.

```
import { useState } from "react";
import ReactDOM from "react-dom";

function MyForm() {
  const [inputs, setInputs] = useState({ });//초기값은 빈 객체

  const handleChange = (event) => {
    const name = event.target.name;
    const value = event.target.value;
    setInputs(values => ({...values, [name] : value}))
  }

  const handleSubmit = (event) => {
    event.preventDefault();
    alert(inputs);
  }
  return (
    <form onSubmit={handleSubmit}>
      <label>성    명:
      <input
        type="text"
        name="username"
```

```
          value={inputs.username || ""}
          onChange={handleChange}
        />
      </label>
      <label>당신의 나이:
        <input
          type="number"
          name="age"
          value={inputs.age || ""}
          onChange={handleChange}
        />
      </label>
      <input type="submit" />
    </form>
  )
}

const root = ReactDOM.createRoot(document.getElementById('root'));
root.render(< MyForm />);
```

CHAPTER **7**

리액트 라우터 React Router

7.1 리액트 라우터 개요

여러분들은 웹 브라우저 주소창에 URL 주소를 타이핑한 다음 엔터 키를 누르면 해당 사이트에 접속해 필요한 서비스를 받을 수 있다는 것을 알고 있을 것이다. 물론 웹 브라우저에 있는 다음 페이지로 가기 버튼이나 이전 페이지로 가기 버튼을 눌러서 다음 페이지나 이전 페이지로 이동해 본 경험도 있을 것이다.

우리가 다루는 단일 페이지 앱/웹에서는 서버에 접속해 매 번 새로운 페이지의 내용을 읽어오는 것이 아니라 한 페이지 안에 모든 것을 할 수 있다. 즉, SPA(Single Page Application)는 단일 페이지 앱으로 한 페이지 안에서 모든 작업이 수행되는 것을 말한다. 최근 들어 단일 페이지 앱에 대한 관심에 높아지고 있으면 많은 분야에서 단일 페이지 앱을 구현해 사용하고 있다.

라우팅(Routing)은 아주 중요한 개념이다. 일반적으로 라우팅과 관련된 내용은 책의 뒷 부분에 배치되어 있기 때문에 일반 학습자들은 라우팅에 대해 매우 생소한 경우가 많다. 따라서 본 교재에서는 라우팅 관련 내용에 책에 전반부에 배치해 라우팅에 대해 접할 기회를 좀 더 부여하고자 하였다.

본래 라우팅이란 서버(Server)측에서 클라이언트(Client)의 요청을 처리할 endpoint를 찾는 과정이라고 말할 수 있다. SPA에서는 대부분의 라우팅이 클라이언트에서 이루어진다.

우버(Uber), 젠데스크(Zendesk), 페이팔(PayPal), 비메오(Vimeo) 등의 회사에서 리액트 라우터를 사용하고 있다고 한다. 경로(Route)는 브라우저 주소창에서 지정하는 endpoint이다. 라우팅을 위해 react-router-dom을 터미널에서 설치해야 한다. 현재 사용하는 리액트 라우터는 react router 버전 v6이다. 만일 라우터와 관련하여 v5를 학습한 경험자라면 v6가 좀 더 편리하다는 것을 느낄 것이다. 지금부터 리액트 라우터 v6에 대해 학습할 것이다.

7.2 리액트 라우터 설치 및 관련 컴포넌트

리액트에서 라우팅을 구현하고자 한다면 먼저 관련 패키지를 설치해야 한다. 여러분들은 다음과 같이 최신 버전의 react-router-dom을 설치할 수 있다. 2가지 방법이 있는 터미널 창에서 여러분들이 선호하는 방식으로 설치하면 된다.

```
$ npm install react-router-dom
```

```
$ yarn add react-router-dom
```

여러분들의 프로젝트 폴더로 설정된 터미널 창에서 npm이나 yarn으로 시작해 위와 같이 둘 중의 하나를 타이핑한 후 실행하면 리액트 라우터가 설치된다.

React-router-dom으로부터 import해야 하는 기본 컴포넌트는 다음과 같다. 그렇지만 실제 프로젝트를 수행한다면 이 보다 더 많은 컴포넌트를 import해야 하는 상황이 존재한다는 것은 이해하고 있어야 한다. 기본 컴포넌트는 다음과 같다.

```
import { BrowserRouter, Routes, Route } from "react-router-dom";
```

또한 <a> 태그 대신에 웹 페이지 재로딩(Reloading)이 없는 네비게이션 바(Navigation Bar)를 생성하기 위해 <Link to = ' ... '> 컴포넌트나 <NavLink to = ' ... '>를 리액트에서 사용한다. 이러한 Link나 NavLink 컴포넌트는 react-router-dom에서 지원하는 컴포넌트들이다. 다시 한 번 설명하지만, Link와 NavLink를 사용하는 이유는 웹 페이지의 재로딩을 하지 않기 위함이다.

일반적으로 경로를 설정할 때 기본 경로를 제외한 '/'는 메인 페이지(디폴트 페이지)에 접속할 때 사용한다. 리액트 라우터에서 지원하는 컴포넌트들 다음 그림과 같이 정리할 수 있다.

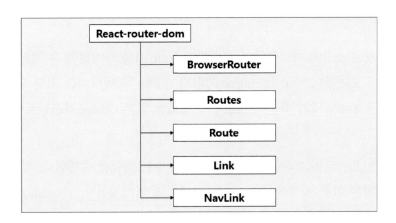

각 컴포넌트에 대해 간단히 설명할 것이다.

최상위의 BrowserRouter 컴포넌트는 내부에 있는 자식 중에서 하나의 배치 정보를 전달받는다. 리액트 라우터 돔(DOM)으로 최상위 컴포넌트를 감싸주는 래퍼 컴포넌트이다. BrowserRouter 컴포넌트는 한 번만 사용해야 한다.

Routes 컴포넌트는 렌더링할 경로를 감싸는 래퍼 컴포넌트이다. BrowserRouter 하위에 위치한다. Routes 컴포넌트 안에 렌더링할 각 페이지에 해당하는 Route 컴포넌트를 작성한다.

Route 컴포넌트는 path와 element 프로퍼티(속성)를 제공한다. Path에는 URL 경로를 할당하며, element에서는 렌더링할 컴포넌트를 맵핑한다. 컴포넌트를 할당할 때는 JSX 문법에 맞게 { } 안에 컴포넌트를 작성해야 한다.

브라우저 주소가 path와 일치하면 element에 맵핑된 컴포넌트가 렌더링된다. Route 컴포넌트에서 path='*'를 할당하면 매칭되는 경로가 없는 모든 경우에 '*' 경로의 컴포넌트를 렌더링할 때 사용한다.

```
<BrowserRouter>
  <Routes>
    <Route  path="/"  element={<Home />}>
    <Route  path="about"  element={<About />} />
    <Route  path="contact" element={<Contact />}>
    <Route  path="*"  element={<Others />}>
  </Routes>
</BrowserRouter>
```

위에서 웹 브라우저 주소창에 여러분들이 "url주소/about"이라 타이핑한 후 엔터키를 치면 About 컴포넌트를 화면에 보여주며, "url주소/alpaca"라 타이핑한 후 엔터치를 치면 Route 컴포넌트에 path="alpaca"가 존재하지 않기 때문에 path="*" 경로에 있는 Others 컴포넌트를 화면에 보여준다.

Link 및 NavLink 컴포넌트는 브라우저 링크를 만들어 주는 역할을 수행한다. 링크 주소는 path에 할당한 값과 일치하는 값을 설정하면 된다. 웹 페이지의 네비게이션(Navigation) 메뉴를 작성할 때 주로 사용한다. Link와 NavLink 컴포넌트 사이의 차이점은 NavLink 컴포넌트를 사용해 생성한 요소는 마우스 등으로 선택되면 'active' 클래스가 자동을 추가된다. 물론 선택되지 않은 요소는 'active' 클래스가 없다. 따라서 선택된 링크 등에 대한 별도의 CSS 스타일을 적용할 때 매우 편리하기 때문에 자주 사용된다.

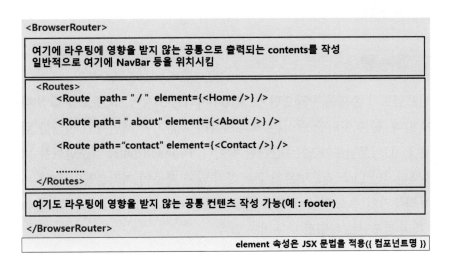

BrowserRouter 컴포넌트 내부이지만 Routes 컴포넌트 외부에 있는 영역에 HTML 요소를 작성하면 라우팅과 관계없이 항상 브라우저 화면에 출력되는 내용이다.

다음은 Link(혹은 NavLink)와 라우터사이의 관계를 보여주는 그림이다. Link 컴포넌트로 설정된 요소를 클릭하면 Routes 컴포넌트가 감싸고 있는 Route 컴포넌트의 path와 일치하면, element에 설정한 컴포넌트가 브라우저 화면에 출력되는 방식이다.

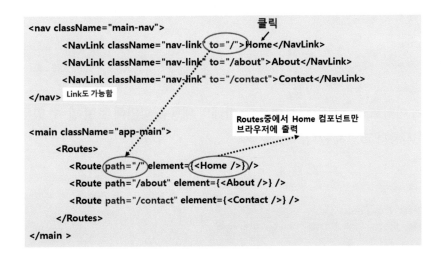

위에 코딩 블록 전체를 BrowserRouter로 감싸야 한다. import { BrowserRouter as Router} from "react-router-dom";와 같이 BrowserRouter 대신 별칭으로 Router를 사용하는 방식도 많이 사용하므로 알고 있으면 도움이 된다.

7.3 Link가 없는 웹

만약에 Link 컴포넌트가 존재하지 않으면 웹 브라우저의 주소창에 url 주소를 직접 타이핑해 사이트에 접속해야 한다. 물론 이러한 방식은 거의 사용하지 않지만 개념적인 이해를 위해 소개하는 것이다. 다음은 Link 컴포넌트가 없는 간략한 웹이다. BrowserRouter 컴포넌트를 비롯한 라우팅 컴포넌트는 존재하지만 Link 컴포넌트가 존재하지 않기 때문에 여러분들이 원하는 사이트에 접속하려면 웹 브라우저의 주소 창에서 직접 전체 경로를 타이핑해야 한다. 아래 예제를 잘 살펴보기 바란다. 몇 개의 컴포넌트 파일로 나누어져 있다.

```
//index.js
import React from "react";
import ReactDOM from "react-dom";
import { BrowserRouter } from "react-router-dom";
import "./index.css";
import "./App.css";
import App from "./App";

const root = ReactDOM.createRoot(document.getElementById("root"));
root.render(
  <BrowserRouter>
      <App />
  </BrowserRouter>
);
```

index.js 파일에 이어 App.js 파일을 보여준다. 아래의 내용을 확인해 보면 알 수 있듯이 Link 계열의 컴포넌트를 사용하고 있지 않다.

```
//App.js
import * as React from "react";
import { Routes, Route, Link } from "react-router-dom";
```

```
import "./App.css";

function App() {
  return (
    <div className="App">
      <h1>Welcome to React Router!</h1>
      <Routes>
        <Route path="/" element={<Home />} />
        <Route path="about" element={<About />} />
      </Routes>
    </div>
  );
}
export default App;
```

다음은 App.js 파일에서 정의하는 컴포넌트에서 사용하는 Home과 About 컴포넌트이다. 최소한의 코딩만을 사용하고 있다.

```
//Home.js
function Home() {
  return (
    <>
      <h1> 메인 홈페이지 </h1>
      <p>즐거운 하루의 시작</p>
    </>
  );
}
export default Home;
```

```
//About.js
function About() {
  return (
    <>
      <h1> About 페이지 </h1>
      <p>홍길동을 소개합니다. </p>
    </>
  );
}
export default About;
```

App.js 파일에는 2개의 Route 컴포넌트를 사용하고 있다. 따라서 여러분들이 최초 기본 사이트에 접속할 때는 "url주소/"로 자동 접속된다. 하지만 접속 후 다른 경로의 내용을 브라우저에서 확인하고 싶으면 적접 url 주소 창에 전체 경로를 타이핑해야 한다. 비쥬얼 스튜디오 코드에서는 기본 url 주소가 "localhost:3000"이다. 이것은 "localhost:3000/"과 같은 의미이다.

경로 "about"에 해당하는 브라우저 화면을 보고 싶다면, 여러분들은 "localhost: 3000/ about"으로 브라우저 주소 창에 타이핑해야 한다.

이처럼 Link 컴포넌트를 사용하지 않고 웹 브라우저 주소 창에 직접 전체 경로를 타이핑하여 접속하는 방법은 바람직하지 않다. 최초 접속 후에는 UI를 사용해 다른 경로로 접속하면 해당 내용이 브라우저 화면이 나타는 것을 선호할 것이다. 이러한 구체적인 방법은 조만간 자세히 설명할 것이다.

7.4 라우팅 훅(Routing Hooks)

react-router-dom은 여러 가지 라우팅 훅을 지원하지만, 우리는 여기서 3가지 정도의 라우팅 관련 훅을 학습할 것이다. 우리가 학습할 훅은 useLocation 훅, useNavigate 훅 그리고 useParams 훅이다.

useLocation 훅은 현재의 location 객체를 리턴해주는 훅이다. 즉, 현재 접속한 페이지에 대한 정보를 알려주는 훅이다. useLocation 훅을 사용하려면 먼저 react-router-dom에서 useLocation 훅을 불러와야 한다. 그런 다음 useLocation 훅을 사용해 location 객체를 생성한다. 생성된 location 객체는 pathname, port, hostname 등에 대한 속성을 갖고 있다. 먼저 location 객체 생성하는 방법은 아래와 같다.

```
import { useLocation } from "react-router-dom";
...
let location = useLocation( );    //location 객체 생성
...
```

location.pathname은 현재 방문중인 사이트의 경로를 알려준다. location.port는 포트 번호를 알려 주며, location.hostname은 호스트 url 주소를 알려준다.

즉, location 객체는 window.location 객체와 같은 기능을 수행함을 알 수 있다.

react-router-dom에서 지원하는 두 번째 훅은 useNavigate이다. useNavigate 훅은 페이지 이동을 위해 사용할 수 있으며, 폼(Form)을 제출하거나 기타 url을 조작할 수 있는 인터페이스이다. 아울러 history 기능도 포함하고 있다. history는 이전 페이지로 이동이나 다음 페이지로 이동 등을 의미한다.

useNavigate 훅도 react-router-dom에서 다음과 같이 불러와야 한다.

```
import { useNavigate } from "react-router-dom";
...
const  navigate = useNavigatge( );
...
```

일반적으로 라우팅 경로를 변경할 경우에는 다음과 같이 생성한 navigate 함수를 사용하면 된다.

```
//아래는 arrow function
const newPage = () => { navigate(`/path1/path2/`); };

위의 함수는 경로를 '기본경로/path1/path2'로 변경함.
```

useNavigate 훅의 기본 형식은 다음과 같이 정리할 수 있다.

useNavigate 훅을 활용하는 예는 아래와 같이 정리할 수 있다.

- 회원 가입이 되어있으면 /home으로 페이지 이동
- 비회원은 signUp(회원가입) 페이지로 이동
  useHistory 훅의 기능을 대체해 사용할 수 있음(페이지 앞으로 가기, 뒤로 가기)
- 일반적으로 버튼 클릭 등이 아닌 프로그램적으로도 잘 동작함

useNavigate 훅을 사용하여 useHistory 훅 기능을 대체해 사용할 수 있다고 하였다. 사용 방법은 아래 제시된 바와 같이 간단하다.

- navigate(-2) : JS의 history.go(-2)와 같은 기능(페이지 2단계 뒤로 가기)
- navigate(1) : JS의 history.go(1)과 같은 기능(페이지 앞으로 가기)

인자로 양수가 사용되면 페이지 앞으로 가기 기능을 수행한다. 그런데 -2와 같이 인자를 할당하면 2단계 페이지 뒤로 가기 기능을 수행한다.

react-router-dom에서 지원하는 세 번째 훅은 useParams이다. Route 컴포넌트 내에서 경로의 일부분을 :key로 지정하면 해당하는 키(key) 위치에 value를 넣어 url을 전송하면, useParams를 통해 key-value 객체를 받을 수 있다. Value는 숫자 혹은 문자열일 수 있다. useParams 훅도 react-router-dom에서 다음과 같이 불러와야 한다.

```
import { Routes, Route, useParams } from 'react-router-dom';

<Route path="/test/:id" element={ 컴포넌트명 } />
```

- 위에 id는 변수(숫자 혹은 문자열)로 취급함
- id는 useParams( )에서 돌려주는 key에 해당됨

실제 url 경로가 '기본경로/main/1'과 같다고 할 때, 전체 경로 중에서 마지막에 있는 1은 변수로 취급된다.

useParams 훅을 사용한 간단한 예를 먼저 살펴보자. useParams( ) 함수는 기존에 정의한 변수 (:key)는 객체로 돌려준다는 것을 명심하자. 그런데 아래 예제는 Route 컴포넌트 내에 자식으로 Route 컴포넌트가 들어있다. 이에 대한 구체적은 사용법은 조만간 설명할 것이다.

```
function OthersProfile() {
  // useParams 훅을 사용해 url 내에 있는 userId를 얻음
  //이 컴포넌트는 url 주소를 "url기본경로/users/1"과 입력되면 실행됨
  const { userId } = useParams(); //객체를 리턴(객체 구조 분해로 할당함)
  // ...
}

function App() {
  return (
    <Routes>
      <Route path="users">
          <Route path=":userId" element={<OthersProfile />} />
          <Route path="me" element={MyProfile} />
      </Route>
    </Routes>
  );
}
```

그런데 만약에 2개 이상의 파라미터가 존재하면 다음과 같이 접근이 가능하다.

- 2개 이상의 params 가능

```
import { Routes, Route, useParams } from 'react-router-dom';
<Route
    path="/users/:id/:class"
>
.................................................................................
let param = useParams( );
param.id
param.class
```

다음은 useParams 훅을 사용한 간단한 예제이다. 이 예제는 총 3개의 파일을 작성하여 사용하였

다. UsingParams.js, Home.js 그리고 App.js이다. 나머지 파일은 기본적으로 제공하는 파일을 사용하였다. 아래에 순차적으로 나올 것이다.

```javascript
//App.js
import React from "react";
import "./App.css";
import UsingUseParams from "./UsingParams";
import Home from "./Home";

import { BrowserRouter, Routes, Route, NavLink } from "react-router-dom";

function App() {
  const style = {
    display: "flex",
    justifyContent: "space-around",
    color: "red",
    padding: "10px 10px",
    backgroundColor: "mistyrose",
    fontSize: 24,
  };
  return (
    <BrowserRouter>
      <nav style={style}>
        <NavLink to="/">Home</NavLink>
        <NavLink to="/page/1">useParam 확인</NavLink>
      </nav>
      <Routes>
        <Route path="/" element={<Home />} />
        <Route path="/page/:id" element={<UsingUseParams />} />
      </Routes>
    </BrowserRouter>
  );
}
export default App;
```

```javascript
// UsingUseParams.js
import { useParams } from "react-router-dom";

function UsingUseParams() {
  let { id } = useParams(); //객체 구조분해 할당
  return (
    <div style={{ color: "red", fontSize: 36 }}> useParams id 출력 : {id} </div>
  );
```

```
}
export default UsingUseParams;
```

```
// Home.js
function Home() {
  return <h3 style={{ color: "lightgreen" }}>테스트용 HOME(화이팅) </h3>;
}

export default Home;
```

브라우저 화면은 다음과 같다.

7.5 Outlet 컴포넌트

리액트 라우터에서 특정 라우트(Route)가 자식 요소로 Route를 포함하고 있을 때, 자식 Route의 요소(Element)를 부모 요소 내에서 출력할 위치를 알려주어야 한다. 부모 요소 Route 컴포넌트에 대응하는 요소 내에 <Outlet /> 컴포넌트를 명시하면 자식 Route 컴포넌트가 선택되면 출력될 위치를 지정하는 기능을 한다. 즉, 리액트 라우터에서 Outlet 컴포넌트는 부모 라우트(Route) 컴포넌트 내에 위치하는 자식 라우트 요소들을 렌더링하기 위해 부모 요소에서 사용한다. 따라서 Outlet 컴포넌트는 부모 컴포넌트 안에 자식의 요소를 출력할 위치에 작성해야 한다. 한 가지 주의할 점은 부모 Route(경로)로 접속하였을 경우에는 자식 Route는 영향을 받지 않기 때문에 자식 Route에 있는 element는 화면에 출력되지 않을 것이다. 그리고 자식 Route(경로)로 접속하면 부모 Route는 기본적으로 출력되면 자식 Route의 요소가 부모 Route의 요소에 내에 있는 <Outlet /> 컴포넌트 위치에 출력되는 것이다.

<Outlet /> 컴포넌트가 Route와 관련해 동작하는 개념을 아래 그림에 표현하였다.

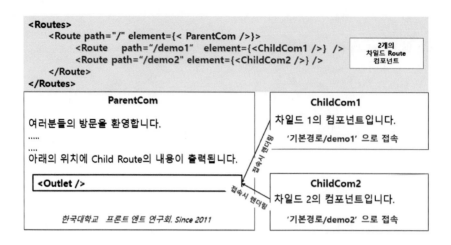

아래는 위의 그림을 좀 더 구체적으로 표현한 내용이다.

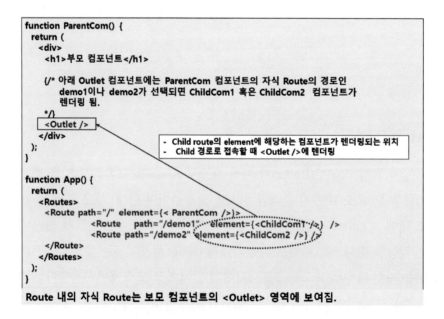

7.6 리액트 라우터를 적용한 디자인

첫 번째 예제는 아래 그림과 같은 웹 브라우저 화면을 갖는다. 이러한 브라우저 화면을 갖는 간단한 리액트 라우터 예제를 작성하였다.

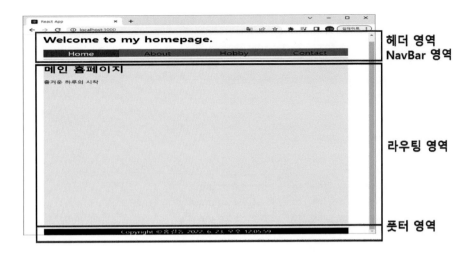

헤더 영역은 App.js 파일 내부에 작성하였는데, 실무에서는 별도의 파일로 작성한 후 import하는 경우가 많다. 그리고 라우팅 영역이나 풋터 영역의 내용도 본 예제에서는 App.js에 포함시켜 작성 하였다. 여러분들이 차후 작성하게 된다면 각 컴포넌트들은 별도와 파일을 작성하는 것을 권고하 는 바이다.

먼저 index.js 파일을 보여준다.

```
//index.js
import React from "react";
import ReactDOM from "react-dom/client";
import { BrowserRouter } from "react-router-dom";
import "./index.css";
import App from "./App";

const root = ReactDOM.createRoot(document.getElementById("root"));
root.render(
  <BrowserRouter>
    <App />
  </BrowserRouter>
);
```

다음은 App.js 파일이다.

```jsx
// App.js
import { Routes, Route, NavLink } from "react-router-dom";
import "./App.css";

export default function App() {
  return (
    <div className="App">
      <header className="App-header">
        <h1>Welcome to my homepage.</h1>
        <nav className="main-nav">
          <NavLink className="nav-link" to="/">Home</NavLink>
          <NavLink className="nav-link" to="/about">About</NavLink>
          <NavLink className="nav-link" to="/hobby">Hobby</NavLink>
          <NavLink className="nav-link" to="/contact">Contact</NavLink>
        </nav>
        <hr />
      </header>
      <main className="app-main">
        <Routes>
          <Route path="/" element={<Home />} />
          <Route path="/about" element={<About />} />
          <Route path="/hobby" element={<Hobby />} />
          <Route path="/contact" element={<Contact />} />
        </Routes>
      </main>
      <footer className="footer">
        <Footer />
      </footer>
    </div>
  );
}
```

```jsx
// App.js - 계속
function Home() {
  return (
    <>
      <h1> 메인 홈페이지 </h1>
      <p>즐거운 하루의 시작</p>
    </>
  );
}

function About() {
  return (
```

```
      <>
        <h1> About 페이지 </h1>
        <p>홍길동을 소개합니다. </p>
      </>
    );
}

function Hobby() {
  return (
      <>
        <h1> Hobby 페이지 </h1>
        <p>나의 취미는 코딩하기입니다. </p>
      </>
    );
}

function Contact() {
  return (
      <>
        <h1> Contact 페이지 </h1>
        <p>전화번호 : 010-1234-5678 </p>
      </>
    );
}

function Footer() {
  let date = new Date();

  return (
      <div>
        <p>Copyright &copy;홍길동 {date.toLocaleString()}</p>
      </div>
    );
}
```

리액트 라우터에 대한 두 번째 예제는 <Outlet /> 컴포넌트를 포함하는 예제이다. 아래 그림은 작성된 웹 브라우저의 최초 접속 화면이다.

다음 그림은 만약에 기본 경로는 맞지만 나머지 경로가 잘못된 경우의 브라우저 화면이다. "Nothing Here" 메뉴를 클릭하면 아래와 같은 화면을 보여줄 것이다.

먼저 index.js 파일은 이전에 예제와 동일하다.

```
//index.js
import React from "react";
import ReactDOM from "react-dom/client";
import { BrowserRouter } from "react-router-dom";
import "./index.css";
import "./App.css";
import App from "./App";
```

```
const root = ReactDOM.createRoot(document.getElementById("root"));
root.render(
  <BrowserRouter>
    <App />
  </BrowserRouter>
);
```

index.css 파일과 App.css 파일은 다음과 같다.

```
/*index.css */
body {
  box-sizing: border-box;
  margin: 0 auto;
  width: 80%;
}

/*App.css*/
.nav1 {
  display: flex;
  height: 40px;
  max-width: 1000px;
  justify-content: space-evenly;
  align-items: center;
  background-color: gray;
}

.active {
  color: red;
}
```

아래에 있는 예제의 모든 내용은 App.js 파일에 작성하였다.

```
//App.js
Import React from "react";
Import { Routes, Route, Outlet, NavLink, Link } from "react-router-dom";
// import { Navigate } from "react-router-dom";
Import { FaBeer, FaTrash } from "react-icons/fa";  //폰트오썸
import { FaStar } from "react-icons/fa";
```

```
export default function App() {
  return (
    <div>
      <h1>내부 링크를 포함하는 간단한 라우팅 예제</h1>

      <p>
        &lt;Routes&gt; 컴포넌트 위에 있는 컨텐츠는 항상 볼 수 있는 내용입니다.{" "}
        <br />
        여기에는 공통으로 출력되는 부분을 위치시킵니다. <br />
        아래의 Routes와 Layout 컴포넌트를 잘 살펴보세요.
      </p>

      {/* 아래는 nested route를 포함하고 있으면 내포된 라우트들은 active시
      Outlet 컴포넌트에 디스플레이됨 */}
      <Routes>
        <Route path="/" element={<Layout />}>
          <Route index element={<Home />} />
          <Route path="about" element={<About />} />
          <Route path="dashboard" element={<Dashboard />} />

          {/*path="*"" : 앞의 route에 포함되지 않는 나머지 모든 접속에 반응함 */}
        </Route>
        <Route path="*" element={<NoMatch />} />
      </Routes>
    </div>
  );
}
```

```
function Layout( ) {
  return (
    <div>
      {/* 레이아웃 라우트는 네비게이션과 같은 웹 사이트의 모든 페이지를
          공유할 때 좋은 방안이다.
          style={{ listStyleType: "none" }}   */}
      <nav className="nav1">
        <NavLink to="/">Home</NavLink>
        <NavLink to="/about">About</NavLink>
        <NavLink to="/dashboard">Dashboard</NavLink>
        <NavLink to="/nothing-here">Nothing Here</NavLink>
      </nav>

      <hr />

      <p>
```

```
            아울렛 컴포넌트 영역에는 Route 내에 내포한(자식) Route의 내용을 출력함.
            이 영역은 아울렛과 함께 디스플레이되며, 아울렛과 상관없는 Route를
            선택하면 사라지고, 새롭게 선택한 라우트의 내용이 출력됨.
        </p>
        {/* Outlet 컴포넌트는 현재 active인 자식 라우트가 렌더링되는 영역이다.
            일종의 자식 라우트을 위한 placeholder로 사용하는 컴포넌트이다.
             */}
        <Outlet />
    </div>
  );
}
```

```
//이하는 모두 App.js 파일에 들어 있음.
function Home( ) {
  const foods = ["짜장면", "짬뽕", "탕수육", "잡채밥"];

  return (
    <div>
      <h2>Home</h2>
      <p>장강의 앞 물결은 뒤 물결에 밀려 결국 바다로 간다.</p>
      <p>
        {/* 아래는 redirection(리다이렉트) */}
        {/* <Navigate to="/dashboard" replace={true} /> */}
      </p>
      <h2>좋아하는 음식</h2>
      {foods.map((food, i) => (
        <div key={i}>{food}</div>
      ))}
    </div>
  );
}

function About( ) {
  return (
    <div>
      <h2>About</h2>
      <h4>Font awesome을 사용해 보아요....</h4>
      맥주잔 : <FaBeer /> 별모양 : <FaStar color="red" /> 쓰레기통 : <FaTrash />
      <p>비어 아이콘은 폰트 오썸에서 제공한 것입니다.</p>
    </div>
  );
}
```

```
function Dashboard( ) {
  return (
    <div>
      <h2>Dashboard</h2>
      <p>
        이 부분에 여러분들의 적절한 컨텐츠를 작업해 보세요. 하나씩 완성되어 갈
        때 기쁨이 배가 됩니다.
      </p>
    </div>
  );
}

function NoMatch( ) {
  return (
    <div>
      <h2>일반적으로 url 오류 입력시 사용함</h2>
      <p>
        실제는 메뉴 항목에 나오지 않고, 잘못 접속하면 이 곳에서 처리하도록 하면
        됩니다. 본 예에서는 최상의 Route와 형제 컴포넌트임.
      </p>
      <p>
        <Link to="/">Go to the home page</Link>
      </p>
    </div>
  );
}
```

CHAPTER **8**

리액트 훅 React Hooks

8.1 개요

2019년 2월 리액트의 새로운 기능으로 React 16.8 버전이 발표되었다. 리액트16.8 버전은 기존의 클래스 컴포넌트 기반의 설계를 함수 컴포넌트 기반 설계로 전환하는 새로운 기능을 추가하였다. 바로 React Hook이다. 리액트 훅이 함수 컴포넌트에 비로소 지원이 되기 시작하면서 클래스 컴포넌트를 사용한 앱 개발을 대체할 수 있는 신기원이 마련되었다. 훅의 지원으로 함수에서 상태 관리가 가능하게 되었다. 리액트 훅은 함수 컴포넌트가 클래스 컴포넌트의 기능을 사용할 수 있도록 해주는 기능이다.

함수 컴포넌트의 장점은 다음과 같다. 첫 째, 클래스의 문법보다 쉽고 코드가 간결하다. 두 번째는 로직의 재사용이 용이하다. 아울러 최신 기술의 적용이 용이하다고 한다.

본 장에서는 다양한 리액트 훅에 대해 학습할 것이다. 리액트 훅은 리액트에서 매우 중요한 부분이기 때문에 여러분들이 반복 학습을 통해서 반드시 잘 이해하고 있어야 한다.

8.2 리액트 훅의 종류

시작하기 전에 꼭 기억하고 있어야 하는 것이 있는데, 리액트 훅은 반드시 함수 컴포넌트 안에서만 사용할 수 있다. 따라서 함수 컴포넌트 이외에서 리액트 훅을 사용한다면 에러가 발생한다. 결과적으로 리액트 훅은 클래스 컴포넌트에서 사용할 수 없다. 훅은 훅 함수라고도 부른다.

본 절에서는 7개의 리액트 훅에 대해 학습할 것이다. 그리고 리액트 훅과 같지는 않지만 비슷한 용도를 갖는 컴포넌트인 memo( )도 학습할 것이다.

다음 그림은 함수 컴포넌트 안에서만 사용할 수 있는 리액트 훅을 보여주고 있다. useState 훅은 상태가 변하면 새로운 렌더링을 수행하는 데, 로컬 상태 관리를 위해 사용한다. useEffect 훅은 렌더링이 완료된 직후에 수행하는 훅이다. useContext 훅은 속성 드릴링(props drilling)없이 하위 컴포넌트에 상태나 변수 값을 전달할 때 사용한다. useReducer 훅은 현재 상태와 액션 객체를 입력으로 받아 새로운 상태를 생성할 때 사용한다. 하드웨어 설계 언어를 배운 학습자라면 상태 머신(Finite State Machine)과 유사한 개념이라는 것을 알 수 있을 것이다. useMemo 훅은 props의 변화가 없으면 함수를 다시 수행하지 않고 함수 리턴시 저장해 놓은 결과 값을 재사용할 때 사용한다. useCallback 훅은 종속성(의존성)에 변화가 없으면 특정 함수를 렌더링시마다 새로 만들지 않고 관련 함수를 재사용할 때 사용한다. useRef 훅은 렌더링을 발생하지 않으면서 특별한 값 관리 및 DOM 요소를 참조하는 용도로 사용한다.

리액트 훅이 아닌 memo는 고차 컴포넌트(High-Order Component)로 컴포넌트를 재사용 (React.memo)할 때 사용한다. 훅으로 사용한 함수는 일반적으로 접두사로 use를 사용한다. 자세한 것은 이후의 절에서 설명할 것이다.

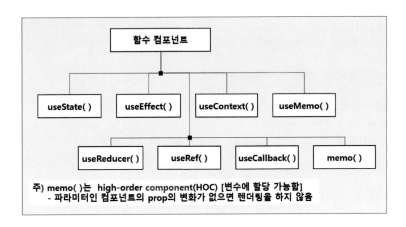

8.3 useState 훅

리액트 useState 훅은 리액트 컴포넌트에서 로컬 상태를 유지하고 관리할 때 사용한다. 본 장에서 학습하는 훅(Hook)은 react 패키지에 포함되어 있다. 따라서 이 장에서 배우는 훅을 사용하려면 여러분들은 다음과 같이 반드시 react 패키지에서 훅 함수를 불러와야 한다.

```
import React, { useState } from 'react';
```

위와 같이 중괄호 안에 여러분들이 사용하기를 원하는 훅들을 열거하면 된다. 예를 들어, 3개의 훅을 함수 컴포넌트가 사용한다면 아래와 같이 작성하면 된다.

```
import React, { useState, useEffect, useRef } from 'react';
```

useState 훅 함수는 일반적으로 다음과 같이 선언해 사용한다. useState 훅은 배열로 2개의 데이터를 돌려준다. 첫 번째 데이터는 현재의 상태(State), 두 번째 데이터는 상태를 변경하는 함수이다. 따라서 배열의 구조 분해를 사용해 useState 훅 함수가 돌려준 값을 할당한다. 상태를 변경하는 함수의 이름은 일반적으로 상태 변수 앞에 set을 붙여서 작명하는 것이 일반적이다. 물론 다른 이름을 사용해도 문제가 되지 않지만, 대부분의 리액트 사용자는 이러한 권고를 따른다.

```
//useState 훅 함수의 기본형
 import React, { useState } from 'react';

 const [state, setState] = useState(initialState);
```

- state : 상태를 저장한 상태 변수
- setState : 상태를 변경하는 함수
- initialState : 초기 상태를 지정

한 가지 중요한 사실은 이러한 상태 변경이 발생하면 컴포넌트는 반드시 재 렌더링되어야 한다. 즉, 상태 변화는 재 렌더링을 유발한다. 따라서 상태가 자주 변경된다면, 이에 비례해 컴포넌트의 렌더링 발생 빈도도 증가한다는 것을 알고 있어야 한다.

상태의 의미는 특정한 상황을 기억한다는 뜻이다. 즉, 컴퓨터 상에서는 메모리에 상태라는 값을 저장한다는 뜻이다. 그리고 저장되어 있는 상태 값은 새로운 값으로 변경되지 전까지는 이전의 값을 유지하고 있다. 렌더링의 관점에 설명하면 새로운 렌더링을 수행하더라도 상태 값은 유지되고 있으며, 렌더링이 된 이후에도 계속 상태 값을 유지하고 있다. 새로운 상태로 값을 변경하지 않으면 마지막으로 설정된 상태 값을 유지한다.

여러분들이 알고 있어야 하는 것은 일반 변수에 값을 저장해 놓으면 새로운 렌더링이 발생할 때 초기화되기 때문에 렌더링 이전의 값을 유지할 수 없다. 컴포넌트를 렌더링하는 것은 함수 컴포넌트를 다시 수행하는 개념이기 때문에 상황별 값을 유지하면서 관리해야 할 경우에는 useState 훅을 사용해 상태를 생성하면 렌더링 여부와 관계없이 새로운 상태로 변경하기 전까지 마지막으로 저장한 상태를 유지한다.

아래의 예제는 상태 변수가 count이며, 상태 변경 함수가 setCount( )인 경우이다. 버튼 UI를 클릭해 count 값을 초기화하거나 증가시키거나 감소시킬 수 있고, 변경된 결과는 재 렌더링을 통해 다시 브라우저에 출력된다. 리액트에서 event 속성은 lower camel case를 사용하기 때문에 버튼 클릭에 대한 이벤트 속성명은 onClick이다. 순수 HTML에서는 모든 문자가 소문자인 onclick을 사용해야 한다.

```
function Counter( { initialCount } ) {
  const [count, setCount] = useState(initialCount);
  return (
    <>
      Count: {count}
      <button onClick={() => setCount(initialCount)}>Reset</button>
      <button onClick={() => setCount(prevCount => prevCount - 1)}>-</button>
      <button onClick={() => setCount(prevCount => prevCount + 1)}>+</button>
       <button onClick={() => setCount( count + 100)}>기존값더하기100</button>
    </>
  );
}
//위의 prevCount는 setCount()함수가 디폴트로 전달하는 현재의 상태 값(count)임
```

객체 구조 분해를 사용해 Counter 컴포넌트는 초기 상태인 initialCount 값을 받아서 count 상태 변수의 초기값 설정에 사용하고 있다. 그리고 onClick 속성에서 이벤트 핸들러는 함수로 구현하였다. 상태 변경 함수인 setCount( )는 독자적으로 사용할 수 없고 함수 내에서 사용해야 한다. setCount( ) 함수 내의 콜백 함수의 preCount는 현재 상태인 count 값을 의미한다. 상태 변수인 count는 변경 불가능한 데이터(Immutable Data)로 상태 변경 함수인 setCount( ) 함수를 통해서만 새로운 값으로 변경할 수 있다.

배열이나 객체에 상태를 저장할 수 있다. 이 경우에는 구조 분해 등을 사용해 값을 재할당하는 것이 필요하다. 이유는 조금 전에 설명한 바와 같이 상태 변수는 변경 불가능한 데이터이기 때문이다. 즉, 기존 상태에 직접 변경된 값을 할당하면 상태 변경이 되지 않는다. 상태의 변경은 오로지 상태 변경 함수에 의해서만 가능하다는 것을 알고 있어야 한다. 그리고 여러분들이 이전에 학습하였던 구조 분해는 매우 유용한 기능이다. 상태 관리 함수는 독자적으로 사용하지는 않으며, 임의의 함수 내에서 사용한다.

```
//객체의 경우
const [state, setState] = useState({ });  //초기 상태 : 빈 객체

functionName1( ) {
    .... 함수 코딩....
    setState(prevState => {
        // 필요한 코딩 작업 수행
      return {...prevState, ...updatedValues}; //전개 연산을 이용한 새로운 상태
    });
}
```

```
//배열의 경우
const [state, setState] = useState( [   ] );  //초기 상태 : 빈 배열

functionName2( ) {
    .... 함수 코딩....
    setState(prevState => {
      // 필요한 코딩 작업 수행
      return [ ...prevState, ...updatedValues ];  //전개 연산을 이용한 새로운 상태
    });
}
```

혹(Hook)은 컴포넌트 내에서만 사용해야 한다. 그렇지 않으면 오류가 발생할 것이다. 다음은 입력 폼에 문자열을 타이핑한 후 버튼을 클릭해 전송하는 Usecom이라는 컴포넌트이다. 물론 모든 기능이 구현된 것은 아니다. 그리고 이벤트 핸들러의 첫 번째 파라미터로 이벤트 객체를 전달할 수 있다.

onHandleChange( ) 함수에서 내부 콜백 함수에 첫 번째 파라미터로 이벤트 객체 e를 전달하고 있다. 여기서 e.target은 이벤트를 발생한 요소인 <input> 태그를 의미하며, e.tartget.value는 <input> 태그 내에 사용자가 타이핑한 값(내용)을 의미한다. 따라서 name 상태를 변경하는 함수의 입력으로 e.target.value를 전달하기 때문에 name은 상태 값은 사용자가 타이핑한 내용으로 변경된다.

그리고 <input> 태그 내의 속성인 value에 이를 전달해 설정하므로 사용자가 입력한 내용과 상태 변수 name에 저장된 값이 동일하게 유지된다.

onHandleSubmit 함수인 이벤트 핸들러를 살펴보면 이벤트 객체 e에 대해 e.preventDefault( ) 메서드(함수)가 사용된 것을 볼 수 있다. 이 메서드의 기능은 전송 버튼을 클릭하면 기본적으로 서버 측에 데이터를 전송하면서 해당 웹 페이지를 다시 재 로딩(Reloading)한다. 이것이 전송 버튼을 눌렀

을 때 진행되는 기본(Default) 과정이다. 그런데 이러한 디폴트 기능을 방지(Prevent)하는 함수가 preventDefault( ) 함수이다. 즉, 웹 페이지를 재 로딩하는 기본 기능을 중지시키는 역할을 수행한다. 그리고 아래에 있는 setName("")은 상태 변수 name을 다시 빈 문자열로 초기화해 준다.

```
import React, { useState } from "react";

function Usecom() {
  const [name, setName] = useState("");

  const onHandleChange = (e) => {
    setName(e.target.value);
  };

  const onHandleSubmit = (e)=>{
    e.preventDefault();
    //여기에 전송에 필요한 코딩 수행
    setName(""); //상태 값 전송 후 상태 초기화하는 경우
  };

  return (
    <div>
      <form  onSubmit={onHandleSubmit}>
        <input  type="text"  value={name}  onChange={onHandleChange} />
          <button type="submit">전송</button>
      </form>
      <p  style={{ color: "red" }}>현재 입력중인 텍스트 : {name}</p>
    </div>
  );
}
export default Usecom;
```

위에서 onChange 이벤트는 관련 요소에서 값이 변화가 발생할 때마다 이벤트를 발생한다.

useState 혹은 하나의 컴포넌트에서 2개 이상 사용할 수 있다. 예제에서는 <input> 태그를 통해 사람의 이름을 입력하고 버튼을 클릭하면 각 이름을 하나의 원소로 취급하는 배열 nameArr 상태에 저장하고, 각 이름들을 HTML의 리스트로 화면에 출력해 준다. 개인의 이름은 상태 변수 inp에 저장하고, 리스트에 등록될 때 <input> 태그의 내용은 빈 문자열로 처리하였다. 리스트는 map( ) 함수를 사용해 순서가 없는 목록으로 출력되도록 구현하였다.

```jsx
import React, { useState } from "react";

function Usecom() {
  const [inp, setInp] = useState("");
  const [nameArr, setName] = useState([ ]);

  const onHandleChange = (e) => {
    setInp(e.target.value);
  };
  const onHandleClick = () => {
    setName([...nameArr, inp]);
    setInp(""); //입력 상자 초기화
  };

  return (
    <div>
      <input type="text" value={inp} onChange={onHandleChange} />
      <button type="button" onClick={onHandleClick}>
        출력
      </button>

      <p style={{ color: "blue" }}>
        입력된 입력 목록 출력 :<br />
        {nameArr.map((item, index) => {
          return <li key={index}>{item}</li>;
        })}
      </p>
    </div>
  );
}
export default Usecom;
```

참고로 상태에 초기 값을 지정시 계산량이 많은 대규모의 데이터를 불러올 경우에는 callback 함수를 활용해 전달하면 최초 렌더링시에만 호출된다.

8.4 useEffect 훅

useEffect 훅은 컴포넌트에서 부가적인 효과(Side Effect)를 수행할 수 있게 해준다. 이러한 부가적인 효과로는 DOM을 직접 갱신하거나 데이터를 페치(Fetch)하거나 타이머를 제어하는 행위를 할 수 있다. useEffect 훅 함수는 2개의 파라미터를 전달받는다. 첫 번째 파라미터는 콜백 함수로 필수 요소이며, 두 번째 파라미터는 종속성(의존성) 배열이다. 두 번째 파라미터는 필수 요소는 아니며, 필요에 따라 사용할 수 있다. useEffect 훅 함수의 기본형은 다음과 같다. 그리고 useEffect 훅을 사용하기 위해서 컴포넌트 정의 모듈의 상단에 훅 함수를 먼저 import해야 한다.

```
import { useEffect }  from 'react';  //먼저 useEffect 훅을 import해야 함

useEffect(function, dependency)
```

- function : 종속성을 만족하면 수행될 콜백(callback) 함수
- dependency : 옵션. 배열을 사용해 종속 조건을 전달하는 파라미터
                : 종속 조건이 존재하지 않으면, 모든 렌더링시에 콜백 함수 수행
                : [ ](빈 배열)을 사용하면 최초 앱 렌더링시에만 콜백 함수 수행
                : 종속성 배열이 존재하면 포함된 아이템의 값이 변경이 있으면 콜백 함수 수행
                : 종속성(의존성) 배열이라고도 함

최초 앱 렌더링 완료 후에는 반드시 수행되며, 이후 새로운 렌더링이 완료되면 종속 조건의 만족 여부에 따라 수행이 결정되는 훅(Hook) 함수이다.

useEffect 훅의 기본형에서 두 번째 파라미터로 종속성 배열을 필요에 따라 사용할 수 있다고 하였다. 따라서 종속성 배열이 없는 경우, 종속성 배열 위치에 빈 배열이 있는 경우 그리고 종속성 배열이 존재하는 경우로 구분할 수 있다. 먼저 종속성 배열이 없는 경우는 useEffect 훅을 포함하는 컴포넌트가 렌더링될 때마다 항상 콜백 함수를 수행한다. 두 번째 종속성 배열에 빈 배열을 사용할 경우 최초 렌더링될 때만 콜백 함수를 수행하고, 이 후 렌더링이 발생하더라도 useEffect 훅의 콜백 함수를 수행하지 않는다. 마지막으로 종속성 배열이 존재할 경우 종속성 배열에 열거된 아이템이 변경될 때마다 렌더링 종료 후 즉시 수행된다. 물론 종속성 배열의 존재 여부와 상관없이 최초로 앱을 렌더링할 때는 언제나 렌더링 완료 후 useEffect 훅의 첫 번째 파라미터인 콜백 함수를 수행한다는 것을 잊지 말아야 한다.

아래는 종속성(의존성) 배열의 적용 방식에 따른 useEffect 훅에 존재하는 콜백 함수의 수행 여부를 설명하고 있다.

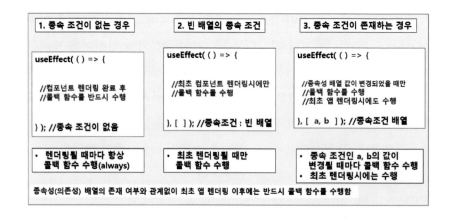

useEffect 훅은 조건에 따라 콜백 함수를 수행하기도 하지만, 자신을 포함하는 컴포넌트 등이 브라우저 출력에 사용되지 않을 경우 더 이상 필요없는 요소들을 제거하거나 중지시키는 정리(Cleanup) 기능도 수행할 수 있다. useEffect 훅의 콜백 함수의 return 문에 다시 콜백 함수를 정의하면 정리 함수(Cleanup function)의 임무를 수행한다. 정리 함수를 사용하는 이유는 불필요한 메모리 누수 방지 및 원하지 않는 동작을 제거하기 위한 목적이다. 예를 들어, 임의의 컴포넌트에 있는 타이머가 더 이상 사용할 필요가 없다면, 관련된 타이머는 더 이상 동작할 필요가 없을 것이다. 이러한 경우에는 타이머를 종료시키는 것이 앱의 최적화된 성능을 위해서 합당할 것이다.

정리 작업은 다음의 두 조건 중에서 어느 하나가 만족될 때 수행된다.

■ useEffect 훅을 사용한 정리 작업(Cleanup) 수행

① useEffect를 포함한 컴포넌트가 unmount될 때 return 콜백 함수에 정의한 정리 작업 수행
② 다음 렌더링의 useEffect가 실행되기 전에 return 콜백에 정의한 정리 작업을 수행

정리 작업을 위한 콜백 함수의 위치는 return 문 뒤에 위치한다.

```
useEffect( ( ) => {
    //최초 렌더링시에
    //실행될 코드 작성

    return ( ) => {
        //컴포넌트 unmount 될 때 실행

    }
}, [ ] ); //빈 배열
```

```
useEffect( ( ) => {
    //실행될 코드 작성

    return ( ) => {
        //useEffect 실행전
        //타이머 등의 정리 작업
        //clearTimer(timerID);
    }
}, [ a, b ] ); //종속성
```

```
//Side-effect cleanup
useEffect(() => {
    // Side-effect...
    return function cleanup() {
        // Side-effect cleanup...
    };
}, [ dependencies ]);
```

다음 그림은 리액트 훅의 생애(Life Cycle) 흐름도이다. 그림에는 부가적 효과의 수행과 정리에 대한 위치가 나타나 있다. 그림에서는 더 이상 컴포넌트를 브라우저에서 사용하지 않을 때 정리 작업 함수가 수행된다는 것을 보여준다.

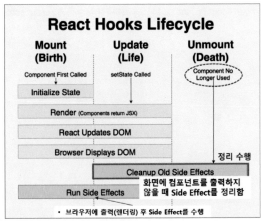

Image from https://github.com/learn-co-curriculum/react-hooks-use-effect-cleanup

정리 함수가 필요한 경우는 2가지가 있다고 설명하였다. useEffect 훅 함수에서 return 문장 다음에 위치하는 정리 함수는 다음과 같은 방식으로 정리 함수의 실행 시기를 파악할 수 있다.

---

① useEffect를 포함한 컴포넌트가 unmount될 때만 정리 함수를 실행하고자 한다면 두 번째 종속성 파라미터에 빈 배열([ ])을 사용

② 특정 값이 update되기 직전에 정리 함수를 실행하고자 하면 종속성 배열에 안에 영향을 미치는 값 배열로 나열

다음은 컴포넌트에서 useEffect 훅을 사용하는 예를 설명할 것이다. 먼저 간단한 예제이다. useEffect 훅 함수에 종속성 배열이 존재하지 않으면 렌더링을 완료한 다음 항상 수행된다. 예제에서는 console.log 함수에 전달한 문자열이 렌더링 완료 후 항상 수행된다.

```javascript
import React, { useState, useEffect } from "react";

function Usecom() {
  const [count, setCount] = useState(0);

  // componentDidMount & componentDidUpdate
  //모든 렌더링시마다 useEffect가 실행됨(렌더링 직후)
  useEffect(() => {
    console.log("렌더링의 마지막에 실행됨");
  }); //종속성 배열이 없음(렌더링 후 항상 실행)

  return (
    <div>
      <p>
        클릭 횟수 : <span style={{ color: "red" }}>{count}</span> times
      </p>
      <button onClick={() => setCount(count + 1)}>클릭하기(횟수증가)</button>
    </div>
  );
}
export default Usecom;
```

다음은 비동기적으로 데이터를 읽어오는 경우이다. 코드의 기본 동작 원리는 다음 그림과 같다. 최초 앱 렌더링을 완료한 후 useEffect 훅을 수행한다. 훅에서 비동기적으로 지정한 경로에서 데이터를 읽어온 후 response.json() 함수를 사용해 자바스크립트 객체로 변환한다. 변환된 데이터를 상태 변환 함수 setEmployees( )에 전달하면 상태 변수 employees는 변경된다. 상태가 변경되면 컴포넌트는 다시 재 렌더링을 수행한다.

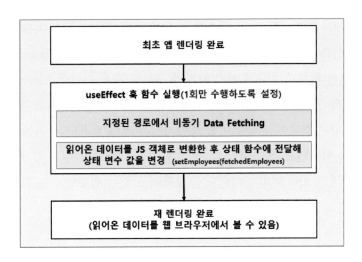

위의 설명과 관련된 간단한 소스 코드는 아래와 같다. useEffect 훅은 최초 렌더링이 완료된 이후에 한해 1회 수행하므로 종속성 배열에 빈 배열([ ])을 할당하였다. useEffect 내에 있는 콜백 함수가 1회 수행된 이후에는 외부에 영향을 미치지 않아야 하기 때문에 콜백 함수의 선언을 useEffect 훅 내에 하였고, 이어서 콜백 함수를 호출하여 구현하였다.

```
import { useEffect, useState } from 'react';
function FetchEmployees() {
  const [employees, setEmployees] = useState([]);
  useEffect(() => {
    async function fetchEmployees() {  //비동기 콜백 함수 선언
        const response = await fetch('/employees'); //web 경로
        //response.json( ) : json ➔ javascript 객체로 돌려줌
        const fetchedEmployees = await response.json(response);
        setEmployees(fetchedEmployees); //상태 변경
    }
    fetchEmployees();  //function call(함수 호출)
  }, [ ]);  //최초 렌더링될 때 데이터 읽어옴
```

```
  return (
    <div>
      <h3> Data Fetch 실습 </h3>
      {employees.map( (name, index) => <div key={index}>{name}</div>)}
    </div>
  );
}
```

다음은 useEffect 훅에서 정리(Cleanup) 함수를 사용하는 예제이다. 타이머를 사용해 생성한 값을 Timer 컴포넌트에서 화면에 출력하도록 하였다. 그런데 ShowinDisplay 상태 변수를 사용해 Timer 컴포넌트가 화면에 보이거나 보이지 않도록 구현하였다. 만약에 Timer 컴포넌트가 화면에 보이지 않게 된다면 자바스크립트의 타이머가 동작할 필요가 없을 것이다. 이처럼 컴포넌트가 화면에서 보이지 않게 되는 경우에는 타이머를 중지시키는 것이 컴퓨터 자원을 효율적 관리를 위해 필요하다. 즉, 예제는 컴포넌트가 소멸할 때 정리 함수를 실행하게 된다. 2개의 파일로 구성하였다. 상위 컴포넌트 파일은 App.js이며, 타이머를 포함하고 있는 컴포넌트는 Timer.js 파일이다.

```
//App.js 파일
import "./App.css";
import Timer from "./Timer";
import { useState } from "react";

function App() {
  //최초 타이머의 ui는 감춰진 상태에서 시작함.
  const [ShowInDisplay, toggleShowInDisplay] = useState(false);

  const onHandleToggleShowInDisplay = () => {
    toggleShowInDisplay(!ShowInDisplay);
  };

  return (
    <div className="App">
      <button onClick={onHandleToggleShowInDisplay}>
        {ShowInDisplay ? "타이머숨기기" : "타이머보여주기"}
      </button>
      {ShowInDisplay && <Timer />}
    </div>
  );
}
export default App;
```

다음 Timer.js 파일이다.

```
//Timer.js
import React, { useState, useEffect } from "react";
import "./App.css";

const Timer = () => {
  const [count, setCount] = useState(0);

  const increCount = () => {
    //상태값 1 증가
    setCount((prev) => prev + 1);
  };

  useEffect(() => {
    console.log("타이머가 활성화되었습니다.");
    const timerID = setInterval(increCount, 1000);
    return () => {
      //cleanup 함수(정리 함수 : 여기서는 웹 컴포넌트가 제거된 후 수행됨)
      console.log("타이머를 제거합니다");
      clearInterval(timerID);
    };
  }, [ ]); //최초 렌더링시 실행, 컴포넌트 소멸시 clean-up

  return (
    <div className="App">
      <p>카운트 값 :{count}</p>
      <button
        onClick={() => {
          setCount(0);
        }}
      >
        카운터초기화
      </button>
    </div>
  );
};
export default Timer;
```

추가적으로 App.css 파일도 아래와 같이 간단히 추가하였다.

```
//App.css
.App {
  background-color: #94aad5;
  display: flex;
  justify-content: space-around;

  font-size: 1.5rem;
  color: white;
}

button {
  color: red;
  padding: 6px;
}
```

다음은 상기 웹 소스에 대한 버튼 클릭에 따른 브라우저 화면을 보여준다.

8.5 useRef 훅

useRef 훅 함수는 렌더링을 유발하지는 않지만 변경된 값을 유지하며 렌더링이 발생하면 변경된 값을 반영하여 브라우저에 출력할 때 사용한다. useRef 훅은 재 렌더링이 될 때까지 즉각적으로 다시 렌더링할 필요가 없는 변경 가능한(mutable) 값을 저장하기 위해 사용한다. 변경된 값은 컴포넌트가 재 렌더링될 때만 값이 브라우저 출력에 반영된다.

아울러 다른 방편으로는 DOM 요소를 직접 액세스할 때 활용할 수 있다. 아래와 같이 정리할 수 있다.

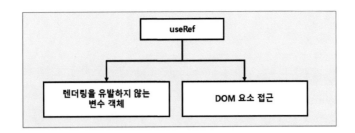

여러분들이 주목할 것이 있는데 useState 훅을 사용하면 상태가 변경할 때마다 재 렌더링이 발생하지만, useRef 훅은 여러 번 값이 변경되더라도 재 렌더링을 유발하지 않는다. 그리고 다른 요인에 의해 재 렌더링이 될 때 useRef 훅으로 생성한 변수의 값이 브라우저 출력에 반영되고, 변수 값은 새로운 값으로 변경되기 전까지는 렌더링 여부와 관계없이 일정하게 유지된다는 것이다.

useRef 훅을 사용하려면 프로그램 상단에 useRef 훅을 다음과 같이 import해야 한다.

```
import {useRef} from 'react'; //프로그램 상단에 선언 필요
```

useRef 훅 함수는 다음과 같은 방식으로 정의한 후 사용할 수 있다.

```
const  ref = useRef(initialValue);  //initialValue는 초기값
 - ref 변수에 반환되는 값(객체로 반환) => {current : initialValue}
```

useRef 훅을 사용해 생성한 변수는 객체(Object)이며, current 속성이 내장되어 있다. current 속성의 값은 언제든지 다른 값으로 변경하는 것이 가능하다.

```
ref.current = 새로운 값;
```

useRef에 의해 관리되는 값은 컴포넌트의 전 생애(all life-cycle) 동안 유지된다. useRef는 특정한 값을 저장하기 위한 저장 공간으로 사용할 수 있다.

이미 설명하였지만, ref 속성 값의 변경은 재 렌더링을 발생하지 않고 새로운 렌더링시까지 계속 유지되므로 불필요한 렌더링을 막을 수 있다. 즉, 다른 요인에 의해 렌더링이 될 때 ref 값이 렌더

링에 반영된다.

```
import { useRef } from 'react';
function ExampleComp () {
  const ref = useRef(initialValue);
  const someFunc = () => {
    // ref 객체의 current 값 액세스
    const value = ref.current;
    // 참조 값의 변경
    ref.current = newValue;
  };
  …… 기타 필요한 코드 작성
}
```

ref는 특별한 속성인 current를 갖는 객체이다. 즉, ref = {current : value}의 형태를 갖는다.

일반적인 변수와 useRef 혹을 사용해 생성한 변수는 차이가 있다. 일반 변수는 렌더링이 될 때마다 초기화가 된다. 하지만 useRef 혹으로 생성한 변수는 렌더링을 할 때도 기존의 값을 유지한다. 이것은 일반 변수와 구분하는 중요한 차이이기 때문에 반드시 알고 있어야 한다.

아래는 일반 변수와 useRef 혹으로 생성한 변수 사이의 차이점을 설명하는 그림이다.

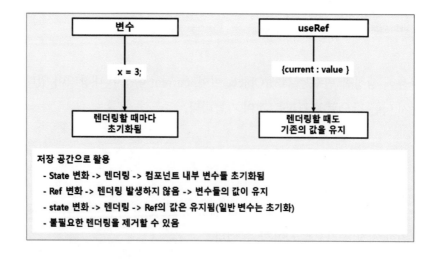

useRef 혹을 사용한 변수를 활용하는 방법은 다음과 같다. 두 개의 버튼을 제공하고 있는데, 하나는 렌더링을 유발하는 useState 혹과 연동해 상태 값을 변경하는 것이고 다른 하나는 렌더링을 유

발하지 않는 useRef 훅을 사용해 카운트의 값을 증가시키는 동작을 수행한다. useRef 훅을 사용해 카운트 값을 변경하면 변경된 값은 변수에 유지되고 있지만, 상태가 변경될 때만 렌더링이 발생하므로 useRef 훅을 사용해 생성된 변수의 변경된 값이 반영된 결과를 브라우저에서 확인할 수 있다.

```jsx
import { useRef, useState } from "react";

export default function ExRef( ) {
  const countRef = useRef(0);
  const [count, setCount] = useState(0);

  const handleCount = ( ) => {
    setCount(count + 1);
  };
  const handleRefManual = ( ) => {
    countRef.current++;
    console.log(`실제 클릭된 횟수 :  ${countRef.current} times`);
  };
  //console.log("I rendered!");

  return (
  <div>
    <p> countRef.current : { countRef.current}</p>
    <p><b> useRef는 값은 유지하되, 재 렌더링은 유발하지 않음.</b></p>
    <p> 상 태 변 경 횟수 : {count}</p>
    <button onClick={handleCount}>상태변경에의한재렌더링</button>
    <button onClick={handleRefManual}>자체ref 증가</button>
  </div>
  )
}
```

위의 예제에 대한 브라우저 화면은 아래에서 볼 수 있다.

countRef.current : 14

useRef는 값은 유지하되, 재 렌더링은 유발하지 않음.

상 태 변 경 횟수 : 20

[상태변경에의한재렌더링] [자체ref 증가]

useRef 훅의 두 번째 용도를 설명할 것이다. 리액트에서 DOM 요소를 접근할 때 사용한다. 예를 들어,

input 요소에 포커스(focus( ))를 줄 때 활용이 가능하다. 기존의 DOM 트리 구조에서는 document. querySelector("클래스명")과 같이 특정 요소에 대한 접근에 활용할 수 있다.

리액트에서 HTML 요소를 접근할 수 있는 ref 속성과 useRef 훅의 관계는 아래와 같다.

```
· JS :  const refName = useRef( );
· HTML 속성 : <p   ref = {refName} >……..</p>
· refName은 p 요소를 의미함.
```

위의 refName 속성 값을 사용하면 HTML 태그인 <p> 요소를 의미한다.

DOM 요소의 접근법은 다음과 같은 3 단계로 사용할 수 있다.

```
· DOM 요소 접근 3단계
 - [1] DOM 요소를 참조할 수 있는 참조 변수 선언 :
     const elementRef = useRef( )

 - [2] 요소의 ref 속성에 참조 변수를 할당 :
     <div ref={elementRef}></div>;

 - [3] 렌더링 완료 후, elementRef.current 변수는 DOM 요소를 가리킴

· 참고 사항
 - The reference must be updated either inside a useEffect() callback or inside handlers
(event handlers, timer handlers, etc).
```

위에서 elementRef.current 변수는 DOM 요소를 가리킨다.

```
import "./styles.css";
import { useRef, useEffect } from "react";

export default function ElementAccess() {
  const elementRef = useRef();

  useEffect(() => {
    const divElement = elementRef.current;
    divElement.style.color = "red";  //div 태그의 글자색을 빨강
    console.log(divElement); //아래 div 태그 요소
  }, []);
```

```
    return <div ref={elementRef}>useRef를 사용한 DOM 요소 접근 예제</div>;
}
```

> useRef를 사용한 DOM 요소 접근 예제

예를 들어, 입력 폼을 전송한 후 입력 상자에 커서의 focusing을 주고 싶다면 다음과 같은 코딩 방식을 사용하면 된다.

■ 전송 후 입력 상자의 포커싱 등에 활용

```
const inputRef = useRef();
… 생략
inputRef.current.focus();
… 생략
<input ref={inputRef} type="text" />;
```

8.6 useContext 훅

컴포넌트 트리의 하부에 파라미터를 전달할 때 props를 사용하지 않고 하위 트리 전체에서 데이터를 쉽게 사용할 수 있는 방안이 있다. useContext 훅은 하위의 모든 컴포넌트에서 파라미터를 간편하게 사용할 수 있는 방안을 제공한다.

Context의 생성, 제공, 소비의 과정으로 구성된다. 생성, 제공, 소비 과정에서 Context를 사용하는 방법이 기존의 훅과 비교해 약간의 차이가 있다. createContext( ) 함수를 사용해 Context를 생성해야 한다. 그리고 Context를 제공하기 위해서는 <Context.Provider value={value}>로 대상이 되는 하위 컴포넌트 트리를 감싸 준다. Provider는 리액트 컴포넌트이다. 마지막으로 useContext (Context) 훅을 사용해 하위 트리의 컴포넌트에서 사용할 수 있다.

```
createContext( 초기값 ) : Context 객체 생성
<Context.Provider  value = { value } >  : Context를 사용해 파라미터 value를 제공
useContext(Context) : 하위 트리의 컴포넌트에서 Context를 사용할 때 사용하는 훅
```

Context 객체를 생성하기 위해서는 프로그램의 상단에 createContext 함수를 import시켜야 하며, Context 객체를 사용하기 위해서는 useContext 혹을 import시켜야 한다.

다음은 Context의 사용 흐름도를 보여준다.

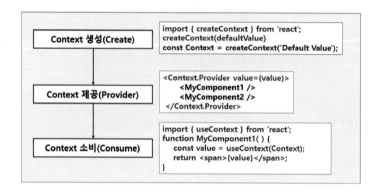

만약에 Context 값을 변경하면, 관련된 모든 consumer 컴포넌트들은 재 렌더링이 되어야 한다. value 파라미터를 사용해 전달한 값은 개별 컴포넌트에서 useContext(Context)를 사용해 얻을 수 있다.

Context의 생성, 제공, 소비에 대한 개념을 설명하기 위해 조금 더 구체적인 그림을 다음과 같이 사용하였다. 여기서는 createContext( ) 함수를 사용해 Context 객체를 하나의 파일에서 생성하여 제공하고 있다.

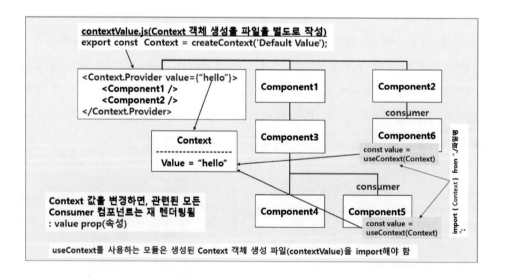

Context 객체를 통해 2개 이상의 파라미터를 전달하는 방법은 객체를 사용하면 된다. 다음 그림을 살펴보기 바란다.

```
[2개 이상의 값 전달시]
<ThemeContext.Provider value={ { theme, setTheme } }>
사용(구조 분해) :
const {theme, setTheme} = useContext(ThemeContext)
```

Context가 필요한 경우는 다음과 같은 값을 저장한 후 하위 컴포넌트 트리에 전달할 수 있다.

■ Context에 저장할 수 있는 것

- 전역 상태(Global state)
- 사용자 설정(User settings)
- 일련의 서비스(A collection of services)
- 앱 컨피규어레이션(Application configuration)
- 인증된 사용자명(Authenticated user name)

그런데 이러한 Context를 사용할 때 주의점이 있다. Context를 사용하면 코딩이 복잡해 질 수 있으며, 단위 모듈 테스트(작은 모듈 단위)가 어렵다.

다음은 기존의 props(속성) 드릴링을 사용해 하위 컴포넌트 트리에 값을 전달하는 과정을 보여준다. Props를 사용한 가장 하위의 컴포넌트 트리까지 상위 컴포넌트들은 props를 통해 파라미터를 전달해야 한다. 따라서 실제로는 props 값을 사용하지 않는 상위 컴포넌트들도 하위 컴포넌트에 props를 전달해 주어야 한다.

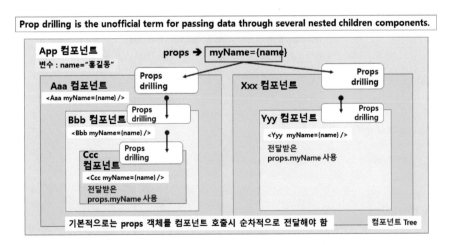

위의 그림은 컴포넌트 트리 형태로 다음과 같이 표현할 수 있다.

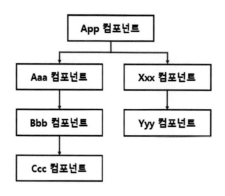

다음은 useContext를 사용하는 예제 소스이다. 예제는 App 컴포넌트 하위에 Component1 컴포넌트가 있으며 Component1 컴포넌트 하위에 Component2 컴포넌트가 있다. 따라서 App 컴포넌트에서 생성한 counter 상태 변수를 Component1 컴포넌트 하위에 위치한 Component2 컴포넌트에서 사용할 수 있도록 Context를 사용한다. Context를 생성하는 countContext.js 파일, 최상위 컴포넌트인 App.js 파일, 하위 컴포넌트인 Component1.js 파일 그리고 최하위에 위치한 컴포넌트인 Component2.js 파일로 구성되어 있다. 그리고 주의할 점은 Context 객체는 Provider를 사용하는 파일과 useContext를 사용하는 파일에 모두 import해야 한다.

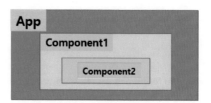

counterContext.js 파일은 다음과 같다.

```
import { createContext } from "react";

export const counterContext = createContext(null);  //초기값이 null
```

다음은 App.js 파일이다.

```
import "./App.css";
import { useState } from "react";
import Component1 from "./Component1";
//카운터용 컨텍스트 import
import { counterContext } from "./counterContext";

function App() {
  const [counter, setCount] = useState(0);

  const increCounter = () => {
    setCount((pre) => pre + 1);
  };

  return (
    <counterContext.Provider  value={counter}>
      <div className="App">
        <button onClick={increCounter}>카운터 증가시키기</button>
        <Component1 />
      </div>
    </counterContext.Provider>
  );
}
export default App;
```

다음은 Component1.js 파일이다.

```
import Component2 from "./Component2";

export default function Component1() {
  return (
    <div>
      <h1>컴포넌트 1</h1>
      <h3>하위에 컴포넌트2가 있음 </h3>
      <Component2 />
    </div>
  );
}
```

마지막으로 Component2.js 파일이다.

```
import { useContext } from "react";
import { counterContext } from "./counterContext";

export default function Component2() {
  const counter = useContext(counterContext);

  return (
    <div>
      <h1>컴포넌트 2</h1>
      <h3>여기서 context를 소비함. </h3>
      <p>
        현재 카운터 값은 <span style={{ color: "red" }}>{counter}</span>입니다.
      </p>
    </div>
  );
}
```

다음 예제는 컴포넌트들이 여러 개의 계층을 가지고 있을 때 Context를 사용해 props 드릴링 (Drilling)을 하지 않고 값을 사용하는 아주 간단한 예제이다. 하나의 파일 안에 모든 것을 작성하였다.

```
import { useState, createContext, useContext } from "react";
import ReactDOM from "react-dom/client";

const UserContext = createContext();

function App() {
  const [user, setUser] = useState("Jesse Hall");

  return (
    <UserContext.Provider value={user}>
      <h1>{`안녕 ${user}!`}</h1>
      <Component1 />
    </UserContext.Provider>
  );
}
export default App;

function Component1() {
  return (
    <>
```

```
      <h3>컴포넌트 1</h3>
      <Component2 />
    </>
  );
}

function Component2() {
  return (
    <>
      <h3> 컴포넌트 2</h3>
      <Component3 />
    </>
  );    }

function Component3() {
  return (
    <>
      <h3> 컴포넌트 3</h3>
      <Component4 />
    </>
  );
}

function Component4() {
  const  user = useContext(UserContext);

  return (
    <>
      <h3> 컴포넌트 4</h3>
      <h2>{`안녕 ${user}님 반가워요!`}</h2>
    </>
  );
}
```

8.7 useMemo 훅

메모화(Memoization)는 값, 함수 자체, 혹은 컴포넌트를 별도의 메모리 공간에 저장해 놓고, 기존과 비교해 입력(props) 변경이 없으면 새로운 값의 계산이나 함수의 재 수행을 하지 않고 마지막에 저장된 것을 사용하는 것을 말한다. 이 방식은 렌더링의 성능을 향상시키지만, 보다 많은 메모리를 사용하는 특징이 있다.

먼저 함수의 리턴 값을 메모화하는 useMemo 훅이 있고, 함수 자체를 메모화하는 useCallback 훅이 있다. 훅은 아니지만 컴포넌트 안에 포함되어 있는 컴포넌트를 메모화하는 고차 컴포넌트인 memo가 있다. 이러한 내용은 이 절을 포함해 이어지는 절에서 설명할 것이다. 본 절에서는 useMemo 훅 함수에 대해 설명할 것이다.

useMemo는 메모해 놓은(즉, 메모리에 저장해 놓은) 값을 리턴해 준다. 메모화는 사실상 값을 재 계산할 필요가 없도록 캐싱(Caching)해 놓은 것을 의미한다. useMemo 훅은 종속성(의존성) 배열에서 하나의 값이라도 변경될 경우에 수행된다. 조금 전에 설명하였지만, useMemo 훅은 메모화된 값을 리턴하는 것을 의미하고, useCallback 훅은 메모화된 함수 자체를 리턴하는 것을 의미한다.

useMemo 훅은 특히 고비용의 자원 집약적인 함수가 쓸데없이 실행되는 것을 막기 위해 채용되었다.

useMemo 훅의 기본형은 다음과 같다.

```
import  {useMemo} from 'react';

const memoizedResult = useMemo(콜백함수, 종속성배열);
```

함수의 리턴 값 등 값의 변경이 없는 경우에도 재 렌더링할 때마다 함수를 재 수행해야 한다면 불필요한 time-consuming이 발생하는데, 이러한 것을 방지하고자 할 때 사용하면 유용할 수 있다. 동작 원리는 함수의 입력과 결과를 별도의 메모리 공간에 저장해 두고, 렌더링이 발생할 때마다

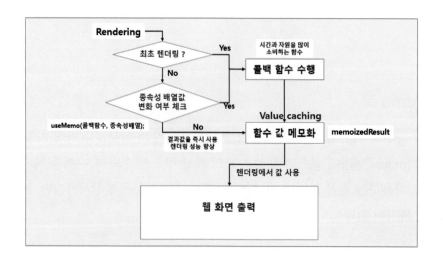

입력의 변화가 없다면 함수의 수행을 하지 않고 결과 값만 가져다 사용함으로서 렌더링 성능을 향상시키는 개념이다.

앱/웹을 브라우저에 처음으로 렌더링할 경우에는 useMemo 훅의 콜백 함수를 수행한다. 그렇지만 두 번째 이후의 렌더링은 종속성(의존성) 배열의 변화 여부에 따라서 콜백 함수의 수행 여부를 결정한다. 다음 그림은 useMemo 훅의 동작 방식을 보여준다.

컴포넌트가 재 렌더링될 때 컴포넌트 내의 객체, 배열, 함수 등은 다시 생성된다는 것에 주목해야 한다.

다음은 아주 간단하지만 useMemo 훅의 개념을 설명하기 위한 예이다. useMemo 훅으로 감싼 콜백 함수에서 입력의 변화가 없으면 리턴 값의 변화가 없을 경우에 콜백 함수에서 이전에 계산해 리턴한 값을 메모화해 두었다가 돌려주기 때문에 콜백 함수는 수행하지 않는다. 예제는 아주 간단하지만 계산량이 많은 복잡한 콜백 함수에서 사용하면 유용하다.

```
const Component = () => {
  // 컴포넌트의 재 렌더링시마다 변경되는 obj 주소를 고정시킴
  // 값의 변화가 없어도 useMemo가 없으면 obj는 변경된 값으로 간주
  const obj = useMemo(( ) => ({ a: 100, b:500 }), [ ]);

  useEffect(() => {
    //obj 값의 실제 변화가 있어야 useEffect 수행
    … (code 작성)
  }, [obj] );

  // 나머지 코드 작성
  …..
};
```

useMemo 훅과 React.memo 컴포넌트의 차이점을 아래에 간단히 요약하였다. memo 컴포넌트는 곧 학습하겠지만, 여기서 미리 차이점을 확인해 보는 것도 좋을 듯 하다.

useMemo( )	React.memo( )
• 컴포넌트 내에서 함수들을 감싸기 위해 사용하는 리액트 훅	• 컴포넌트들을 감싸기 위해 사용하는 고차 컴포넌트
• 함수의 종속성이 변경되었을 때만 함수 내의 값을 재계산함.	• 내부 컴포넌트들의 prop(속성) 변화가 없으면 렌더링하지 않음

8.8 memo 컴포넌트

memo는 훅이 아니지만 본 절에서 설명할 것이다. 재 렌더링시 props 파라미터의 변경이 없으면 컴포넌트의 재 렌더링을 수행하지 않도록 지원하는 컴포넌트이다. 컴포넌트를 메모화해 놓고, 종속성 배열의 값에 변화가 있을 경우에만 컴포넌트를 재 렌더링한다. 즉, memo는 컴포넌트 props 에 대한 동일성 체크를 수행한다. memo 컴포넌트를 사용하려면 아래와 같이 컴포넌트를 import 해야 한다.

```
import { memo } from "react";
```

일반적으로 컴포넌트를 정의할 때 컴포넌트를 memo( )로 감싸면 된다.

```
memo(컴포넌트명);
```

이렇게 하면 memo로 감싼 컴포넌트를 렌더링할 때 메모화해 놓은 결과물을 props 변화를 체크한 후 재 사용할 수 있다. 즉, props 변화가 없으면 재 렌더링시에 메모화해 놓은 컴포넌트를 사용하기 때문에 성능 향상을 도모할 수 있다.

컴포넌트를 메모화하는 간단한 예를 아래 제시하였다.

```
import { memo } from "react";

function 영화({ 제목, 개봉일, 평점 }) {
  return (
    <div>
      <div>영화 제목 : {제목}</div>
      <div>개봉일 : {개봉일}</div>
      <div>평점 : {평점}</div>
    </div>
  );
}
export default  memo(영화);
//export const Memoized영화 = memo(영화);
```

memo로 메모화한 컴포넌트는 컴포넌트의 props의 값이 변경되지 않으면, 기존에 메모화해 놓은 컴포넌트를 사용한다는 의미이다.

아래의 예제도 컴포넌트를 메모화하는 예제이다.

```
import { memo } from "react";

const 일정 = memo(({ schedule, 일정추가함수 }) => {
  console.log( " 렌더링이 되면  " );
  return (
    <div>
      <button onClick={일정추가함수}>일정추가</button>
       <h1>하루 일정</h1>
      { schedule.map((item, index) => {
        return <p key={index}>{item}</p>;
      })}
    </div>
  );
});

export default 일정;
```

8.9 useCallback 훅

useCallback 훅 함수는 Callback 함수를 메모화하는 특별한 훅이다. useCallback 훅은 메모화한 콜백 함수를 리턴해 준다. 종속성 배열의 변화가 있을 경우에만 useCallback 훅을 다시 수행한다. 따라서 종속성 배열의 변화가 없으면 이미 생성한 함수를 그대로 사용한다. 결과적으로 useCallback 훅의 적절한 사용은 성능 개선에 기여할 수 있다.

useCallback 훅을 사용하기 위해서는 프로그램 상단에서 훅을 import해야 한다.

```
import { useCallback } from "react";
```

useCallback 훅을 사용해 컴포넌트를 메모화하려면 다음과 같은 기본 문법을 사용한다.

```
const memoizedCallback = useCallback(callback, [prop]);
```

useCallback 혹의 첫 번째 파라미터는 메모화하게 될 콜백 함수이며, 두 번째 파라미터는 종속성 (의존성) 배열이다. 아래와 같이 간략하게 표현할 수 있다.

```
useCallback( ( )=>{
    .....
    return value;
    },    [item1, item2, ...] )
```

여러분들이 주목할 것은 한 컴포넌트가 재 렌더링될 때는 해당 컴포넌트 안에 있는 모든 함수는 원칙적으로 처음부터 다시 생성되어야 한다. 이에 따라 렌더링이 발생할 때마다 일반 함수의 참조 주소가 변화되게 된다.

리액트의 관점에서는 기존 함수와 참조 주소가 다르기 때문에 값의 변경이 있는 것으로 간주한다. 따라서 함수 자체를 의존성 배열에 등록할 때는 주의해야 한다.

다음은 함수를 useEffect의 종속성 배열에 등록했을 경우에 대한 설명이다. useCallback을 사용할 때와 그렇지 않을 때의 차이를 보여준다. 먼저 useCallback을 사용하지 않을 때 useEffect 혹의 동작을 알아보자.

```
function xxx( ) {
    ………;
}

  useEffect(() => {
    xxx( );  //위의 함수 호출
    ……(기타 수행)
    , [ xxx ]);
  }
```

함수의 변화가 없어도 재 렌더링시에 함수를 재 생성하므로 함수 xxx의 변화가 발생한 것으로 판단해 렌더링 종료 후 useEffect를 항상 수행

위의 예를 보면 알 수 있듯이 함수, 배열, 객체 등을 종속성 배열의 아이템으로 사용할 때는 항상

주의를 기울여야 한다. 이러한 문제를 해결하려면 useCallback 훅을 사용하면 된다. 아래 예제를 살펴보자. useEffect 훅은 항상 수행되는 것이 아니라 함수 xxx의 참조 주소가 변경될 경우에만 수행된다.

```
const xxx = useCallback( ( ) => {
    ........;
}, [count] );

  useEffect(() => {
    xxx( );  //위의 함수 호출
    …..(기타 수행)
    , [ xxx ]);
  }
```

함수 xxx는 count의 변화가 있을 때만 재 생성해 수행하고, 나머지는 메모화한 함수를 사용하므로 useEffect는 함수 xxx가 재 생성되어 수행될 때만 호출됨

8.10 useReducer 훅

useReducer 훅 함수는 리액트 앱에서 복잡한 상태 로직을 관리할 때 주로 사용한다. useReducer 훅에서 생성한 상태는 모든 컴포넌트에서 사용 가능한 전역 상태는 아니다. 상태를 전역으로 관리하려면 Redux를 사용해 상태를 관리해야 한다.

useReducer 훅은 useState 훅보다는 좀 더 복잡하다. useState 훅처럼 상태들을 저장하고 갱신(Update)하기 위해 사용한다. useReducer 훅을 사용하려면 먼저 프로그램 상단에 useReducer 훅을 import해야 한다.

```
import { useReducer } from "react";
```

useReducer 훅의 기본형은 다음과 같다. 첫 번째 파라미터는 상태를 관리하는 리듀서 콜백 함수이며, 두 번째 파라미터는 초기 상태 값을 지정한다.

useReducer 함수는 배열로 2개의 값을 돌려준다. 첫 번째는 상태이며, 두 번째는 리듀서에 액션(Action)을 전달할 수 있는 dispatch 함수이다.

```
const [state, dispatch] = useReducer(reducer, initialState);
```

- state : 현재 상태
- dispath : action을 담아서 리듀서(Reducer)에 요청
- initialState : 리듀서의 초기 상태
- reducer : 요청을 받아 상태를 갱신해 주는 일을 수행하는 함수(리듀서함수)
       : 이전 상태와 액션을 수신해 새 상태(state)를 도출함

다음은 액션에 대해 설명할 것이다. 액션은 객체로 구성하는 것이 일반적이며, 기본 정보로 액션의 type(유형)과 데이터(Payload)로 구성되어 있다. 아래는 액션을 생성하는 예를 보여준다. 데이터는 여러분들이 필요한 내용들을 객체에 담으면 된다. 그런데 액션의 유형(type)은 리듀서에 반드시 등록되어 있어야 한다.

Action

- 리듀서가 상태 변경을 어떻게 할 것인지를 알려주는 행위
   : 액션의 type과 데이터인 payload로 구성.
   : 예) 사용자가 UI를 클릭하여 액션을 요청할 수 있음

■ Action 예

```
{
  type: "Service1",
  payload: {
    id: 0,
    title : "리액트 액션"
  }
}
```

state 변수명이나 dispatch 함수명은 여러분들이 원하는 이름을 사용하면 된다.

지금까지 useReducer 훅에 대해 설명한 것을 그림으로 표현해 보면 다음과 같다.

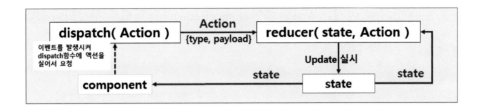

useReducer 훅에서 제공한 dispatch 함수를 사용해 reducer에 액션을 전달한다. state는 상태이기 때문에 새로운 값으로 변경되기 전까지는 마지막으로 갱신된 값을 유지하고 있다는 것을 꼭 기억하기 바란다.

다음은 리듀서의 동작 과정을 그림과 함께 간단한 예제 코드로 표현하였다.

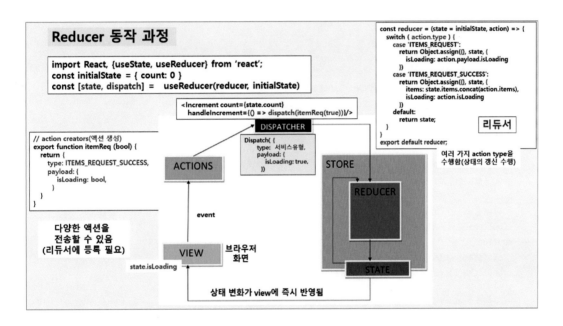

reducer 함수는 일반적으로 현재 상태와 액션(Action)을 입력으로 받아서 새로운 상태를 도출하는 기능을 수행한다. useReducer 훅은 useState 훅보다 더 복잡하는 상태를 생성할 때 사용하면 유용하다.

다음 예제는 useReducer 훅을 사용해 간단한 카운트 조작을 하는 웹 페이지이다. 상태 증가, 상태 감소 및 상태 초기화 버튼을 제공하고 있으면, 버튼을 누르면 dispatch( ) 함수에 action을 담아서 리듀서 함수에 전달한다. 리듀서 함수는 액션 객체로 type과 payload를 받고, 현재 상태를 이용해 새로운 상태를 도출한다. 본 예제는 App.js 파일과 stateReducer.js 파일로 구성되어 있다.

먼저 App.js 파일은 다음과 같다.

```
import React, { useReducer } from "react";
import { reducer } from "./stateReducer";

export function App() {
  const initialState = { count: 0, op: "동작전" };
  const [state, dispatch] = useReducer(reducer, initialState);

  return (
    <div className="App">
      Count: {state.count} --> {state.op}
      <br />
      <br />
      <button
        className="btn"
        onClick={() => dispatch({ type: "increment", payload: "상태 증가" })}
      >
        상태증가
      </button>
      <button
        className="btn"
        onClick={() => dispatch({ type: "decrement", payload: "상태 감소" })}
      >
        상태감소
      </button>
      <button
        className="btn"
        onClick={() => dispatch({ type: "reset", payload: "상태 초기화" })}
      >
        상태초기화
      </button>
    </div>
  );
}
export default App;
```

다음은 stateReducer.js 파일이다. 이 파일에서는 리듀서가 상태와 액션을 수신해 새로운 상태를 생성한 후 상태 값을 리턴하고 있다.

```
import "./App.css";
//import React, { useReducer } from "react";

// The reducer function
export function reducer(state, action) {
  switch (action.type) {
    case "increment":
      return { count: state.count + 1, op: action.payload };
    case "decrement":
      return { count: state.count - 1, op: action.payload };
    case "reset":
      return { count: (state.count = 0), op: action.payload };
    default:
      return { count: state.count, op: state.op };
  }
}
```

다음은 위에 예제에 대한 버튼 클릭에 따른 브라우저 화면을 캡처한 것을 보여준다.

CHAPTER **9**

전역 상태 관리용 Recoil과 Redux Toolkit

9.1 개요

상태 관리는 React를 사용한 웹 개발에서 핵심 부분중의 하나이다. 이러한 상태는 props 드릴링 (Drilling)부터 리덕스(Redux) 및 기타 훅(Hook)들에 이르기까지 오랜 시간에 걸쳐서 제안되어 왔다. 여러분들이 useState 훅을 사용해 생성한 상태는 사실상 로컬 상태(Local State)이다. 로컬 상태는 특정 컴포넌트에 소속된 상태로 다른 컴포넌트들에는 영향을 미치지 않는 상태를 의미한다. 웹페이지에서 라우팅 등을 통해 화면을 변경한 후, 차후에 라우팅을 통해 해당 화면으로 돌아올 경우 지역 상태들은 초기화되므로 이전의 상태 값들을 지속적으로 저장하고 있지 않는다. 이전에 변경된 입력 폼의 값이나 카운터 값을 비롯한 각종 로컬 상태 값들이 사라지므로, 여러분들이 의도하였던 화면을 볼 수 없는 문제가 발생할 수 있다는 것이다. 이러한 문제를 해결할 수 있는 것은 전역 상태를 사용하는 것이다.

전역 상태(Global State)는 웹에서 다수의 컴포넌트들이 상태를 공유할 수 있으며, 이러한 상태 값의 변경은 연관된 컴포넌트들의 재 렌더링을 유발한다. 이러한 전역 상태는 사용자의 프로파일 유지나 화면 테마 모드 설정 및 쇼핑 카트 구현시 필요하다.

현재까지 가장 유명한 전역 상태 관리 라이브러리는 Redux이다. Redux는 풍부한 생태계를 확보하고 있어 React를 사용한 앱/웹 설계에서 많이 사용되는 것은 사실이지만, 처음에 배우기가 쉽지 않고 복잡하다는 단점이 있다.

전역 상태 관리 라이브러리인 Recoil은 상대적으로 간단하면서 조작이 용이하기 때문에 최근들어 관심이 증대되고 있다. 그러므로 여기서는 먼저 Recoil에 대해 자세히 알아보고, 잘 활용할 수 있는 방안을 모색하도록 도울 것이다. Recoil의 복잡한 기능은 여기서 다루지 않을 것이다. 본 교재에서는 향후 간단한 웹 제작에 Recoil을 활용할 예정이다.

9.2 Recoil

9.2.1 Recoil이란

Recoil은 2020년 React 유럽 컨퍼런스에서 페이스북의 개발팀이 새롭게 제안한 새로운 React용 전역 상태 관리 라이브러리이다. 공식 홈페이지는 "https://recoiljs.org/"이다.

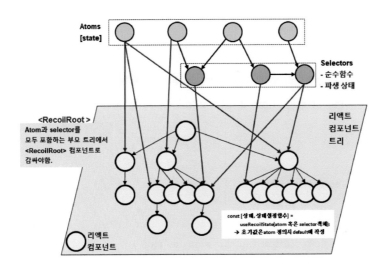

Recoil은 기존의 useState 훅과 흡사한 점이 많기 때문에 기본 개념을 잘 이해하면 활용이 어렵지 않다. 리액트 트리에서 서로 다른 컴포넌트들이 전역 상태를 공유하는 것 이외에도 에러를 발생하지 않으면서 전역 상태에 근거해 파생 데이터(Derived data)라 부르는 새로운 값을 생성하거나 새로운 상태를 설정할 수 있다. 즉, 파생 데이터는 전역 상태와 관련되었거나 이를 활용해 새롭게 계산된 결과를 의미한다.

Recoil에서 atom과 selector는 매우 기본적이고 중요한 개념이다. atom은 Recoil에서 전역 변수로 사용되는 상태의 최소 단위를 의미한다. atom은 <RecoilRoot> 내에 있는 모든 컴포넌트에서 읽거나 쓸 수 있다. Atom의 값을 읽는 컴포넌트들은 기본적으로 해당 atom을 구독(Subscribe)하고 있다. 즉, atom이 변경되면, 해당 atom을 구독하는 모든 컴포넌트들은 재 렌더링이 수행되게 된다.

Recoil에서 atom과 selector가 동작하는 방식은 다음 그림과 같이 이해하면 좋다. Recoil의 atom과 selector가 마치 컴포넌트 트리 위에 떠있으면서 개별적인 리액트 컴포넌트들이 필요할 때 언제든지 다른 컴포넌트를 거치지 않고 직접 사용할 수 있는 구조이다. 각 컴포넌트들이 atom을 직접 사용할 수도 있지만, atom이나 selector가 또 다른 selector를 생성하기 위해 사용될 수 있는 구조이다. selector는 get 함수를 사용해 atom의 상태를 가져와 추가적인 연산을 수행해 변형된 값을 돌려주는 getter 함수 기능이 있으며, 지정한 atom의 상태를 변경해 저장할 수 있는 setter 함수의 기능을 제공하고 있다.

Recoil의 atom을 이용해 상태를 사용하는 React 컴포넌트들은 부모 트리 어딘가에 반드시

<RecoilRoot>, </RecoilRoot>로 감싸주어야 한다. <RecoilRoot> 내에 있는 모든 컴포넌트들은 전역 변수로 사용하는 atom 상태를 공유할 수 있다. 일반적으로 React 프로젝트에서는 index.js 파일에서 RecoilRoot를 적용한다. 아래와 같은 방식으로 코딩하면 된다. 물론 'recoil' 패키지는 반드시 설치해야 한다. 터미널 상에서 "npm install recoil"을 실행해 설치한다.

```
//index.js 파일
import React from 'react';
import ReactDOM from 'react-dom/client';
import './index.css';
import App from './App';
import { RecoilRoot } from 'recoil'
const root = ReactDOM.createRoot(document.getElementById('root'));
root.render(
<React.StrictMode>
  <RecoilRoot>
      <App />
  </RecoilRoot>
</React.StrictMode>);
```

이어서 atom과 selector에 대해 좀 더 자세히 설명하겠지만, 아래 그림과 같은 구조를 먼저 파악하고 있으면 이해에 도움이 될 것이다.

```
import {atom} from 'recoil'

const atomExample = atom({
   key : '고유한키이름지정(보통변수명과 같게 함)',
   default :[ ], //상태초기값 -> 10, [], {}, "hello" 등...
});

import {selector} from 'recoil'

const selectorExample = selector({
   key : '중복되지않은고유한키이름지정',
   get : ({get}) => {  //get 함수는 반드시 존재해야 함.
      const atom의State값 = get(사용할atom객체);
      ...
      return  아톰의_상태값을_취해_필요한_조작을_한_새로운값;
   }),
   set : ({set}, newValue) => {  //필수 아닌 옵션
      //const ... = get(사용할atom객체) ; //필요한 atom 상태 사용
      set(변경할atom, newValue를_사용한_새로운_상태_표현식),
   }),
});
```

9.2.2 atom

상태의 기본 단위인 atom은 다음과 같이 정의할 수 있다. atom 함수는 전달 인자로 객체를 받으며, key 속성은 반드시 다른 atom이나 selector와 구별되는 유일한 값을 가져야 한다. 그리고 default 속성은 생성되는 상태의 초기 값을 지정한다.

■ atom의 정의 예

```
const  textState = atom( {
    key : 'textState',   //유일한 값(다른 atom이나 selector에 대해)
    default : '',   //default 값(초기 값), 여기서 초기값은 빈 문자열
});

const loginAtom = atom({
  key: "loginAtom",
  default: false, // default value (initial value)//logout
});
```

Recoil의 기본 상태 문법은 useState 훅과 매우 흡사하다. Recoil의 useRecoilState( ) 훅은 인자로 atom 객체를 전달받아서 상태 값과 상태 변경 함수를 배열로 넘겨준다.

```
• useState
  const  [state,  setState] = useState(초기값);
• Recoil State
  const  [state,  setState]  = useRecoilState(atom객체);

[사용 예]
 const  [state,  setState]  = useRecoilState(textState);
```

atom에서 읽거나, 갱신을 수행하는 컴포넌트들은 useRecoilState(사용할 atom 객체 지정) 훅을 사용한다. atom은 전역 변수에 해당하므로 함수 안에 선언하지 않는다. 일반적으로 별도의 파일로 작성한 후, import하여 사용하는 것을 추천한다.

리액트 프로젝트를 수행하는 터미널 창에서 Recoil을 사용하기 위해서는 아래와 같이 패키지를 먼저 필수적으로 설치해야 한다.

```
npm  install  recoil  //[혹은] yarn  add recoil
```

그리고 웹 페이지 새로 고침(Reloading) 시에도 전역 상태를 유지하는 것이 필요한 경우라면, 다음의 패키지도 설치해야 한다. 다만, 이 패키지까지 설명하기에는 범위가 확대되므로, 관심있는 독자들은 "https://www.npmjs.com/package/recoil-persist" 사이트를 참조해 학습하기 바란다. 초보자수준을 벗어나면, 해당 사이트를 학습하면 도움이 많이 될 것이다.

```
npm  install  recoil-persist
```

리액트 컴포넌트들에서 Recoil을 사용하기 위해서는 다음과 같은 함수들을 사용해야 한다.

```
import    {atom, RecoilRoot, useRecoilState}  from 'recoil';
//import {recoilPersist} form 'recoil-presist'
```

atom을 하나의 파일로 만들어 사용하는 것을 추천하였다. 만약에 하나의 파일로 만들어 사용할 경우에는 다음과 같다. 파일명은 "loginAtom.js"이다.

■ loginAtom.js

```
import { atom } from "recoil";

//recoil : 전역 상태 변수 관리

export  const  loginAtom = atom({
  key: "loginAtom", // unique ID (with respect to other atoms/selectors)
  default: false, // default value (initial value)//logout
});
```

9.2.3 Selector

Selector는 입력으로 임의의 atom이나 selector를 수신할 수 있는 순수함수이다. Selector는 수신하는 atom이나 selector가 갱신될 때마다 변경된 상태를 리턴한다. 따라서 selector가 변경될 때마다,

해당 selector를 구독하는 모든 컴포넌트들 또한 재 렌더링되어야 한다.

Selector를 만드는 방법은 다음과 같다.

```
import { selector } from 'recoil';

const loginState = selector({

  key: 'loginState',   //고유한 값(일반적으로 변수명을 키 값으로 사용

  get: ({ get } ) => {   //[필수]좌측은 selector인자로 전달되는 기본형
      const logFlag = get(atom객체)  //get(loginAtom)
      return `로그인 ${logFlag ? "완료" : "되지 않음}` },   //값을 리턴.

  set: ({ set }, newValue ) => {   //set 함수는 옵션
      set(atom객체,  newValue*2.5) //set(갱신될atom객체, 새로운상태)
      },
});
```

위의 예를 살펴보면, get 함수는 필수 요소이며 인자로 atom을 받아 여기서 상태를 얻은 후, 필요한 연산을 수행한다. 그런 다음 최종적으로 값을 리턴한다는 것을 알 수 있다.

set 함수는 selector의 필수 요소가 아닌 옵션이며, 전달되는 set 함수와 newValue를 활용해 새로운 상태를 설정할 때 사용된다. set 함수에 있는 newValue 파라미터는 selector를 사용해 상태 설정 함수를 정의했을 때, 상태 설정 함수에 전달하는 파라미터에 해당한다.

위의 selector 개요를 살펴보면 알 수 있지만, 수신하는 atom을 기반으로 새롭게 계산된 파생된 데이터를 리턴한다. 그리고 set 함수에 새롭게 변형된 상태의 경우에는 상태의 변형(Transformation)이라고 한다. selector에서 set은 상태를 새롭게 갱신하는 역할을 수행하고, get은 변형된 새로운 값을 돌려줄 때 사용한다. set 함수가 없는 get 함수만 가지는 selector는 변형된 값을 읽는 것만 가능하다. 따라서 상태를 변형(변경)해 저장하기를 원한다면, set 함수를 반드시 포함해야 한다.

만약에 장바구니가 객체들의 배열로 관리되는 전역 상태라고 가정하고, 장바구니에 담긴 객체의 가격을 계산하는 selector를 생성해 보자. 아래는 get 함수만 갖는 selector이므로, 변형된 값을 읽는 것만 가능하다.

```
const   cartState = atom( {
   key : 'cartState',
   default : [ ],  //초기값은 빈 배열(각 물품은 객체로 저장된다고 하자)
});
```

```
const  cartTotalPrice = selector({
   key : 'cartTotalPrice',
   get : ( {get} ) => {
       const products = get(cartState);
       return  products.reduce( (pre, product) => pre + product.price,  0)
   },
});
```

만약에 위와 같이 atom과 selector가 정의되어 있다면 아래와 같은 방식으로 사용할 수 있다.

```
import { atom, selector, useRecoilState } from 'recoil';

const  App = () => {
  const [cart, setCart] = useRecoilState(cartState);
  ...
  const addCart = () => setCart([...cart,  {title:"신발", price:50000}] );
  return (
  ...
)}
```

9.2.4 Recoil 훅

Recoil은 전역 상태 값을 사용하거나 설정하기 위해 사용하는 여러 가지 종류의 훅을 지원하고 있다. 여기서는 여러분들이 쉽게 활용할 수 있는 몇 가지의 훅만을 소개할 것이다. useRecoilState( ) 훅은 이미 설명하였으므로 언급하지 않겠다.

■ 설명을 위한 atom

```
const   cartState = atom( {
   key : 'cartState',
   default : [ ],
});
```

```
useRecoilValue( ) : 상태 설정은 하지 않고, 상태의 값만 추출해 사용할 때 사용함
const  stateValue = useRecoilValue( cartState );
//const  [ stateValue ] = useRecoilState( cartState ); (사용 가능함)
```

```
useResetRecoilState( ) : 상태를 초기 상태로 리셋할 때 사용함
const resetState = useResetRecoilState(cartState); //resetState( ) 호출
```

```
useSetRecoilState( ) : 상태 값을 사용하지 않고, 상태만을 설정할 때 사용함.
const setState = useSetRecoilState(cartState);
//setState((현재상태)=> [...현재상태, {title: "자전거", price: 250000} ]
```

9.2.5 Recoil을 사용한 예

Recoil의 atom과 selector를 사용하는 예제는 "https://recoiljs.org/" 사이트에서 확인해 볼 수 있다. 온도로 섭씨나 화씨를 입력받아 등가의 값으로 동시에 변화해 출력해주는 앱이다.

"https://recoiljs.org/docs/api-reference/core/selector"에 접속해 보면 예제 소스를 얻을 수 있다. 본 사이트에는 Recoil를 사용해 비동기 데이터를 다룰 수 있는 예제도 나와 있으므로 비동기 데이터를 다룰 수 있는 심화 정보를 얻을 수 있다.

■ Recoil의 atom과 selector를 사용하는 예제

```
//index.js
import React from "react";
import ReactDOM from "react-dom/client";
import "./index.css";
import App from "./App";
import { RecoilRoot } from "recoil";

const root = ReactDOM.createRoot(document.getElementById("root"));
root.render(
  <React.StrictMode>
    <RecoilRoot>
      <App />
    </RecoilRoot>
  </React.StrictMode>
);
```

■ atom과 selector 정의하기

```javascript
//atom_selector.js
import { atom, selector, DefaultValue } from "recoil";

const tempFahrenheit = atom({
  key: "tempFahrenheit",
  default: 32,
});

const tempCelsius = selector({
  key: "tempCelsius",
  get: ({ get }) => ((get(tempFahrenheit) - 32) * 5) / 9,
  set: ({ set }, newValue) =>
    set(
      tempFahrenheit,
      newValue instanceof DefaultValue ? newValue : (newValue * 9) / 5 + 32
    ),
});

export { tempFahrenheit, tempCelsius };
```

app.js 파일에서 atom과 selector를 불러와 브라우저 화면에 보이는 버튼들을 누르면 상태 및 상태 값을 조작하거나 설정하여 새롭게 변경된 값을 보여준다.

```javascript
//app.js
import "./App.css";
import { tempFahrenheit, tempCelsius } from "./atom_selector";
import { useRecoilState, useResetRecoilState } from "recoil";

function App() {
  const [tempF, setTempF] = useRecoilState(tempFahrenheit);
  const [tempC, setTempC] = useRecoilState(tempCelsius);
  const resetTemp = useResetRecoilState(tempCelsius);

  const addTenCelsius = () => setTempC(tempC + 10);
  const addTenFahrenheit = () => setTempF(tempF + 10);
  const reset = () => resetTemp();

  return (
    <div className="App">
```

```
        Temp (Celsius): {tempC}
        <br />
        Temp (Fahrenheit): {tempF}
        <br />
        <button onClick={addTenCelsius}>Add 10 Celsius</button>
        <br />
        <button onClick={addTenFahrenheit}>Add 10 Fahrenheit</button>
        <br />
        <button onClick={reset}>Reset</button>
    </div>
  );
}
export default App;
```

정상적인 코딩을 완료하고 수행한다면 아래와 같은 브라우저 창을 볼 수 있다. 여러분들이 버튼을 눌러보면 동작 방식을 이해할 수 있을 것이다.

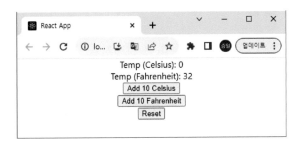

9.3 Redux Toolkit(리덕스 툴킷)

Redux는 actions(액션)라 부르는 이벤트를 사용해 앱 상태를 관리하고 갱신하는 용도로 제작된 패턴이자 라이브러리이다. 액션은 특정 요소 위에서 마우스 클릭과 같이 어떤 사건이 발생했을 때, 상태의 갱신(변화)을 야기하는 코드이다. 앱 전체에서 사용되는 상태(특히, 전역 상태)에 대한 중앙 저장소(Centralized store)로써의 역할을 수행한다. 본 장의 시작부에 잠깐 언급하였지만, Redux는 풍부한 생태계를 확보하고 있어 React를 사용한 앱/웹 설계에서 많이 사용되는 것이 사실이다. 그리고 처음에 배우기가 쉽지 않고 복잡하다는 점은 단점으로 지적되고 있다. 이 또한 Recoil과 마찬가지로 전역적으로 사용되는 상태를 관리할 수 있다. 리덕스는 전체 컴포넌트들 간에 공유된 전역 상태를 관리할 때 매우 유용하다는 것을 숙지하고, 주요한 내용은 "https://redux.js.org/" 사이트를 참고하기 바란다.

기존의 리덕스 특징을 다시 한 번 요약하면, 리덕스는 앱의 여러 부분에서 사용되는 상태에 대한 관리가 용이해 전역 상태 변수 관리에 적합하다. 그리고 앱 상태가 자주 갱신될 필요가 있을 때 유용하다. 상태를 갱신하기 위한 로직이 복잡할 때도 유용하다. 이러한 특징을 기반으로 판단할 때, 리덕스는 복잡한 로직을 갖는 전역 상태 관리에 사용할 수 있다. 모든 앱을 제작할 때 리덕스를 사용해야 하는 것은 아니다. 지역 상태 관리는 여러분들이 이미 알고 있는 useState 훅을 사용하면 된다.

최근에는 리덕스를 이용해 상태 관리를 구현할 때, 코드가 간결하고 작업량을 줄여주는 Redux toolkit이 부각되고 있으며, 리덕스 툴킷은 급속하게 기존의 리덕스를 대체할 것으로 예상되고 있다. 즉, 리덕스 툴킷은 리덕스를 좀 더 간편하고 편리하게 구현해 주는 기술이라고 생각할 수 있다. 따라서 본 절에서는 주로 리덕스 툴킷에 대해 설명할 것이다.

9.3.1 리덕스 툴킷의 특징

전역 상태 관리를 위해 기존의 리덕스를 사용하던 설계자들이 리덕스 툴킷으로 변경해 사용하는 이유는 아래와 같은 특징이 있기 때문이다.

먼저, 기존의 리덕스와 비교해 적은 규모의 패키지를 사용해 구현이 가능하다. 이것은 패키지 의존성을 줄여 주는데, 결과적으로 리덕스 툴킷에 많은 라이브러리들이 내장되어 있기 때문에 가능한 것이다. 두 번째는 기존의 리덕스와 비교해 중복 코드를 많이 줄여준다. 기존에 리덕스를 사용해 본 경험이 있는 독자들은 리덕스 툴킷에 대한 학습을 하다보면 그 의미를 알 수 있을 것이다. 그러나 리덕스에 대한 경험이 없는 독자들은 리덕스 툴킷의 내용만을 학습해도 전역 상태 관리를 구현할 때 전혀 문제가 되지 않으니 기존 리덕스에 대해 걱정하지 않아도 된다. 기존의 리덕스 스토어는 createStore( )를 사용하였지만, 리덕스 툴킷은 configureStore( )를 사용해 더 간편하게 스토어를 구현할 수 있게 해준다. 기타 리덕스 툴킷의 특징은 redux thunk가 내장되어 있어 비동기를 효과적으로 지원해 준다. Typescript에 대한 지원도 잘 이루어지고 있다. 아울러 리액트 툴킷은 상태 변수로 mutable 객체를 사용할 수 있게 되었다. 그리고 별도의 패키지 없이 리듀서들을 스토어에서 결합할 수 있다. 요약하면, 기존의 리덕스를 더 쉽게 사용할 수 있도록 출시된 것이 redux toolkit이다.

리덕스 툴킷이 전역 상태를 관리하는 방법은 Recoil과 유사하게 다음 그림과 같이 이해하면 된다. 리덕스 스토어는 여러 개의 리듀서 슬라이스들을 포함하는 저장소이며, 컴포넌트들은 저장소에서 관리되는 상태 값들을 갱신하거나 사용할 수 있다.

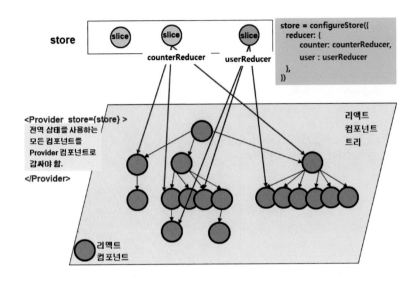

9.3.2 리덕스 툴킷 사용을 위한 준비

이미 언급한 바와 같이 리덕스는 자바스크립트 전역 상태 관리 라이브러리이다. 리덕스 툴킷은 리덕스를 더 쉽고 간편하게 사용할 수 있게 도와주는 툴이다. ReactJS에서 리덕스 툴킷을 사용하기 위해서는 2개의 패키지를 아래와 같이 먼저 설치해 주어야 한다.

```
$ npm install @reduxjs/toolkit  react-redux
```

React-redux는 리액트와 리덕스를 연결해주는 패키지이다.

프로젝트 시작시 리액트 툴킷까지 일괄 설치한 데모 프로그램은 아래와 같이 설치해 사용할 수 있지만, 여기서는 사용하지 않을 것이다.

```
$ npx create-react-app  my-app  --template  redux
```

9.3.3 리덕스 store(저장소)와 Provider 컴포넌트

리덕스 저장소는 1개 이상의 작은 저장소(리듀서 슬라이스)들을 하나로 결합(Combine)해 놓은 곳이다. configureStore( ) 함수에 객체를 전달해 스토어를 생성한다. 함수 파라미터인 객체는 reducer 속성을 가지며, 이 속성에 사용자가 정의한 리듀서 슬라이스들을 등록한다.

```
//store.js
import { configureStore } from '@reduxjs/toolkit'

const store = configureStore({
  reducer: { 리듀스명1 :   실제_정의된_리듀서_슬라이스1,
      리듀스명2 :   실제_정의된_리듀서_슬라이스2,
      ...

  },
})
```
```
//리듀스명 - 사용 예)
const userNum = useSelector((state) => state.리듀스명1.userNumber);
```

이러한 리덕스 스토어는 액션을 dispatch하여 처리가 리듀서 슬라이스에서 완료되면 구독 함수(useSelector)가 호출되는 것을 보장한다. 위의 "리듀스명1" 등은 상태 구독시 사용된다.

생성된 리덕스 저장소를 사용하는 컴포넌트들은 반드시 <Provider store={ }> 컴포넌트로 감싸야 한다. Provider 컴포넌트 내부에 있는 컴포넌트들만이 리덕스 저장소를 공유할 수 있다. 다음은 Provider 컴포넌트가 사용된 예이다. 그리고 Provider 컴포넌트의 속성 store는 반드시 존재해야 한다.

```
//index.js 파일
import React from "react";
import ReactDOM from "react-dom/client";
import "./index.css";
import App from "./App";
import { Provider } from "react-redux";
import store from "./store";
const root = ReactDOM.createRoot(document.getElementById("root"));
root.render(
  <React.StrictMode>
```

```
    <Provider   store={store}>
      <App />
    </Provider>
  </React.StrictMode>
);
```

9.3.4 createSlice

createSlice를 사용해 작은 단위의 상태 저장소를 생성할 수 있다. 외부로부터 액션을 받아서 reducer에서 새로운 상태 갱신을 수행한다. 액션 creater 함수를 생성하고, 저장소에 등록할 리듀서 슬라이스가 만들어지는 곳이다.

createSlice( ) 함수는 객체를 전달받아 리듀서 슬라이스를 생성한다. 이 때, 객체의 속성으로 'name', 'initialState', 'reducers'가 반드시 존재해야 한다. 그리고 reducers의 메서드명으로 사용한 이름을 action 함수로 생성한다.

```
import { createSlice } from "@reduxjs/toolkit";

const initialState = {
  number: 0,  name : "nova',
};

export const examSlice = createSlice({
  name: "example",  //독립적인 슬라이스 이름
  initialState,          //초기 상태
  reducers: {          //액션 ex1( )을 받아서 상태 갱신
    ex1 : (state, action) => {
      state.number += action.payload.number;
      state.name = action.payload.name;
    }
  },
});

//액션 creater
export const { ex1 } = examSlice.actions;  //메서드ex1을 action으로
//configureStore()에 등록할 리듀서 슬라이스
export  default   examSlice.reducer
```

```
//store의 reducer 등록 예
import { configureStore } from '@reduxjs/toolkit'
import examSlice  from './examSlice'

const store = configureStore({
  reducer: {
    exam :  examSlice,
    리듀스명2 :  실제_정의된_리듀서_슬라이스2,
    ...
  },
})
```

9.3.5 useDispatch, useSelector 훅

useDispatch 훅은 UI 등에서 발생한 액션을 스토어에 디스패치하는 역할을 수행한다. 그리고 useSelector는 스토어 상태로부터 사용할 값을 읽어올 수 있으며, 스토어 상태의 업데이트를 구독한다. useDispatch와 useSelector 훅을 사용하는 방법은 아래 간단히 소개하였다. 자세한 것은 조만간 실습을 통해서 이루어질 것이다.

```
import  { useDispatch, useSelector }  from "react-redux";
... 중간 생략 ...
[컴포너트에서 사용]
const dispatch = useDispatch();  //dispatch(action( payload ))로 사용
//state.[store에_지정한_이름].[상태이름]
const userName = useSelector((state) => state.exam.name); //상태 할당
const { userName } = useSelector((state) => state.exam);  //위와 동일함
...
```

useDispatch 훅은 리듀서에 action과 payload를 전송할 때 사용한다. 이미 언급한 바와 같이 UI 등에서 이벤트가 발생했을 때 리듀서에 액션과 페이로드 데이터를 전송하는 역할을 수행한다. 이러한 useDispatch 훅을 리덕스 툴킷에서 사용하는 방법을 다음과 같이 정리하였다.

```
import {useDispatch } from 'react-redux';
.....
const dispatch = useDispatch( );
//액션은 슬라이스에서 생성함
```

■ 방식 1

dispatch(액션타입명(payload작성))
···

- dispatch(alpha({id:"n1", data:"Hello"}))
  ->action={type: '슬라이스명/alpha',   payload: {id:"n1", data:"Hello"}

[리듀서에 전달]
- dispatch(beta(173))
  ->action={type: '슬라이스명/beta', payload : 173}

■ 방식 2

dispatch(Slice변수명.actions.액션타입명(payload작성))
···

  import { counterSlice } from "./counterSlice";
- dispatch(counterSlice.actions.increment( ));
- dispatch(counterSlice.actions.incrementByAmount(10));

9.3.6 Redux Toolkit을 사용한 코딩 과정

실제적인 실습을 진행하기 전에 리덕스 툴킷을 사용하는 과정을 간단히 설명할 것이다. 리덕스 툴킷에서 사용하는 configureStore, Provider, createSlice, useDispatch, useSelector 등을 사용하는 위치를 주의깊게 보기 바란다. 참고로 useDispatch와 useSelector 혹은 UI 컴포넌트에서 주로 사용한다.

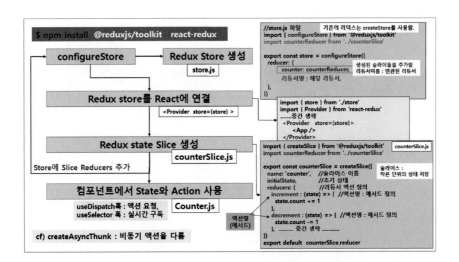

지금 소개하고 있는 코드는 이어지는 절에서 수행할 실습에 도움이 되므로 간단히 살펴보기 바란다. 아래는 counterSlice.js 파일이며, 하나의 작은 상태 저장소 역할을 수행한다. reducers에는 객체를 할당하였는데, 객체의 속성들이 함수로 정의되어 있다. 따라서 객체의 속성은 메서드에 대응하며, 이는 counterSlice.actions에 의해 액션으로 생성된다. 여기서는 'increment', 'decrement' 및 'incrementByAmount'는 action type에 해당된다. 이러한 액션은 향후 디스패치에서 사용할 수 있다.

```js
//counterSlice.js
import { createSlice } from '@reduxjs/toolkit'

const initialState = {
  value: 0,
}

export const counterSlice = createSlice({
  name: 'counter',
  initialState,
  reducers: {
    increment: (state) => {
      state.value += 1
    },
    decrement: (state) => {
      state.value -= 1
    },
    incrementByAmount: (state, action) => {
      state.value += action.payload
    },
  },
})

// Action creators are generated for each case reducer function
export const { increment, decrement, incrementByAmount } = counterSlice.actions

export default counterSlice.reducer
```

```
[작은 단위의 상태 저장]
export const counterSlice= createSlice( {
    name : 슬라이스 이름,
    initialState : {value : 0},  //이처럼 작성 가능
    reducers :
        action명1 : 메서드1,
        action명2 : 메서드2,
        action명3 : 메서드3,
        incrementByAmount: (state, action) => {
            state.value += action.payload
        },
        ......
});
```

여기서 생성한 counterSlice.reducer는 리덕스 저장소에 등록해 사용하게 된다. 마지막으로 Counter.js 파일은 UI에 해당하는 컴포넌트이다. 이 컴포넌트에서는 버튼을 클릭해 디스패치를 통해 액션 유형과 페이로드를 리덕스 스토어에 전달한다. 그러면 counterSlice는 상태를 갱신한다. 갱신된 상태는 구독하는 컴포넌트에 반영되어 브라우저 화면에서 확인할 수 있다.

```js
//Counter.js [카운터 컴포넌트]
import React from 'react'
import { useSelector, useDispatch } from 'react-redux'
import { decrement, increment, incrementByAmount } from './counterSlice'

export function Counter() {
  const count = useSelector((state) => state.counter.value)
  const dispatch = useDispatch()

  return (
    <div >
      <h2>카운터 값 : {count}</h2>
      <div className=" button ">
        <button   onClick={() => dispatch( increment( ) )}
        > 증가 </button>
        <button   onClick={() => dispatch( decrement( ) )}
        >감소</button>
        <button onClick={()=>dispatch( incrementByAmount(10) )}
        > 10씩 증가</button>
      </div>

    </div>
  )
}
```

```
dispatch( 액션타입명( payload작성 ))
액션은 메서드로 정의되어 있음
action명( )
본 예제는 3개의 액션이 존재함
1. increment
2. decrement
3. incrementByAomunt
```

```
//액션과 페이로드 정의 예
dispatch( increment( ) )  //type: '슬라이스명/액션타입명'
    ->action={type: 'counter/increment',  payload: null}
dispatch(incrementByAmount(10) )
    ->action={type: 'counter/incrementByAmount', payload : 10}
```

9.3.7 Redux Toolkit을 사용한 실습

다음은 본 실습의 최종적인 파일 구조 및 최종 브라우저 화면을 보여준다.

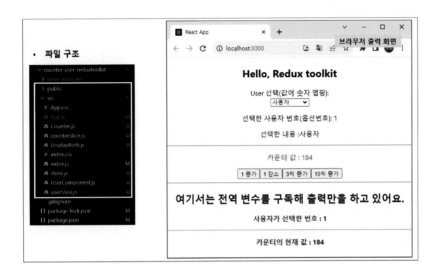

리덕스 툴킷을 사용한 실습을 진행하기 위해 다음과 비쥬얼 스튜디오 코드의 터미널에서 작업을 한 후, 프로젝트를 진행하자.

```
$ npx create-react-app  counter-user-reduxtoolkit
$ cd counter-user-reduxtoolkit
$ npm install @reduxjs/toolkit react-redux
$ ...프로젝트 코드 작성 시작...
```

아래는 소스 코드를 순차적으로 보여줄 것이다. 여러분들은 아래 나오는 소스 코드를 타이핑해 가면서 리덕스 툴킷을 사용한 리덕스의 구현을 이해가 바란다. 먼저 index.js 파일이다. 여기서는 Provider 컴포넌트를 통해 리액트와 리덕스 store 저장소를 연결해 주어야 한다.

```
//index.js
import React from "react";
import ReactDOM from "react-dom/client";
import "./index.css";
import App from "./App";
```

```
import { Provider } from "react-redux";
import store from "./store";

const root = ReactDOM.createRoot(document.getElementById("root"));
root.render(
  <React.StrictMode>
    <Provider store={store}>
      <App />
    </Provider>
  </React.StrictMode>
);
```

다음은 App.js 파일이다.

```
//App.js
import UserComponent from "./UserComponent";
import Counter from "./Counter";
import DisplayBoth from "./DisplayBoth";

function App() {
  return (
    <div style={{ textAlign: "center" }}>
      <h2>Hello, Redux toolkit</h2>
      <UserComponent />
      <hr />
      <Counter />
      <hr />
      <DisplayBoth />
    </div>
  );
}

export default App;
```

다음은 store.js 파일이다. 여기에 2개의 리듀서를 등록하였다. 따라서 여러분들은 향후에 2개의 슬라이스를 작성해야 한다는 것을 알고 있어야 한다.

```
// store.js(전역 상태 저장소)

import { configureStore } from "@reduxjs/toolkit";
import userReducer from "./userSlice";
import counterReducer from "./counterSlice";

//리덕스 저장소(store)를 생성함.
//기존의 리덕스는 createStore를 사용하였다고 함.
const store = configureStore({
  reducer: {
    user: userReducer,
    counter: counterReducer,
  },
});


export default store;
```

다음은 userSlice.js 파일이다. 슬라이스는 상태를 관리하는 작은 단위의 리듀서이다. 여기서는 액션을 생성하며, 여기서 생성된 리듀서는 store 저장소에 등록해야 한다.

```
// userSlice.js
import { createSlice } from "@reduxjs/toolkit";

const userSlice = createSlice({
  name: "user",
  initialState: { userNumber: "0" }, //문자로 된 숫자
  reducers: {
    //액션명, 즉, 액션타입 : 메서드(액션에 따른 상태 변경)
    changeUser: (state, action) => {
      state.userNumber = action.payload;
    },
  },
});

//아래는 액션을 changeUser 액션을 create함.
export const { changeUser } = userSlice.actions;

//store에 등록한 사용자슬라이스
export default userSlice.reducer;
```

다음은 UserComponent.js 파일이다. 여기서는 입력 select를 사용해 onChange 이벤트를 발생시키고, 이벤트 핸들러 함수 내에 있는 dispatch 함수가 액션 타입과 페이로드를 액션과 연관된 리듀서 슬라이스에 전송한다. 또한 useSelector를 사용해 user 리듀서 상태를 구독해 변경된 상태를 다시 UI에 보여준다.

```javascript
//UserComponent.js
import React from "react";
import { useDispatch, useSelector } from "react-redux";
import { changeUser } from "./userSlice"; //액션

const UserComponent = () => {
  //userSelector((state)=>{state.store에등록한reducer이름.속성명})
  const userNum = useSelector((state) => state.user.userNumber);
  const dispatch = useDispatch();

  const handleUserNumChange = (e) => {
    //dispatch( 슬라이스에서생성한액션명( payload작성 ) )
    dispatch(changeUser(e.target.value)); //changeUser(페이로드)
  };

  return (
    <div>
      <div>User 선택(값에 숫자 맵핑):</div>
      <select value={userNum} onChange={handleUserNumChange}>
        <option value="0">관리자</option>
        <option value="1">사용자</option>
        <option value="2">고객</option>
        <option value="3">경쟁사고객</option>
      </select>
      <p> 선택한 사용자 번호(옵션번호): {userNum}</p>
      <p>
        선택한 내용 :{userNum === "0" ? "관리자" : userNum === "1"
          ? "사용자" : "관리자나 사용자가 아님"}
      </p>
    </div>
  );
};

export default UserComponent;
```

다음은 카운터의 상태를 관리하는 counterSlice.js 파일이다. createSlice( ) 함수는 외부로부터 액션을 수신해 상태를 변경하며, 'increment', 'decrement' 및 'incrementByAmount' 등의 액션을 생성한다. 여기서 작성한 카운터 슬라이스는 리덕스 저장소에 등록해야 한다.

```js
//counterSlice.js
import { createSlice } from "@reduxjs/toolkit";

const initialState = {
  value: 0,
};

export const counterSlice = createSlice({
  name: "counter",
  initialState,
  reducers: {
    increment: (state) => {
      state.value += 1;
    },
    decrement: (state) => {
      state.value -= 1;
    },
    incrementByAmount: (state, action) => {
      state.value += action.payload;
    },
  },
});

// action creators
export const { increment, decrement, incrementByAmount } = counterSlice.actions;

//configureStore에 등록해야 함.(리듀서)
export default counterSlice.reducer;
```

다음은 카운터의 값을 변경시키고, 변경된 값을 보여주는 UI를 담당하는 Counter.js 파일이다. 여기서는 버튼을 클릭하여 카운터 값을 증가 혹은 감소시키며, 카운터 상태 값에 대한 구독을 통해 변경된 값을 화면에 보여준다.

```
//Counter.js
import React from "react";
import { useSelector, useDispatch } from "react-redux";
import { decrement, increment, incrementByAmount } from "./counterSlice";
import { counterSlice } from "./counterSlice";

function Counter() {
  //state.[store에지정한이름].[상태이름]
  const count = useSelector((state) => state.counter.value);
  const dispatch = useDispatch();

  return (
    <div>
      <div style={{ color: "red" }}>
        <p>카운터 값 : {count}</p>
        <button onClick={() => dispatch(increment())}>1 증가</button>
        <button onClick={() => dispatch(decrement())}>1 감소</button>
        <button onClick={() => dispatch(incrementByAmount(3))}>3씩 증가</button>
        <button
          //다음 방식도 가능 : dispatch( 슬라이스명.actions.액션명( payload)  )
          onClick={() => dispatch(counterSlice.actions.incrementByAmount(10))}
        >
          10씩 증가
        </button>
      </div>
    </div>
  );
}
export default Counter;
```

마지막으로 카운터 상태와 사용자(user) 상태를 동시에 구독해 상태의 변화를 즉시 화면에 보여주는 기능만을 담당하는 DisplayBoth.js 파일이다. 여기서는 useSelector를 사용해 2개의 리듀서를 구독해 원하는 상태를 얻어서 화면에 보여주는 역할을 수행한다.

```
//DisplayBoth.js
import React from "react";
//import { changeUser } from "./userSlice"; //액션
import { useSelector } from "react-redux";

//useSelector를 사용한 리듀서 상태 구독을 테스트하는 컴포넌트
const DisplayBoth = () => {
```

```
//state 다음은 스토어의 리듀서 이름, 그리고 뒤에는 상태 변수명
const userNum = useSelector((state) => state.user.userNumber);
const count = useSelector((state) => state.counter.value);

return (
  <div
    style={{
      backgroundColor: "lightyellow",
      color: "indigo",
      fontWeight: "bold",
    }}
  >
    <h2>여기서는 전역 변수를 구독해 출력만을 하고 있어요.</h2>
    <p>사용자가 선택한 번호 : {userNum}</p>
    <hr />
    <p>카운터의 현재 값 : {count}</p>
  </div>
);
};

export default DisplayBoth;
```

9.3.8 비동기 처리

본 교재에서는 다루지 않지만, Redux toolkit에는 내부적으로 thunk를 내장하고 있어서 다른 미들웨어(MiddleWare)를 사용하지 않고도 비동기 처리가 가능하다. 따라서 관심있는 독자는 createAsyncThunk나 extraReducers를 검색해 학습하기 바란다.

파이어베이스 ^{Firebase}

10.1 파이어베이스 개요

앱이나 웹에 관심이 있는 독자라면 파이어베이스를 들어본 적이 있을 것이다. 파이어베이스는 모바일과 웹/앱 제작에 도움을 주기 위해 2011년 firebase 사에서 최초로 개발하였으며, 2014년 구글이 인수하면서 지금에 이르게 되었다. 파이어베이스는 새로운 앱을 개발하고, 개선하며, 다양한 최적의 분석을 통해 한층 성장시킬 수 있도록 도와주는 툴들(Toolset)을 지원하는 백엔드(Back-end) 플랫폼이다. 특히 사업을 시작하는 앱 스타트업 기업들에게 파이어베이스는 적은 비용으로 빠르게 앱(App)을 개발해 출시할 수 있는 기회를 제공해주기 때문에 매력적일 수 있다. 파이어베이스와 같은 툴셋이 없다면 앱 개발자들은 프론트 엔드는 물론 백 엔드까지 개발을 수행해야 하므로, 개발 기간이 길어질 뿐만 아니라 인력 수급 등 많은 비용 지불해야 한다. 즉, 백 엔드의 지원을 받기 어려운 경우 프론트 엔드 개발에 집중하고 앱에서 공통적으로 사용하는 백 엔드 기능을 모아 놓은 플랫폼인 파이어베이스를 활용하면 간결하고, 명확하며, 시간 및 비용을 획기적으로 줄일 수 있다. 백 엔드 서버를 개발하기 위해서는 매우 복잡한 작업이 필요하다.

구글의 파이어베이스는 쉽고 빠르게 서버(백 엔드)를 구축할 수 있는 서비스를 제공하기 때문에 서버 관리의 부담없이 프론트 엔드 개발자들이 안정적인 백 엔드 서비스를 임차해서 사용하는 개념으로 이해하기 바란다. 이러한 유형의 서비스를 BAAS(Back-end as a Service)라고도 부른다.

최근 IT 분야뿐만 아니라 다양한 분야에서 나타나는 현상은 한 회사에서 모든 것을 다 갖춘 시대가 아닌 구독하는 시대라는 것에도 주목해 보자. 적은 비용으로 빠른 앱 출시와 모니터링 등을 지원하는 파이어베이스의 활용(구독)은 앱 개발을 시작하는 프론트 엔드 개발자들에게는 큰 도움이 될 수 있다.

파이어베이스는 전통적인 관계형 데이터베이스보다 제한이 적은 NoSQL(Not Only SQL) 기반의 데이터베이스를 지원하고 있다. 사실상의 데이터는 JSON(JavaScript Object Notation) 데이터 형식과 매우 흡사하다. 프론트 엔드 측에서 NoSQL을 기반으로 파이어베이스에서 제공하는 데이터베이스인 Firestore나 실시간 데이터베이스 등을 액세스할 수 있다.

그리고 비교적 최근에는 관계형 데이터베이스, RDBMS(Relational DataBase Management), PostgreSQL 기반의 백 엔드 서비스를 지원하는 슈파베이스(Supabase)에 대한 관심도 높아지고 있다. 관심있는 독자들은 "https://supabase.com/" 사이트를 참고하기 바란다.

사용자 인증, 데이터베이스, 파일이나 이미지 저장, 푸시 메시지(Push Message) 기능 그리고 웹 호스팅(Hosting) 및 사이트 분석 등을 파이어베이스는 지원하고 있다. 구글은 파이어베이스의 모든 툴셋들에 대한 유지관리와 운영을 책임지고 있다.

만약에서 여러분들이 파이어베이스에 제공하는 데이터베이스인 firestore나 실시간 데이터베이스를 사용하고자 한다면, 프론트 엔드(클라이언트)에서 쿼리(Query) 문을 작성하여 백 엔드에 전달하면 된다. 정상적으로 작성된 쿼리문은 백 엔드에서 자동적으로 처리된다. 즉, 여러분들이 별도로 백 엔드 영역에서 코딩을 하지 않아도 된다는 뜻이다. 따라서 파이어베이스가 백 엔드에서 할 일을 처리하므로 여러분이 할 일이 줄어들게 된다.

다음은 앱의 운영이나 개선 등이 아닌 앱 개발 측면을 보여주기 위해 표현한 그림이다.

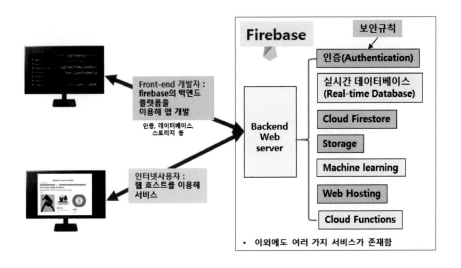

그림에서 볼 수 있듯이 본 장에서는 파이어베이스 백 엔드에서 수행하는 사용자 인증(Authentication), 데이터베이스인 클라우드 Firestore, 파일이나 이미지 등을 저장하기 위해 사용하는 스토리지(Storage) 등을 위주로 설명할 것이다. 필요하면 웹 호스팅(Web Hosting)도 사용할 수 있다. 또한 실시간 데이터베이스(Real-time Database)도 firestore처럼 데이터베이스이다. 파이어베이스에서는 신규 고객은 클라우드 Firestore로 시작하는 것을 권고하고 있다. 두 데이터베이스는 약간의 차이가 있는데, 본 장에서는 firestore만 다룰 것이다. 만약에 두 데이터베이스의 차이점을 확인하고 싶으면, "https://firebase.google.com/docs/firestore/rtdb-vs-firestore?authuser=0&hl=ko" 사이트를 참고하기 바란다.

파이어베이스에서 제공하는 툴셋을 사용해 백 엔드를 구축할 경우 무료로 사용이 가능한 용량은 아래와 같다.

파이어베이스 툴셋	무료용량/월
Firestore	1GB
Real-time database	1GB
Storage	5GB
Hosting	10GB

만약에 여러분들이 전문적인 백 엔드 서비스를 위해 비용을 지불하고 좀 더 규모있게 사이트를 운용하고 싶다면, "https://firebase.google.com/pricing?authuser=0" 사이트를 참고하기 바란다.

이어지는 절에서 설명하는 내용은 파이어베이스에서 제공하는 문서를 참고하였으니, 본 장에서 설명이 미흡한 부분에 대해 자세히 학습하고 싶은 독자라면 직접 사이트에 방문해 자세히 읽어보길 권고한다. Firebase를 사용하는 실제적인 실습은 다음 장에서 수행할 것이다.

10.2 Firebase 프로젝트 생성하기

파이어베이스를 사용하기 위해서는 먼저 구글 계정을 보유하고 있어야 한다. 따라서 구글 계정이 없는 독자는 먼저 구글 계정을 생성하기 바란다.

구글 계정에 로그인을 한 다음 "https://console.firebase.google.com/" 사이트로 접속하거나 검색기

에서 "firebase"로 검색하여 사이트에 접속할 수 있다. 사이트에 접속하면 "프로젝트 만들기" 아이콘을 볼 수 있는데, 이 아이콘을 클릭해 프로젝트 만들기를 진행하자.

본 예에서는 프로젝트 명을 "sample1"이라고 하였는데, 여러분들은 자신의 원하는 프로젝트명을 설정하면 된다. 다만 최초에는 본 교재에서 사용하는 프로젝트명을 그대로 사용하는 것도 학습할 때 혼선을 피하기 위해 좋을 것 같다.

아래 그림과 같은 절차를 따라하기 바란다.

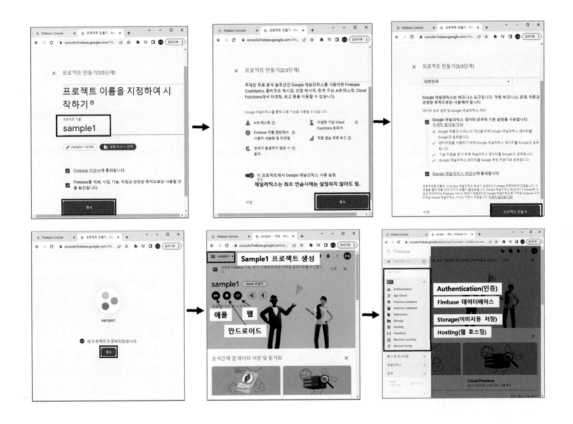

Sample1 프로젝트가 생성되면, 다음 단계의 작업을 수행하면 된다. 본 교재에서는 웹/앱을 개발하는 것에 초점을 두고 있기 때문에 웹/앱과 관련된 아이콘(</>)을 클릭해야 한다. 아이콘을 클릭하면 앱 등록을 해야 하는데, 앱 닉네임으로 편의상 프로젝트 명과 동일한 "sample1"으로 하자. 이 때 파이어베이스 웹 호스팅 여부를 묻는 체크박스를 볼 수 있는데, 일단을 무시하고 다음 단계로 넘어가자. 웹 호스팅을 원하면 추후에 언제든지 할 수 있다. 이후 앱 등록 아이콘을 클릭하면, 기본

설정은 일단 마친 것이다. 그리고 이 때 firebase SDK를 볼 수 있다. 그런데 여러분들이 향후 사용할 firebase SDK 내용은 좌측 상단부의 설정 아이콘을 클릭해 "프로젝트 설정" 메뉴를 선택하면 언제든지 확인할 수 있고, 필요하면 이를 복사해 사용하면 된다.

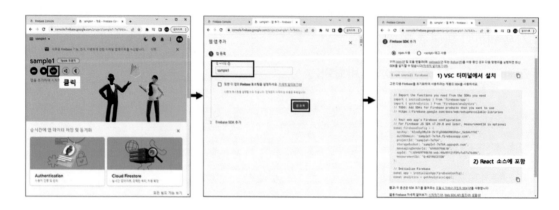

Firebase SDK 내용은 아래와 같다. 이러한 내용을 React 프로젝트에서 사용해야 파이어베이스와 연동할 수 있다. Firebase SDK 내용은 별도의 파일로 관리하는 것이 좋다.

```js
//별도의 파일로 관리하는 것이 좋음(***.js)
// Import the functions you need from the SDKs you need
import { initializeApp } from "firebase/app";
import { getAnalytics } from "firebase/analytics";

// Your web app's Firebase configuration
// For Firebase JS SDK v7.20.0 and later, measurementId is optional
const firebaseConfig = {
  apiKey: "보안상 생략함",
  authDomain: "sample1-7e764.firebaseapp.com",
  projectId: "sample1-7e764",
  storageBucket: "sample1-7e764.appspot.com",
  messagingSenderId: "69469798610",
  appId: "1:69469798610:web:40a99121f8fcfa57a76d0b",
  measurementId: "G-KD1R6CEEQW"
};

// Initialize Firebase
const app = initializeApp(firebaseConfig);
const analytics = getAnalytics(app);  //처음는 사용하지 않아도 무방함.
//export default  app    //<- 별도 파일로 관리시 좌측 문장 필요함.
```

또한 여러분들이 ReactJS 프로젝트를 수행하는 폴더에서 터미널 창을 열어서 아래와 같은 명령을 수행해야 파이어베이스 컴포넌트들을 사용할 수 있다.

■ 콘솔 창

```
$ npm  install  firebase
```

여기까지 완료하였다면 여러분들은 ReactJS 프로젝트를 진행하면서 파이어베이스와 연동할 기본 작업을 끝낸 것이다. 이어지는 절에서는 사용자 인증, 데이터베이스인 Firestore, 이미지 등을 저장하는 Storage에 대해 좀 더 자세히 설명할 것이다.

10.3 Firebase를 사용한 사용자 인증 (Authentication)

파이어베이스 사이트의 빌드(Build) 메뉴에서 "Authentication"을 선택한 이후에 다음의 과정을 밟으면 된다. 본 교재에서는 이메일/비밀번호 인증만을 다룰 것이지만, 파이어베이스는 다양한 방식의 인증을 지원하고 있다.

아래에서 추가적인 인증 지원하는 방법도 확인하기 바란다. 구글, 메타플랫폼(페이스북), 애플, 트위터 등의 계정을 사용한 인증도 지원하고 있다.

이전 절에서 언급하였지만, 파이어베이스의 하나의 프로젝트 내에서 생성된 firebase SDK는 동일하다. 이 또한 설정의 프로젝트 설정 메뉴를 클릭해 찾아가면 된다. 아래 그림을 참고하기 바란다. Firebase SDK는 npm용과 CDN용이 제공되므로 필요한 것을 복사해 사용하면 된다.

사이트에 최초로 접속하는 사용자는 먼저 회원가입을 해야 한다. Firebase의 문서(docs) 메뉴에 있는 인증(Authentication) 메뉴를 클릭한 후 웹 메뉴 내의 시작하기 버튼을 클릭하면 기본적인 사용법을 알 수 있다. 사이트 주소는 "https://firebase.google.com/docs/auth/web/start?hl=ko&authuser=0"이다.

ReactJS 프로젝트에서는 웹 모듈식 API만을 사용하므로, 앞으로 이에 대해서만 언급할 것이다. 새로운 사용자는 앱의 회원 가입 양식에 접속해 자신의 이메일 주소와 비밀번호를 사용해 최초 등록해야 한다. 가입하는 사용자의 이메일 주소와 비밀번호의 유효성을 검사한 후 createUser-WithEmailAndPassword 메서드(함수)에 전달한다.

```
import { initializeApp } from "firebase/app";
import { getAuth } from "firebase/auth";

const firebaseConfig = {
  // 여러분들의 firebase SDK 내용
};

// Initialize Firebase
const app = initializeApp(firebaseConfig);

// Initialize Firebase Authentication and get a reference to the service
const auth = getAuth(app);
```

```
//신규 회원 가입
import { getAuth, createUserWithEmailAndPassword } from "firebase/auth";

const auth = getAuth(app);
//Email과 password는 회원 가입 양식으로부터 수신한 값임
createUserWithEmailAndPassword( auth, email, password )
  .then((userCredential) => {  //성공적인 가입시 사용자 정보를 돌려줌
   //....
   const user = userCredential.user;
   // ...alert("회원 가입을 축하드립니다");.....
  })
  .catch((error) => {    //회원가입에 실패하면 수행되는 루틴
    const errorCode = error.code;
    const errorMessage = error.message;
    // ..
  });
```

기존 사용자가 자신의 이메일 주소와 비밀번호를 사용해 로그인할 수 있는 HTML 양식이 있어야
한다. 양식을 작성한 후 signInWithEmailAndPassword 메서드(함수)를 호출하면 된다.

```
//로그인 수행 코드
import { getAuth, signInWithEmailAndPassword } from "firebase/auth";

const auth = getAuth();
//email과 password는 사용자가 브라우저 input 창에 타이핑한 내용
signInWithEmailAndPassword(auth, email, password)
  .then((userCredential) => {
    // Signed in(로그인 성공시 수행할 작업을 작성)
    const user = userCredential.user;
    // ...
```

```
  })
  .catch((error) => {  //로그인 실패시 수행할 코드 작성
    const errorCode = error.code;
    const errorMessage = error.message;
  });
```

그리고 로그인한 사용자에 대한 정보가 필요한 앱 페이지마다 전역 인증 객체에 관찰자를 연결할 수 있다. 사용자의 로그인 상태가 변경될 때마다 onAuthStateChanged 메서드 관찰자가 호출된다. 사용자가 로그인되면 관찰자에서 사용자에 대한 정보를 가져올 수 있다. 이러한 방식이 아닌 리덕스(Redux)나 리코일(Recoil) 등을 사용하여 전역 상태 관리를 할 수 있다.

```
import { getAuth, onAuthStateChanged } from "firebase/auth";

const auth = getAuth();
onAuthStateChanged(auth, (user) => {
  if (user) {
    // User is signed in, [전역 변수 사용해 설정]
    // https://firebase.google.com/docs/reference/js/auth.user
    const uid = user.uid;
    // ...
  } else {
    // User is signed out
    // ...
  }
});
```

10.4 Firestore 데이터베이스

파이어베이스에서 제공하는 데이터베이스 중의 하나인 Firestore를 사용하기 위해서는 간단한 설정을 마쳐야 한다. 아래 보이는 그림을 참고하여 여러분들도 firestore 사용을 위한 설정을 하기 바란다. Build 메뉴의 Firestore 데이터베이스를 선택한 다음 ”데이터베이스 만들기“ 버튼을 클릭해 firebase 데이터베이스 생성을 진행한다.

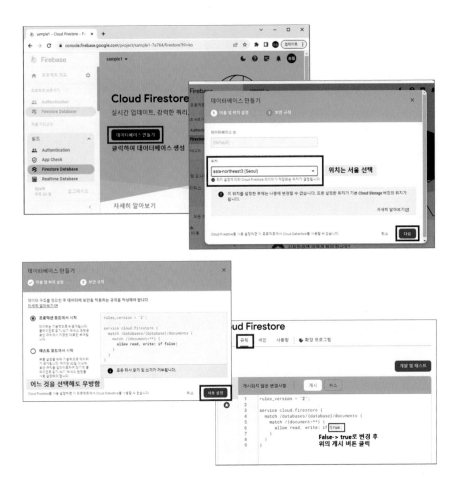

위의 그림처럼 "프로덕션 모드에서 시작" 버튼을 클릭해 사용 설정을 하였다면, "규칙" 메뉴를 누른 다음 마지막 부분에 있는 if 다음의 내용을 앞의 그림과 같이 true로 변경해 주어야 데이터베이스에 대한 액세스가 가능해진다. "테스트 모드에서 시작"은 별도의 코드 수정이 필요하지 않다.

Firestore의 저장 단위는 문서(Document)이며, 이는 JSON과 유사한 형식으로 키에 해당하는 각 필드에 값을 맵핑시켜 생성한다. 이러한 모든 문서들은 콜렉션(Collection)에 저장된다. 콜렉션은 폴더의 개념으로 이해하고, 문서는 폴더 내의 파일 개념으로 이해하면 좋을 것 같다.

아래 그림은 콜렉션명을 "tourMemo"로 지정하고, 문서명 "tour1"은 location, date, comment 및 photoUrl 필드로 구성된 예이다. 그림과 같이 작성한 후 저장하면 tourMemo 콜렉션에 tour1 문서가 저장된다.

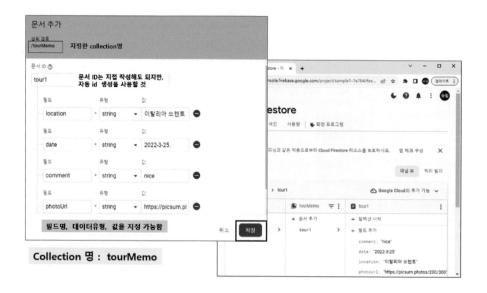

Collection 명 : tourMemo

Firestore 데이터베이스를 사용하려면 아래와 같이 클라우드 firestore를 초기화를 먼저 수행한 후 getFirestore( ) 함수로 호출해야 한다.

```
import { initializeApp } from "firebase/app";
import { getFirestore } from "firebase/firestore";

// TODO: Replace the following with your app's Firebase project configuration
// See: https://support.google.com/firebase/answer/7015592
const firebaseConfig = {
    FIREBASE_CONFIGURATION
};

// Initialize Firebase
const app = initializeApp(firebaseConfig);

// Initialize Cloud Firestore and get a reference to the service
const db = getFirestore(app);  //firestore와 연결 완료
```

아래는 콜렉션과 문서의 관계를 계층적으로 보여준다. 문서 하위 계층으로 별도의 콜렉션을 위치 시키는 것도 가능하다. 콜렉션은 단순히 문서를 저장하는 컨테이너라고 부르는 것도 가능하다. 그리고 콜렉션 내의 각 문서들은 필드가 같을 필요는 없다. 또한 독립적인 다수의 콜렉션들이 존재 하는 것도 가능하다.

```
users(collection명)
    alovelace(문서명)
        first : "Ada"
        last : "Lovelace"
        born : 1815
    airing(문서명)
        ...
```

{ first : "Ada", last : "Lovelace", born : 1815 }

데이터베이스에서 특정 위치를 가리키는 객체를 참조 객체라고 한다. Cloud firestore의 모든 문서는 데이터베이스 내에서 위치에 따라 고유하게 식별된다. 'alovelace' 문서는 'users' 콜렉션에 속하며, 다음과 같이 doc( ) 함수를 사용해 참조할 수 있다.

```
import { doc } from "firebase/firestore";

// doc( db연결명,  '콜렉션명',  '문서명' ) == doc( db연결명, '콜렉션명'/'문서명' )
const alovelaceDocumentRef = doc(db, 'users', 'alovelace');
//const alovelaceDocumentRef = doc(db, 'users/alovelace');  //위와 동일
```

만약에 콜렉션을 가리키는 참조 객체를 얻고자 한다면, 아래와 같이 collection( ) 함수를 사용하면 된다.

```
import { collection } from "firebase/firestore";

const usersCollectionRef = collection(db, 'users'); //collection(db연결명, '콜렉션명')
```

NoSQL 방식의 데이터베이스로 JSON 포맷과 매우 유사한 방식을 사용하는 firestore에 데이터를 추가하는 방법은 addDoc( ) 함수(메서드)를 사용하거나 setDoc( ) 함수를 사용할 수 있다. addDoc( ) 함수는 문서의 ID(문서명)을 자동 생성하여 저장하기 때문에 문서 ID를 함수에 넘겨주지 않을 때 사용한다. 실제로 문서명을 자동 생성하는 방법이 문서명을 지정해 주는 setDoc( ) 함수 방식보다 더 많이 사용된다고 한다. 기존의 문서가 존재하면 디폴트는 새로 제공한 데이터로 내용을 덮어쓰지만, 특정 필드를 추가한 데이터를 기존 문서와 병합하도록 지정할 수도 있다.

데이터베이스에 데이터를 쓰거나 읽는 동작은 비동기적으로 수행한다. 비동기 동작을 사용하므로 try~catch 문을 사용하여 구현하고 있다. 그리고 자동 생성 문서 ID 방식은 자동 정렬을 지원하

지는 않으므로 참고하기 바란다.

```
import { collection, addDoc } from "firebase/firestore";

try {
  const docRef = await addDoc(collection(db, "users"), {
    first: "Ada",
    last: "Lovelace",
    born: 1815
  });
  console.log("Document written with ID: ", docRef.id); //문서의 자동 ID 출력해보기
} catch (e) {
  console.error("Error adding document: ", e);
}
```

`(DB연결, collection명)`
`[저장할 문서 데이터]`
`필드명 : 데이터값`

단일 문서를 만들거나 덮어쓰려면 setDoc() 함수를 사용한다. setDoc( ) 함수를 사용해 문서를 생성하는 경우에는 문서의 ID(문서명)를 지정해 주어야 한다.

```
import { doc, setDoc } from "firebase/firestore";

const  data = {  name: "Los Angeles",  state: "CA",  country: "USA"}

await setDoc( doc(db, "cities", "new-city-id"), data);
```
`(DB연결, collection명, 문서명)`   `문서데이터`

Firestore 데이터베이스는 다양한 데이터 형을 지원하고 있다. 다음은 지원하는 다양한 데이터형을 보여주기 위한 예이다. 숫자, 문자열, Boolean, 타임스탬프(Time stamp), null, 배열, 객체 등의 데이터형이 사용되는 것을 볼 수 있다. 작성한 날짜를 기준으로 문서를 정렬하고자 한다면, 타임스탬프를 문서의 필드로 사용할 수 있을 것이다.

```
import { doc, setDoc, Timestamp } from "firebase/firestore";

const docData = {
    stringExample: "Hello world!",
    booleanExample: true,
    numberExample: 3.14159265,
    dateExample: Timestamp.fromDate(new Date("December 10, 1815")),
    arrayExample: [5, true, "hello"],
    nullExample: null,
    objectExample: {
```

```
        a: 5,
        b: {
            nested: "foo"
        }
    }
};
await setDoc(doc(db, "data", "one"), docData);
```

문서 전체를 덮어쓰지 않고 문서의 일부 필드를 갱신하려면 updateDoc( ) 메서드를 사용하자. 아래와 같은 방식으로 사용하면 된다. 워싱턴(Washington) DC 문서에 capital 필드를 추가하고 있다.

```
import { doc, updateDoc } from "firebase/firestore";

const washingtonRef = doc(db, "cities", "DC");  //문서의 참조를 얻음
// Set the "capital" field of the city 'DC'
await updateDoc(washingtonRef, {
  capital: true
});
```

Firestore 데이터베이스에서 문서를 읽어오려면 문서에 대한 참조 객체를 getDoc( ) 함수에 전달하면 된다. 아래의 예를 살펴보기 바란다. 전달받은 문서 참조 객체에 대해 data( ) 함수를 적용해야 데이터베이스에 저장한 실제 문서 객체만을 뽑아 낼 수 있다.

```
import { doc, getDoc } from "firebase/firestore";

const docRef = doc(db, "cities", "SF"); //doc(db연결명, 콜렉션명, 문서명)
const docSnap = await getDoc(docRef);

if (docSnap.exists()) {
  //data( ) 함수를 적용해야 실제 문서 객체의 내용만을 뽑아 낼 수 있음
  console.log("Document data:", docSnap.data());
} else {
  // docSnap.data() will be undefined in this case
  console.log("No such document!");
}
```

특정 콜렉션 내의 모든 문서를 한 번에 읽어오는 방법이 있다. 이 때는 getDocs( ) 함수를 사용해야

한다. 아래는 콜렉션 'cities'의 모든 문서를 읽어와 'querySnapshot'에 넘겨주며, 이후 forEach( ) 를 사용해 읽어온 모든 문서에 필요한 조작을 할 수 있다.

```
import { collection, getDocs } from "firebase/firestore";

const querySnapshot = await getDocs(collection(db, "cities"));
querySnapshot.forEach((doc) => {
  // doc.data() is never undefined for query doc snapshots
  console.log(doc.id, " => ", doc.data());
});
```

그리고 콜렉션 내에 있는 문서들에 특정 조건이 맞는 문서들만을 검색해 읽어낼 수 있는 방법은 다음 과 같다. where()를 사용하여 특정 조건을 충족하는 모든 문서를 쿼리하며, getDocs()를 사용해 결과 를 가져올 수 있다. 문서의 필드인 'capital'이 true인 모든 문서를 검색해 읽어오는 예제이며, 다음과 같다.

```
import { collection, query, where, getDocs } from "firebase/firestore";

const q = query(collection(db, "cities"), where("capital", "==", true));

const querySnapshot = await getDocs(q);
querySnapshot.forEach((doc) => {
  // doc.data() is never undefined for query doc snapshots
  console.log(doc.id, " => ", doc.data());
});
```

"https://firebase.google.com/docs/firestore/query-data/queries" 사이트를 참조하면, 조건 검색을 위 한 여러 가지 방법이 자세히 소개되어 있으니 참고하기 바란다. 다음은 몇 가지 사용 예를 보여주 고 있다.

```
•const q1 = query(collection(db, "cities"), where("capital", "==", true));
•const q2 = query(citiesRef, where('country', 'in', ['USA', 'Japan']));
•const q3 = query(citiesRef, where('country', 'not-in', ['USA', 'Japan']));
```

■ AND 조건

```
•const q4 = query(citiesRef,
        where("state", "==", "CA"), where("population", "<", 100000));
```

■ OR 조건

```
•const q5 = query(citiesRef,
        or(where('capital', '==', true), where('population', '>=', 1000000) ));
```

문서의 삭제는 delete( ) 함수를 사용하면 된다. 아래는 'DC' 문서를 삭제하는 예제이다.

```
import { doc, deleteDoc } from "firebase/firestore";

await deleteDoc(doc(db, "cities", "DC"));
```

문서의 특정 필드만을 삭제하는 것도 가능한데, 상세하는 firebase 사이트를 참조하기 바란다. 또한 콜렉션도 삭제가 가능하지만, 이러한 것은 하위 데이터가 모두 삭제되기 때문에 주의해야 한다.

10.5 Firebase 스토리지(Storage)

Firebase의 클라우드 storage는 사진, 동영상 등의 사용자 제작 콘텐츠를 저장하고 제공해야 하는 앱 개발자를 위해 만들어졌다. 또한 대용량의 파일도 휴대폰이나 웹 브라우저에서 직접 안전하게 업로드하는 것도 가능하다.

Firebase의 'build' 메뉴에 있는 'storage' 항목을 선택해 아래와 같은 설정을 수행하면 여러분들은 storage를 사용할 수 있다. 5GB 이내에서 storage의 저장 공간을 무료로 사용할 수 있다.

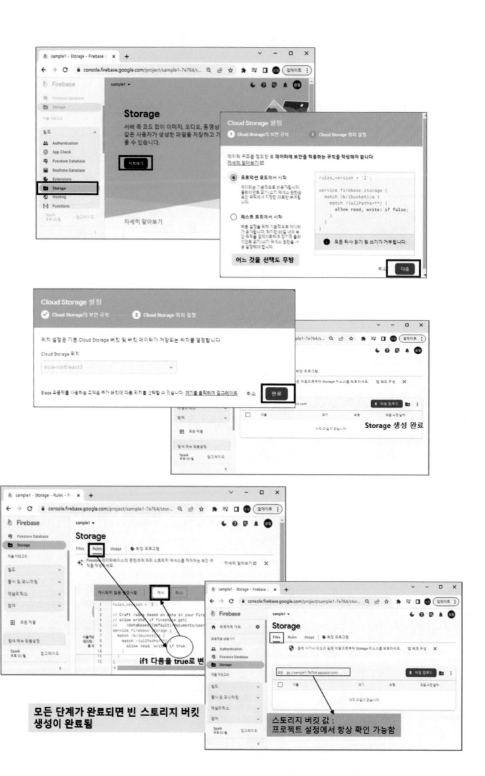

어느 것을 선택도 무방

Storage 생성 완료

if1 다음을 true로 변

모든 단계가 완료되면 빈 스토리지 버킷
생성이 완료됨

스토리지 버킷 값 :
프로젝트 설정에서 항상 확인 가능함

웹(앱)에서 조작한 문서 파일이나 이미지 등은 Firebase의 storage 버킷에 저장된다. 파일 업로드, 다운로드, 삭제, 메타데이터 가져오기 혹은 업데이트 등을 수행하려면 작업할 파일을 가리키는 참조 객체를 생성해야 한다. 이러한 참조를 만들려면 getStorage( )를 사용하여 스토리지 서비스의 객체(인스턴스)를 가져온 후 서비스를 인수로 사용해 ref( ) 함수를 호출하면 클라우드 storage 버킷의 루트를 가리킨다고 한다.

```javascript
import { getStorage, ref } from "firebase/storage";

// Get a reference to the storage service, which is used to create references in your storage bucket
const storage = getStorage();

// Create a storage reference from our storage service
const storageRef = ref(storage);   //스토리지 버킷의 루트를 가리키는 참조 객체 리턴
```

만약에 ref( ) 함수 호출시 'images/space.jpg'를 두 번째 인수로 전달하면 트리에서 하위 위치를 가리키는 참조가 만들어진다. 또한 'image'만 두 번째 인수로 전달하면 스토리지 버킷의 루트 아래 'images' 폴더까지를 가리키는 참조 객체를 생성한다. 아래의 예를 잘 참고하기 바란다.

```javascript
import { getStorage, ref } from "firebase/storage";

const storage = getStorage();

// Create a child reference
const imagesRef = ref(storage, 'images');
// imagesRef now points to 'images'

// Child references can also take paths delimited by '/'
const spaceRef = ref(storage, 'images/space.jpg');
// spaceRef now points to "images/space.jpg"
// imagesRef still points to "images"
```

Storage에 저장하는 파일의 전체 경로, 파일의 이름, 파일이 저장된 버킷 등을 알아낼 수 있는 속성들이 있다.

```
import { getStorage, ref } from "firebase/storage";
const storage = getStorage();
const spaceRef = ref(storage, 'images/space.jpg');

// Reference's path is: 'images/space.jpg'
spaceRef.fullPath;
// Reference's name is the last segment of the full path: 'space.jpg'
spaceRef.name;
// Reference's bucket is the name of the storage bucket where files are stored
spaceRef.bucket;
```

클라우드 Storage에 파일을 업로드(Upload)하려면 우선 파일 이름을 포함한 파일의 전체 경로를 가리키는 참조를 만들어야 한다. 적합한 참조를 만들었으면 uploadBytes( ) 함수를 호출한다. uploadBytes( )는 자바스크립트 파일을 비롯해 이미지, 사운드, 비디오와 같은 멀티미디어 데이터를 다루는 Blob(Binary Large Object) API를 통해 파일을 가져와서 클라우드 Storage에 업로드할 수 있다. 아래는 샘플 코드이다.

```
import { getStorage, ref, uploadBytes } from "firebase/storage";

const storage = getStorage();
const storageRef = ref(storage, `images/${fileName}`);

// 'file' : 여러분들이 저장할 실제 파일(Blob 혹은 File API)
uploadBytes(storageRef, file).then((snapshot) => {
  console.log('Uploaded a blob or file!');
  //업로드가 성공했을 때 수행할 루틴을 작성
});
```

uploadString() 함수를 사용하여 원시 문자열, base64, base64url 또는 data_url로 인코딩된 문자열을 Cloud Storage에 업로드할 수 있다. 문자열을 업로드하는 간단한 예만 살펴보고, 나머지 경우에 사이트에 접속해 확인하기 바란다.

```
import { getStorage, ref, uploadString } from "firebase/storage";

const storage = getStorage();
const storageRef = ref(storage, 'some-child');
```

```
// Raw string is the default if no format is provided
const message = 'This is my message.';
uploadString(storageRef, message).then((snapshot) => {
  console.log('Uploaded a raw string!');
});
```

uploadBytesResumable( ) 함수를 사용해 파일에 대한 업로드를 수행하면, 업로드 시작 이외에도 pause(), resume(), cancel() 메서드를 사용하여 업로드를 일시중지, 재개, 취소할 수 있다. pause() 를 호출하면 pause 상태로 변경되고, resume()을 호출하면 running으로 상태가 변경된다. cancel() 메서드를 호출하면 업로드가 실패하고 업로드가 취소되었음을 나타내는 오류가 반환된다. 그리 고 이 방식은 스토리지에 저장된 파일의 URL 주소를 돌려주기 때문에 많이 사용된다.

```
import { getStorage, ref, uploadBytesResumable } from "firebase/storage";

const storage = getStorage();
const storageRef = ref(storage, 'images/mountains.jpg');

// Upload the file(실제 저장할 파일) and metadata(파일 업로드)
const uploadTask = uploadBytesResumable(storageRef, file);

// Pause the upload(업로드 멈춤)
uploadTask.pause();

// Resume the upload(업로드 재개[running])
uploadTask.resume();

// Cancel the upload(오류 리턴)
uploadTask.cancel();
```

위에서 uploadTask 객체에 eventListener( )를 설정해 파일 업로드와 관련해 발생하는 'state_ changed' 이벤트를 처리할 수 있다. 이벤트 함수에는 다음의 사항을 작성할 수 있다. 첫 번째는 업 로드가 정상적으로 진행중일 때 처리하는 루틴, 두 번째는 에러가 발생했을 때 처리해야 하는 루 틴, 마지막인 세 번째는 업로드가 성공하였을 경우 저장된 데이터의 URL 주소 정보를 얻어 처리 하는 루틴으로 구성된다. 특히 업로드가 성공했을 때 파일의 URL 정보를 활용하는 응용에서 매우 유용하게 사용할 수 있다. 이 부분은 다음 장의 실습에 포함되어 있다.

```javascript
import { getStorage, ref, uploadBytesResumable, getDownloadURL } from "firebase/storage";

const storage = getStorage();

// Create the file metadata
/** @type {any} */
const metadata = {
  contentType: 'image/jpeg'
};

// Upload file and metadata to the object 'images/mountains.jpg'
const storageRef = ref(storage, 'images/' + file.name);
const uploadTask = uploadBytesResumable(storageRef, file, metadata);

// 상태 변화, 에러 및 업로드 완료를 listening하는 이벤트 설정
uploadTask.on('state_changed',
  (snapshot) => { //업로드 진행중에 하는 일을 작성하는 영역
    // totalBytes : 파일의 전체 용량(바이트) bytesTransferred : 현재까지 전송된 데이터(바이트)
    const progress = (snapshot.bytesTransferred / snapshot.totalBytes) * 100;
    console.log('Upload is ' + progress + '% done');
    switch (snapshot.state) {
      case 'paused':
        console.log('Upload is paused');
        break;
      case 'running':
        console.log('Upload is running');
        break;
    }
  },
  (error) => {
    // 에러가 발생했을 처리하는 루틴
    // https://firebase.google.com/docs/storage/web/handle-errors
    switch (error.code) {
      case 'storage/unauthorized':
        // User doesn't have permission to access the object
        break;
      case 'storage/canceled':
        // User canceled the upload
        break;

      // ...

      case 'storage/unknown':
        // Unknown error occurred, inspect error.serverResponse
        break;
```

```
    }
  },
  () => {
    // 업로드가 성공했을 때 수행(다운로드 URL을 얻을 수 있음)
    getDownloadURL(uploadTask.snapshot.ref).then((downloadURL) => {
      console.log('File available at', downloadURL);
    //업로드 성공시 수행할 일을 작성하는 부분
    });
  }
);
```

CHAPTER **11**

Firebase와 연동한
심플 웹 페이지

11.1 Firebase 서버와 연동한 실습의 개요

본 장에서는 프론트 엔드 설계에 ReactJS를 사용하면서 현재까지 학습한 내용을 종합해 Firebase 서버와 연동하는 간단한 웹 페이지 구축 실습을 하려고 한다. 또한 웹 페이지에 라우팅을 적용해 다중 페이지를 지원하는 웹 페이지를 구현할 예정이다. 리액트로 만드는 각 컴포넌트들은 상세한 구현은 하지 않고 개념 중심으로 진행할 예정이다. 여러분들이 본 장에서 수행하는 내용에 대해 전반적으로 이해하게 된다면, 자신이 원하는 부분들에 대해 상세한 설계를 시도해 보기 바란다. 이를 테면, 사용자의 비밀번호가 6문자 이상이고 특수 문자가 포함된 경우에만 사용자 등록을 진행하도록 소스 코드를 수정해 완성해 볼 수 있을 것이다.

본 장에서 다루는 내용은 다음의 내용에 중점을 둘 계획이다.

- 웹 페이지에 라우팅을 개념을 적용해 구현한다.
- 다양한 로그인 인증 중에서 이메일과 비밀번호 기반의 사용자 인증에 대해서만 다룬다.
- Firebase의 firestore 데이터베이스와 연동한 사용자의 정보 등록 및 읽기 기능을 구현한다.
- 특정 라우팅 페이지는 데이터베이스에서 읽은 내용으로 화면을 구성해 보여줄 수 있도록 할 것이다. 실제로 이러한 방식은 많은 웹 페이지들에서 지원한다.
- 이미지(Image) 파일의 경우에는 Firebase Storage를 활용한다.
- 로그인 상태 등 전역 상태를 관리하기 위해 리액트용 상태 관리 라이브러리인 Recoil을 사용한다.

위에서 언급한 내용들을 기반으로 본 장에서 자신의 여행에 대한 기록을 등록하고 화면으로 볼 수 있는 웹 사이트를 간단히 제작해 볼 것이다.

11.2 프로젝트를 위한 패키지 설치

먼저 비쥬얼 스튜디오 코드에서 어떤 폴더 아래에서 프로젝트를 수행할 것인지를 결정한 다음, 본 장의 실습을 위한 프로젝트를 생성해야 한다. 본 교재에서는 프로젝트 명을 'firebase-loginout'으로 설정하였지만, 여러분들은 프로젝트 명을 여러분의 취지에 맞도록 설정하였으면 한다.

여러분들은 이미 node.js는 설치되어 있을 것이다. 따라서 다음과 같은 절차로 프로젝트 생성 및 패키지 설치가 되면, 여러분들은 프로젝트를 시작할 준비를 완료한 것이다. 비쥬얼 스튜디오 코드의 새로운 프로젝트 생성을 위한 기준 폴더에서 터미널 창을 열고 아래와 같은 방식으로 순차적으로 명령어를 실행해 프로젝트를 생성하고 패키지를 설치하면 된다.

```
$ npx  create-react-app    firebase-loginout
$ cd   firebase-loginout
$ npm  intall  react-router-dom
$ npm  install  recoil
$ npm  install  firebase
$
```

기타 여러분들이 사용하기를 원하는 별도의 패키지들이 있을 경우에는 프로젝트를 진행하는 중간에 설치해 사용할 수 있을 것이다.

11.3 프로젝트의 구성

프로젝트를 단순화하기 위해 별도의 폴더는 만들지 않았다. Npx를 사용해 생성한 프로젝트의 해당 폴더는 다음과 같은 방식으로 구현할 것이다.

public 폴더 내에 index.html 파일은 사용한다. 그리고 src 폴더 내에는 8개의 *.js 자바스크립트 파일과 3개의 *.css 스타일 시트 파일로 구성하였다. 여기서 언급하지 않은 기타 *.js 파일과 *.css 파일은 제거해도 좋다.

11.4 웹 페이지 결과 화면

본 실습의 웹 페이지는 라우팅 기능을 지원해 4개의 페이지 볼 수 있도록 지원하고 있다. 여러분들이 정상적으로 코딩을 수행하여 완성하였을 경우에 본 절에서 볼 수 있는 화면들을 볼 수 있을 것이다.

다음은 최초 웹 사이트 접속시에 볼 수 있는 기본 웹 페이지 화면이다. 웹 페이지 화면을 보면 알수 있듯이 'Home', 'Photos', '여행등록' 및 'Login'의 메뉴를 지원하며, 각 메뉴를 누르면 메뉴와 관련된 내용으로 변경되어 화면에 나타난다.

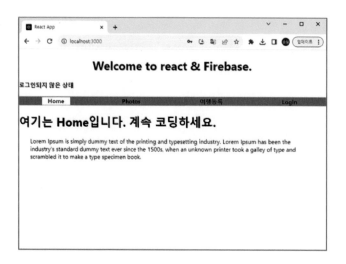

'Login' 메뉴를 누르면 Firebase에서 지원하는 인증(Authentication)을 구현하기 위한 데이터를 전송하기 위해 만들어진 화면이다. 이메일과 비밀번호를 작성하여 '회원가입' 버튼을 누르면 회원등록이 된다. 이후에는 이메일과 비밀번호를 작성한 후 '로그인' 버튼을 누르면 로그인된다. 그리고 로그인이 되면 '로그인' 버튼은 '로그아웃' 버튼으로 변경되도록 하였다.

다음 화면은 '여행등록' 메뉴를 클릭했을 때, 자신의 여행지, 여행 날짜, 한줄 평, 및 사진 첨부를 위한 기본 화면을 보여준다. 여기에서 Firebase의 firestore 데이터베이스에 저장한 데이터나

storage에 저장된 이미지(사진) 데이터는 추후에 다시 읽어와 가공해 웹 화면으로 보여줄 수 있다.

마지막으로 'Photos' 메뉴를 클릭했을 경우에는 Firebase의 firestore 데이터베이스나 storage에 저장된 내용을 읽어와 가공해 브라우저 화면에서 볼 때 사용한다. 본 웹 페이지에서는 '사진보기' 버튼을 클릭했을 때 현재까지 등록한 여행 정보를 가공해 화면에 보여준다. 여기서는 화면 크기에 따라 반응형으로 동작하도록 구현하였다. 또한 '사진보기' 버튼을 클릭하지 않고 최초 웹 페이지가 로드될 때 저장된 데이터를 읽어와 보여주도록 구현할 수 도 있다. 이 경우에는 window.onload 이벤트를 사용하면 된다. 이 장의 끝 부분에 onload 이벤트를 사용한 예제가 작성되어 있으니 꼭 참고하기 바란다.

```
window.onload = (  ) => {
  ...
  onload event handling 함수 작성
  ...
}
```

11.5 소스 코드 설명

Firebase에서 지원하는 사용자 인증, Firestore 데이터베이스 및 Storage를 사용하기 위해서는 파이어베이스의 컨피규레이션 파일을 프로젝트에 반드시 포함해야 한다. 파이어베이스의 설정 내에 있는 프로젝트 설정을 메뉴를 클릭하면 해당 컨피규레이션 파일을 얻을 수 있다.

프로젝트의 src 폴더 내에 파일 이름을 firebaseConfig.js로 저장하자. 그리고 코드의 마지막 줄에 export default app 문장을 작성해야 다른 파일에서 불러와 사용할 수 있다.

```
//파일명 :  firebaseConfig.js
import { initializeApp } from "firebase/app";
//import { getAnalytics } from "firebase/analytics";

// Your web app's Firebase configuration
// For Firebase JS SDK v7.20.0 and later
const firebaseConfig = {
  apiKey: "여러분들의 key 사용...",
  authDomain: "sample1-7e764.firebaseapp.com",
  projectId: "sample1-7e764",
  storageBucket: "..................",
  messagingSenderId: "69469798610",
  appId: "1:69469798610:web:40a99121f8fcfa57a76d0b",
  measurementId: "G-KD1R6CEEQW"
};

// Initialize Firebase
const app = initializeApp(firebaseConfig);
//const analytics = getAnalytics(app);


export default  app;
```

프로젝트의 public 폴더 내에 존재하는 index.html 파일은 아래와 같은데, 기본적으로 제공되는 파일을 그대로 사용하면 된다. 참고적으로 <noscript> 태그 내에 포함되어 있는 내용(Contents)은 사용자의 브라우저가 스크립트의 사용을 비활성화하였거나, 스크립트를 지원하지 않을 경우에 화면에 표시되는 내용이다. 따라서 본 프로젝트에서는 제거해도 무방하다.

```html
<!--    index.html    -->
<!DOCTYPE html>
<html lang="en">
  <head>
    <meta charset="utf-8" />
    <meta name="viewport" content="width=device-width, initial-scale=1" />
    <meta name="theme-color" content="#000000" />
    <meta name="description"  content="Web site created using
     create-react-app" />
    <title>React App</title>
  </head>
  <body>
    <noscript>You need to enable JavaScript to run this app.</noscript>
    <div id="root"></div>
  </body>
</html>
```

다음은 index.js 파일이다. 이 파일에서는 <RecoilRoot> 컴포넌트를 사용해 전역 변수를 사용하는 컴포넌트들을 감싸주어야 한다. 물론 <RecoilRoot>은 다른 파일에서 위치하는 것도 가능하다.

```js
//index.js
import React from "react";
import ReactDOM from "react-dom/client";
import "./index.css";
import App from "./App";
import { RecoilRoot } from "recoil";

const root = ReactDOM.createRoot(document.getElementById("root"));
root.render(
  <React.StrictMode>
    <RecoilRoot>
      <App />
    </RecoilRoot>
  </React.StrictMode>
);
```

index.css 파일을 최초 프로젝트 생성시 제공하는 파일을 수정하지 않고 그대로 사용하였다.

다음으로 전역 변수를 정의하는 파일을 loginAtom.js 파일로 정의하였다. 전역 변수로 지정할 상태를 관리하기 위해 Recoil에서 제공하는 atom을 별도의 파일로 다음과 같이 정의하였다.

변수 loginAtom은 true/false의 부울린 값을 상태로 가지며, 초기 값은 false이다. 만약에 로그인이 된다면, 전역 상태 값은 true로 변경된다. 로그아웃이 되어도 false로 변경된다.

```
//loginAtom.js
import { atom } from "recoil";

//recoil : 전역 상태 변수 관리
export const loginAtom = atom({
  key: "loginAtom", // unique ID
  default: false, // default value (initial value)//logout
});
```

Home 컴포넌트는 특별한 코딩을 수행하지 않고 화면에 간단히 텍스트만 몇 줄 보이도록 하였다. 이 부분은 여러분들이 자신에 맞게 다시 코딩하였으면 한다.

```
//Home.js
import React from "react";

const Home = () => {
  return (
    <>
      <h1>여기는 Home입니다. 계속 코딩하세요.</h1>
      <p style={{ paddingInline: "2em" }}>
    Lorem Ipsum is simply dummy text of the printing and typesetting
    industry. Lorem Ipsum has been the industry's standard dummy text ever
    since the 1500s, when an unknown printer took a galley of type and
    scrambled it to make a type specimen book.
      </p>
    </>
  );
};
export default Home;
```

Login.js 파일은 웹 브라우저 화면에서 이메일과 패스워드를 사용해 사용자 등록을 하거나, 등록된 사용자에 대해서는 로그인을 수행하거나, 로그인이 되어있는 경우에는 로그아웃을 수행하는 행위를 할 수 있는 화면이다. 사용자 등록, 로그인, 로그아웃과 관련 내용은 상세한 코딩을 하지 않았기 때문에 여러분들이 구글링이나 다른 참고 문헌을 통해 학습한 후, 한 층 향상된 사용자 등록 및 로그인을 수행할 수 있도록 코드를 수정하기 바란다. useNavigate 혹은 로그인이 성공하였을 경우에 Home으로 화면을 변경시킬 때 사용하면 된다.

```javascript
//Login.js  [이메일과 비밀번호를 이용한 로그인]
import React, { useState } from "react";
import { useNavigate } from "react-router-dom";
import app from "./firebaseConfig";
import {
  getAuth,
  createUserWithEmailAndPassword,
  signInWithEmailAndPassword,
  signOut,
} from "firebase/auth";
import { loginAtom } from "./loginAtom";
import { useRecoilState } from "recoil";

const Login = () => {
  //로그인아톰 파일에서 로그인아톰을 리코일 상태 인자로 전달
  const [isLogined, setIsLogined] = useRecoilState(loginAtom);

  let [email, setEmail] = useState("");
  let [password, setPassword] = useState("");
  //let [logined, setLogined] = useState(0); //로그인 성공시 1의 값
  const navigate = useNavigate(); //로그인 성공시 메인 홈으로 이동시 사용
  const auth = getAuth(app);

  const emailChangeHandle = (e) => {
    setEmail(e.target.value);
  };
  const passwordChangeHandle = (e) => {
    setPassword(e.target.value);
  };

  // User 회원가입 처리함수
  const signUpHandle = (e) => {
    e.preventDefault();

    createUserWithEmailAndPassword(auth, email, password)
```

```javascript
    .then((userCredential) => {
      // Signed in
      const user = userCredential.user;
      console.log(user);
      // ...
    })
    .catch((error) => {
      //const errorCode = error.code;
      //const errorMessage = error.message;
      console.log(error);
      // ..
    });
};

//로그인 처리 함수(기존 사용자 로그인)
const signInHandle = (e) => {
  //e.preventDefault();
  signInWithEmailAndPassword(auth, email, password)
    .then((userCredential) => {
      // Signed in
      const user = userCredential.user;
      console.log(user.uid);
      setIsLogined(true); // 로그인 성공시 값으로 설정
      //navigate("/"); //웹페이지 홈으로 이동(주석을 제거)
      // ...
    })
    .catch((error) => {
      // const errorCode = error.code;
      // const errorMessage = error.message;
      console.log("에러 발생 :", error);
    });
};

//로그아웃 함수
const logOutHandle = () => {
  signOut(auth)
    .then(() => {
      setIsLogined(false);
      alert("로그아웃이 완료되었습니다.");
      navigate("/login");
    })
    .catch((error) => {
      // console.log(error);
    });
};
```

```jsx
  return (
    <div className="loginPage">
      <h2>Email/Password 로그인</h2>
      <form className="loginForm">
        <label>
             e-mail  :{" "}
          <input
            type="text"
            value={email}
            onChange={emailChangeHandle}
            id="email"
          />
        </label>
        <label>
          password :{" "}
          <input
            type="password"
            value={password}
            onChange={passwordChangeHandle}
            id="password"
          />
        </label>
        <p>
          {isLogined ? (
            <button type="button" onClick={logOutHandle}>
              로그아웃
            </button>
          ) : (
            <button type="button" onClick={signInHandle}>
              로그인
            </button>
          )}{" "}
          ¦  
          <button type="button" id="register" onClick={signUpHandle}>
            회원가입
          </button>
        </p>
      </form>
    </div>
  );
};

export default Login;
```

Tour.js 웹사이트 소유자가 자신이 경험한 여행 정보를 저장하고자 할 때, 사용하는 화면이다. Tour 컴포넌트는 여행 장소(location), 날짜(Date), 간단한 메모(Comment) 및 관련 사진(Photo)을 파이어베이스의 Firestore 데이터베이스에 저장한다. 그런데, 사진(이미지)은 용량이 크기 때문에 파이어베이스의 Storage에 저장하는 것이 원칙이며, Firestore에는 저장된 사진의 URL을 저장한다. 따라서 Firestore 데이터베이스에 저장하는 문서의 포맷은 다음과 같다. 즉, 문서는 4개의 필드를 가지고 있다.

```
문서 = {location: "장소",  date : "날짜",  comment : "설명",
        photoURL : "storag의 이미지url주소"}
```

스토리지에 데이터를 저장하는 함수는 uploadBytesResumable(storageRef, 파일명, 메타데이터)를 사용한다. 파라미터인 메타데이터는 생략이 가능하다. 이미지 파일이 업로드되는 과정을 추적할 수 있도록 'state_changed' 상태 변화에 따른 이벤트 핸들러를 등록해 사용한다. 이미지 파일이 업로드된 후, 업로드된 이미지의 URL 정보를 사용해 최종적으로 Firestore 데이터베이스에 관련 문서를 저장하게 된다. Tour 컴포넌트에서는 전역 상태를 이용해 로그인이 되어있는 상태에서만 데이터베이스에 데이터를 저장할 수 있도록 하였다.

```javascript
//Tour.js
import React, { useState } from "react";
import { getFirestore, collection, addDoc } from "firebase/firestore";
import app from "./firebaseConfig";
import "./App.css";
import {
  getStorage,
  ref,
  uploadBytesResumable,
  getDownloadURL,
} from "firebase/storage";
import { useRecoilValue } from "recoil";
import { loginAtom } from "./loginAtom";

const Tour = () => {
  const db = getFirestore(app); //파이어스토어 데이터베이스 연결
  const storage = getStorage(app); //이미지 저장을 위한 스토리지 연결

  const isLogined = useRecoilValue(loginAtom);
```

```
//console.log("db : ", db);
let [location1, setLocation1] = useState("");
let [date1, setDate1] = useState("");
let [comment, setComment] = useState("");
let [image, setImage] = useState(null); //업로드할 파일 객체

const locHandle = (e) => {
  //여행지 위치 정보
  //e.preventDefault();
  setLocation1(e.target.value);
};
const dateHandle = (e) => {
  //e.preventDefault();
  setDate1(e.target.value);
};
const commentHandle = (e) => {
  //e.preventDefault();
  setComment(e.target.value);
};
const handleReset = () => {
  ///초기화
  setLocation1("");
  setDate1("");
  setComment("");
  setImage(null);
};

//먼저 사진을 제외한 데이터 저장 실습
// const storeHandle = async (e) => {
const storeHandle = async (e) => {
  e.preventDefault();

  if (!isLogined) {
    alert("로그인을 해야 업로드가 가능합니다.");
    return;
  }
  if (image == null) return;

  //저장될 폴더및파일명 지정
  const storageRef = ref(storage, "images/" + image.name);
  let photoURL = null;
  //아래의 경우 메타데이터가 없음
  const uploadTask = uploadBytesResumable(storageRef, image);

  uploadTask.on(
    "state_changed",
    (snapshot) => { //이미지 업로드가 진행중일 때
```

```
          // Get task progress, including the number of bytes uploaded
          // and the total number of bytes to be uploaded(생략하였음)
        },
        (error) => {  //에러가 발생했을 때
          // A full list of error codes is available at
          console.log(error);
        },
        ( ) => { //업로드가 성공적으로 완료되었을 때
          // 다운로드  URL을 얻을 수 있음
          //firestore에 기존 정보와 함께 URL도 저장하도록 함.
          getDownloadURL(uploadTask.snapshot.ref).then((downloadURL) => {
            photoURL = downloadURL; //storage에 저장된 포토 url 주소임
            //console.log("File available at", downloadURL);

            addDoc(collection(db, "tourMemo"), {
              location: location1,
              date: date1,
              comment,
              photoURL,
            });

            setLocation1("");
            setDate1("");
            setComment("");
            setImage(null);
          });
        }
      );
    };


    return (
      <div>
        <h1 style={{ textAlign: "center", marginTop: "100px", color: "brown" }}>
          나의 여행 등록하기
        </h1>
        <form>
          <div className="tourContainer">
            <div>여 행 지</div>
            <input
              type="text"
              id="여행지"
              onChange={locHandle}
              value={location1}
              style={{ lineHeight: "1.6em" }}
            />
            <div style={{ marginTop: "0.7em" }}>날 짜 </div>
            <input type="date" id="date" onChange={dateHandle} value={date1} />
            <div style={{ marginTop: "0.7em" }}>한 줄 평</div>
```

```
          <textarea
            cols="40"
            id="평가"
            onChange={commentHandle}
            value={comment}
          />
          <div style={{ marginTop: "0.7em" }}>사 진 첨 부 </div>
          <input
            type="file"
            id="file"
            onChange={(e) => {
              setImage(e.target.files[0]);
            }}
          />
          <div
            style={{
              display: "inline-block",
              marginTop: "0.7em",
              fontSize: "24px",
            }}
          >
            <button
              type="submit"
              onClick={storeHandle}
              style={{
                color: "white",
                backgroundColor: "blue",
              }}
            >
              저장소에 저장하기
            </button>
             
            <input type="reset" value="초기화" onClick={handleReset} />
          </div>
        </div>
      </form>
    </div>
  );
};

export default Tour;
```

몇 개의 데이터를 저장한 이후 파이어베이스의 firestore 데이터베이스에 접속해 보면 아래와 같이 나타나는 것을 알 수 있을 것이다. 본 실습에서 콜렉션명은 사전에 여러분들이 Firestore에 미리 지정해 주어야 한다. 이전 장(Chapter)을 참고하기 바란다.

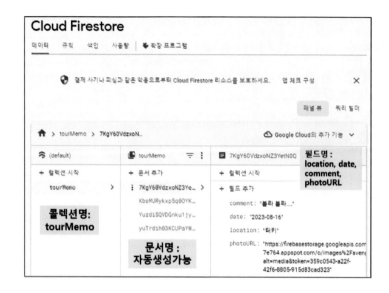

Photos 컴포넌트는 Firestore 데이터베이스와 storage로부터 데이터와 이미지를 불러와 자신이 저정한 파일을 보여주는 화면이다. 이 화면에서는 "사진보기" 버튼을 클릭하면 데이터베이스와 스토리지에서 데이터를 읽어 화면에 보여주기 위한 처리를 한 후 화면에 보여준다.

```javascript
//Photos.js
import React, { useState } from "react";
import "./photos.css";
import app from "./firebaseConfig";
//import { getStorage, ref } from "firebase/storage";
import { getFirestore, collection, getDocs } from "firebase/firestore";

const Photos = () => {
  const db = getFirestore(app); //파이어스토어 데이터베이스 연결

  const [displayList, setDisplayList] = useState([]); //디스플레이할 객체들

  const loadData = () => {
    getData();
  };

  const getData = async () => {
    //아래는 콜렉션을 모든 내용을 읽어들이는 구문
    const querySnapshot = await getDocs(collection(db, "tourMemo")); //콜렉션명:tourMemo
```

```jsx
      setDisplayList([]); //초기화
      querySnapshot.forEach((doc) => {
        // doc.data() : 실제 저장된 객체
        //doc.data().속성명을 작성한 템플릿에 맵핑시켜서 완성하면 됨.

        console.log(doc.id, " => ", doc.data());
        let ob = doc.data(); //저장한 데이터 객체
        setDisplayList((arr) => [...arr, ob]);
      });
    };

    return (
      <div>
        <h1>여기는 추억의 사진들이 전시될 공간. ....</h1>
        <h3>
          firestore db에 존재하는 각 문서의 필드명 :[location, date,
          comment, photoURL]{" "}
        </h3>
        <h3>
          <input type="button" onClick={loadData} value="사진 보기" />
        </h3>
        <section className="cards">
          {displayList.map((item, index) => {
            return (
              <div className="card" key={index}>
                <img
                  className="cardImage"
                  src={item.photoURL}
                  alt="추억의 사진"
                />
                <div className="cardContent">
                  <h2 className="cardTitle">{item.location}</h2>
                  <p className="cardText">{item.comment}</p>
                  <p className="cardDate">{item.date}</p>
                </div>
              </div>
            );
          })}
        </section>
      </div>
    );
  };

export default Photos;
```

Photos 컴포넌트에 대해 별도의 디자인을 적용하는 CSS 파일을 다음과 같이 작성하였다.

```css
/*   photos.css   */
.cards {
  display: flex;
  flex-wrap: wrap;
  justify-content: center;
}
.card {
  width: 300px;
  margin: 15px;
}
.cardImage {
  width: 100%;
  height: auto;
}
.cardContent {
  padding: 15px;
}

@media (max-width: 600px) {
  .card {
    width: 100%;
    min-width: 500px;
    margin: 10px 0;
  }
}
@media (max-width: 900px) {
  .card {
    width: 48%;
    margin: 1%;
  }
}
```

App 컴포넌트는 웹 페이지의 라우팅을 수행한다. 또한 로그인 상태인지 아닌지를 나타내기 위해 전역 상태 변수를 사용하고 있다. 여기서는 useRecoilState(loginAtom) 함수에서 배열 구조분해를 이용해 상태값을 얻는다.

```
//App.js
import "./App.css";
import { BrowserRouter, Routes, Route, NavLink } from "react-router-dom";
import Home from "./Home";
import Photos from "./Photos";
import Tour from "./Tour";
import Login from "./Login";
import { useRecoilValue } from "recoil";
import { loginAtom } from "./loginAtom";

function App() {
  //let [isLogined] = useRecoilState(loginAtom);
  //이 방식으로 상태값을 얻어서 사용할 수 있음
  let isLogined = useRecoilValue(loginAtom);
  return (
    <BrowserRouter>
      <h1 className="header">Welcome to react & Firebase.</h1>
      <h4>{isLogined ? "로그인 상태" : "로그인되지 않은 상태"}</h4>
      <nav className="navi">
        <NavLink to="/" className="nav-item">
          Home
        </NavLink>
        <NavLink to="/photos" className="nav-item">
          Photos
        </NavLink>
        <NavLink to="/tour" className="nav-item">
          여행등록
        </NavLink>
        <NavLink to="/login" className="nav-item">
          Login
        </NavLink>
      </nav>
      <Routes>
        <Route path="/" element={<Home />}></Route>
        <Route path="/photos" element={<Photos />}></Route>
        <Route path="/tour" element={<Tour />}></Route>
        <Route path="/login" element={<Login />}></Route>
      </Routes>
    </BrowserRouter>
  );
}

export default App;
```

다음은 App.css 파일이다.

```css
.App {
  text-align: center;
}
.active {
  color: red;
  background-color: white;
}
.header {
  text-align: center;
  color: navy;
  position: relative;
}
.navi {
  display: flex;
  height: 24px;
  font-weight: bold;
  justify-content: space-around;
  align-items: center;
  background-color: gray;
}
.nav-item {
  padding: 0px 16px;
  text-decoration: none;
}
.loginPage {
  text-align: center;
}
.loginForm {
  display: flex;
  flex-direction: column;
  justify-content: center;
  align-items: center;
}
.tourContainer {
  display: flex;
  flex-direction: column;
  justify-content: center;
  align-items: center;
  font-size: 18px;
  font-weight: bold;
}
```

여기까지 완료하였으면, 기본 실습 코드에 대한 작성을 완료한 것이다.

11.6 로드완료시 데이터 읽어오기

이전 절에서 설명하였던 Photos 컴포넌트는 본 절에서 설명하는 window.onload 이벤트를 사용해 다르게 구현할 수 있다. Window.onload 이벤트는 전체 웹 페이지의 로드가 완료된 후, 즉시 호출되어 수행된다. 본 절의 내용을 적용하고 싶다면, 기존의 Photos.js을 여기서 설명하고 있는 2개의 파일로 교체해야 한다.

서버에서 읽어온 데이터를 전역 변수로 관리해야 하므로 Recoil에서 제공하는 atom을 사용해야 한다. 전역 변수는 배열 형식이며, 문서 객체들이 저장된다. atom으로 생성된 데이터는 memAtom 이다.

```
//memAtom.js  [전역 변수] Photos1.js를 사용할 경우에 필요함
import { atom } from "recoil";

//recoil : 전역 상태 변수 관리
export const memAtom = atom({
   key: " memAtom ", // unique ID
   default: [ ], // default value (initial value)//객체를 저장할 빈 배열;
 });
```

다음은 Photos1 컴포넌트 소스이다. 여기서는 window.onload 이벤트를 잘 이해하기 바란다. 이 파일을 사용하고 싶으면, App 컴포넌트에서 Photos.js 파일을 Photos1.js로 교체하면 된다.

```
//Photos1.js
import {db, storage} from './firebase-Config'
import { collection, getDocs } from "firebase/firestore";
import { memAtom } from './memAtom';
import {useRecoilState} from 'recoil';

const Photos1 = () => {
  //파이어스토어에서 데이터 읽기
  const [arr, setArr] = useRecoilState(memAtom);

window.onload = async ()=>{
```

```
      const querySnapshot = await getDocs(collection(db, "tourMemo"));
      querySnapshot.forEach((doc) => {
        // doc.data() is never undefined for query doc snapshots
        console.log(doc.id, " => ", doc.data());
        const item = doc.data();
        setArr((pre)=> [...pre, item] );
      });
  }


  return (
   <div>
      <h1>My Home 사이트입니다. 여기서는 추억의 사진을 전시합니다.</h1>
      <ul>
      {arr.map((item)=>{
         return <li >{item.location}</li>
      })
      }
      </ul>
    </div>
  )
}


export default Photos1
```

11.7 회원 등록시 유효성 검증

본 절에서는 본 장의 앞에서 설명하였던 Login.js 파일에서 회원 가입 및 로그인시 이메일과 패스워드의 유효성 검증을 수행하는 코드를 추가하여 구현하였다. 일단 본 절에서 작성한 파일명은 LoginVerified.js이다. 본 절에서 작성한 파일을 기존의 파일인 Login.js 파일을 대체해 사용한다면 회입 가입 및 로그인시 이메일과 패스워드에 대한 유효성 검증을 추가할 수 있으니, 필요한 독자들은 잘 활용하기 바란다.

```
//LoginVerified.js
import React, { useState } from "react";
import { useNavigate } from "react-router-dom";
import app from "./firebaseConfig";
import {
  getAuth,
```

```
  createUserWithEmailAndPassword,
  signInWithEmailAndPassword,
  signOut,
} from "firebase/auth";
import { loginAtom } from "./loginAtom";
import { useRecoilState } from "recoil";

const LoginVerified = () => {
  //로그인아톰 파일에서 로그인아톰을 리코일 상태 인자로 전달
  const [isLogined, setIsLogined] = useRecoilState(loginAtom);

  const [formData, setFormData] = useState({ email: "", password: "" });

  const [detectedErrors, setDetectedErrors] = useState({ });

  //let [logined, setLogined] = useState(0); //로그인 성공시 1의 값
  const navigate = useNavigate(); //로그인 성공시 메인 홈으로 이동시 사용
  const auth = getAuth(app);

  //이메일(email)과 패스워드(password)를 통합한 상태 함수
  const changeHandle = (e) => {
    //e.target 객체에서 name과 value 속성을 추출
    const { name, value } = e.target;
    setFormData({
      ...formData,
      [name]: value,
    });
  };

  // User 회원가입 처리함수
  const signUpHandle = (e) => {
    e.preventDefault();
    //verify for email & password
    const 유효성검증실패 = { }; //객체생성
    if (!formData.email) {
      //이메일 유효성 체크
      유효성검증실패.email = "email 정보가 필요합니다.";
      // \S : 빈 칸이 아닌 모든 문자,  \s : 빈 칸 문자
    } else if (!/\S+@\S+\.\S+/.test(formData.email)) {
      유효성검증실패.email = "이메일 주소가 유효하지 않습니다.";
    }

    if (!formData.password) {
      //이메일 유효성 체크
      유효성검증실패.password = "password를 입력하세요.";
```

```
    } else if (formData.password.length < 6) {
      유효성검증실패.password = "비밀번호는 최소 6글자 이상입니다.";
    }

    setDetectedErrors(유효성검증실패);

    if (Object.keys(유효성검증실패).length === 0) {
      createUserWithEmailAndPassword(auth, formData.email, formData.password)
        .then((userCredential) => {
          // Signed in
          const user = userCredential.user;

          console.log(user);
          // ...
        })
        .catch((error) => {
          //const errorCode = error.code;
          //const errorMessage = error.message;
          console.log(error);
          // ..
        });
    }
  };

  //로그인 처리 함수(기존 사용자 로그인)
  const signInHandle = (e) => {
    //e.preventDefault();
    signInWithEmailAndPassword(auth, formData.email, formData.password)
      .then((userCredential) => {
        // Signed in
        const user = userCredential.user;
        console.log(user.uid);
        setIsLogined(true); // 로그인 성공시 값으로 설정
        //navigate("/"); //웹페이지 홈
        // ...
      })
      .catch((error) => {
        // const errorCode = error.code;
        // const errorMessage = error.message;
        console.log("에러 발생 :", error);
      });
  };

  const logOutHandle = () => {
    signOut(auth)
```

```
      .then(() => {
        setIsLogined(false);
        alert("로그아웃이 완료되었습니다.");
        navigate("/login");
      })
      .catch((error) => {
        // console.log(error);
      });
  };

  return (
    <div className="loginPage">
      <h2>Email/Password 로그인</h2>
      <form className="loginForm">
        <label>
             e-mail  :{" "}
          <input
            type="text"
            value={formData.email}
            onChange={changeHandle}
            name="email"
          />
          {detectedErrors.email && <div>{detectedErrors.email}</div>}
        </label>
        <label>
          password :{" "}
          <input
            type="password"
            value={formData.password}
            onChange={changeHandle}
            name="password"
          />
          {detectedErrors.password && <div>{detectedErrors.password}</div>}
        </label>
        <p>
          {isLogined ? (
            <button type="button" onClick={logOutHandle}>
              로그아웃
            </button>
          ) : (
            <button type="button" onClick={signInHandle}>
              로그인
            </button>
          )}{" "}
          |  
```

```
            <button type="button" id="register" onClick={signUpHandle}>
              회원가입
            </button>
          </p>
        </form>
      </div>
    );
  };

export default LoginVerified;
```

CHAPTER **12**

리액트 부트스트랩 React Bootstrap

12.1 개요

리액트 부트스트랩은 리액트를 사용해 부트스트랩 컴포넌트를 완전히 재 구현한 것이다. 그리고 각 컴포넌트는 사용자 접근성을 고려해 만들어졌다고 한다. 부트스트랩은 대부분의 CSS 스타일링을 정의해 놓았기 때문에 HTML 디자인을 기존보다 훨씬 빠르게 할 수 있는 장점이 있다. 그렇지만 새롭게 정의해 놓은 CSS에 대한 별도의 학습을 해야 한다는 부담이 있고, CSS 스타일링을 작성하는 개개인의 능력을 저하시킬 우려가 있어 적극 권장하지는 않는다. 하지만, 리액트 부트스트랩을 사용하면 빠른 웹 사이트 제작이 가능하기 때문에 종종 사용되고 있다. 스타일시트는 부트스트랩에서 이미 정의해 놓은 스타일시트를 주로 사용하지만, 필요할 경우에는 여러분들이 추가적인 디자인을 적용하는 것도 가능하다.

리액트가 설치되어 있다면 react-bootstrap을 설치하면 기본 설정을 완료되었다고 볼 수 있다. 본 장에서는 리액트 부트스트랩에서 제공하는 다양한 기능 중에서 일부만을 소개할 것이다. 또한 리액트 부트스트랩이 아닌 기존의 부트스트랩 5를 학습한 학습자라면 더 빠르게 리액트 부트스트랩에 적용할 수 있을 것이다. 리액트가 컴포넌트 기반의 프론트 엔드(Front-end) 설계를 지원하다는 것을 인식하고 있다면, 리액트 부트스트랩이 다양한 컴포넌트를 제공하고 있다는 것을 유추할 수 있을 것이다.

또한 부트스트랩이 CSS 스타일을 HTML의 속성인 class를 통해서 지원하고 있다는 것을 먼저 이해하고 있어야 한다. 만약에 여러분들이 특정한 속성을 적용하고 싶다면, class에 부트스트랩에서 정의해 놓은 클래스를 할당하면 된다. 리액트 부트스트랩을 사용하기 위해서는 먼저 리액트에 대해 알고 있어야 하며, 부트스트랩 5를 알고 있어야 학습에 무리가 없을 것이다. 그리고 여러분들이 리액트 부트스트랩을 학습한다는 것은 반응형(Responsive) 웹 디자인을 학습한다는 의미도 내포되어 있다.

12.2 리액트 부트스트랩 활용을 위한 준비 작업

리액트 부트스트랩의 공식 사이트는 "https://react-bootstrap.github.io/"이다. 이 사이트에 접속하면 리액트 부트스트랩에 대한 가이드 라인이 잘 정리되어 있다. 다음 그림은 리액트 부트스트랩의 공식 사이트를 보여준다. 본 교재는 리액트 부트스트랩의 많은 기능들 중에서 일부만을 정리한 것이라는 것을 알고 있어야 한다. 더 자세한 내용을 확인하고 싶으면 공식 사이트에 접속해 제공된 기본 내용을 여러 번 읽어볼 것을 추천하는 바이다.

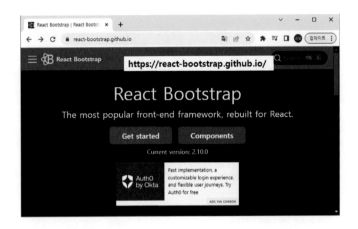

여러분들이 이미 리액트에 대한 기본 지식을 습득한 상황이라는 전제하에 설명하는 것이다. "npx create-react-app demo-app"과 같이 리액트 사용을 위한 기본 프로젝트를 생성한 상황에서 리액트 부트스트랩 패키지(라이브러리)를 추가적으로 설치해야 한다. 아래와 같이 프로젝트 폴더에 패키지를 설치하면 리액트 부트스트랩을 사용할 준비가 완료된다.

```
$ npm  install  react-bootstrap   bootstrap
```

Bootstrap 패키지는 Bootstrap 5의 패키지를 의미하며, react-bootstrap은 리액트 부트스트랩을 의미한다. 따라서 리액트 부스트랩을 사용할 때는 기존의 부트스트랩 5를 사용할 수 있다는 것을 의미한다. 만약에 여러분들이 라우팅까지 적용하고 싶다면 다음과 같이 추가적으로 패키지를 설치해야 한다.

```
$ npm  install react-router-dom
```

리액트 부트스트랩의 설치를 완료하면 여러분들은 리액트 부트스트랩에서 정의해 놓은 CSS 스타일을 사용할 수 있다. 따라서 정의해 놓은 CSS 스타일 파일을 불러들여야 한다. 여러분들은 리액트 프로젝트의 index.js 파일이나 App.js 파일에서 불러와야 한다. 다음과 같이 CSS 파일을 import 하면 된다.

```
{/* src/index.js 혹은 App.js 파일에 포함시킴(stylesheet 포함)*/}

import 'bootstrap/dist/css/bootstrap.min.css';
```

리액트는 컴포넌트 기반의 설계라고 설명하였다. 따라서 리액트 부트스트랩에서 정의해 놓은 컴포 넌트도 불러와야 한다. 정의된 컴포넌트를 불러오는 방법은 2가지 방안이 있다. 아래와 같이 컴포 넌트를 import하여 사용해야 한다. 두 방식 모두 정상적으로 동작할 것이다.

```
1. Button 컴포넌트 불러오기(한 개의 컴포넌트)
   import Button from 'react-bootstrap/Button';
   import Link from 'react-bootstrap/Link';
   import Nav from 'react-bootstrap/Nav';
................................................................................
2. 여러  컴포넌트 불러오기(2개 이상의 컴포넌트를 한 문장으로 import할 때 사용)
   import { Button, Link, Nav } from 'react-bootstrap';
```

또한 본 강의에서는 사용하지 않지만 CDN(Content Delivery Network) 방식을 사용할 수 있다. 이 방식을 사용하면 이전에 설명하였던 npm install react-bootstrap   bootstrap을 사용하지 않아도 된 다. CDN 방식을 사용하는 방법은 아래에 정리하였다. 여기서는 CSS 파일과 JS(자바스크립트) 파 일을 index.html 파일에서 불러와야 한다. 리액트 라이브러리, 리액트 dom 라이브러 및 리액트 부 트스트랩은 HTML의 BODY 태그의 종료 직접에 삽입하면 되고, CSS 파일은 HTML의 헤드부에 추가해 주면 된다.

```
1. HTML의 HEAD 안에 추가(CDN 방식)
   <link
     rel="stylesheet"
     href="https://cdn.jsdelivr.net/npm/bootstrap@5.2.0-beta1/dist/css/bootstrap.min.css"
     crossorigin="anonymous"
   />
................................................................................
2. HTML의 BODY 태그의 종료 직전에 추가(CDN 방식)
   <!- 리액트 라이브러리 -->
   <script src="https://unpkg.com/react/umd/react.production.min.js" crossorigin></script>

   <!- react-dom 라이브러리 -->
```

```
<script
  src="https://unpkg.com/react-dom/umd/react-dom.production.min.js"
  crossorigin></script>

<!-- react-bootstrap 라이브러리 -->
<script
  src="https://unpkg.com/react-bootstrap@next/dist/react-bootstrap.min.js"
  crossorigin></script>
```

리액트 부트스트랩에서 SASS를 사용할 수 있지만, 여기서는 다루지 않겠다.

12.3 as prop API와 variant 속성

리액트 부트스트랩은 컴포넌트의 속성으로 as 속성과 variant 속성이 존재할 수 있다.

as 속성은 기존의 스타일링은 사용하면서 최종적으로 렌더링될 컴포넌트를 변경(Switch)하기 위해 사용하는 속성이다. 예를 들어 버튼(Button) 컴포넌트는 submit, reset, button의 type을 가질 수 있다. 또한 링크 기능을 수행하기 위해 버튼 내부에서 다시 앵커 태그(<a>)를 가질 수 있다. 버튼을 링크 기능을 수행하는 태그로 사용하고 싶다면 as="a"를 지정하면 버튼은 링크 기능을 수행하는 버튼으로 사용할 수 있다. 즉, as 속성은 요소(Element)의 유형(elementType)을 재설정하는 것이다. 이 때, 기존 컴포넌트의 CSS 스타일은 그대로 사용한다.

variant는 원래의 단어 뜻이 변종, 변형을 의미한다. 즉, 다른 형으로 변형한 CSS를 적용한다는 의미이다. 색상이나 테마 등을 지정할 때 주로 사용한다. 이 밖에 색상 이외의 다른 의미로도 사용하기 때문에 컴포넌트를 사용할 때 미리 확인해야 한다.

```
<Stack direction="horizontal" gap={2}>
  <Button as="a" variant="primary"  href="https://picsum.photos/">
    링크(버튼에 표시되는 내용)
  </Button>
  <Button as="a" variant="success">
    링크(실제 링크는 연결되지 않음)
  </Button>
</Stack>
```

링크(버튼에 표시되는 내용) 링크(실제 링크는 연결되지 않음)

위의 예는 2개의 리액트 컴포넌트를 사용하고 있다. Stack, Button이 리액트 부트스트랩에서 정의한 컴포넌트이다. Stack 컴포넌트의 속성 중에서 방향(Direction)은 내부의 버튼들을 수평 혹은 수직 방향으로 배치할지를 지정하고, gap은 버튼 사이의 간격(gap)을 JSX 문법으로 지정하였다.

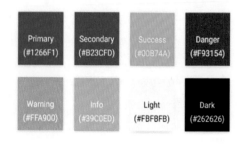

리액트 부트스트랩에서 제공하는 기본 색상은 다음과 같다. 모두 8개의 기본 색상을 제공하고 있다. 예를 들면 Primary는 파랑색을 의미한다.

배경색이나 글자색도 이러한 기본 제공 색상을 사용한다. className 속성에 다음과 같이 할당하면 된다. 배경색을 지정할 때는 접두어 bg-를 사용하고, 글자색을 지정할 때는 접두어 text-를 사용해야 한다. 기본 제공 8가지 색은 이러한 원리를 적용해 색상을 적용하면 된다.

```
배경색 : <컴포넌트명(요소)   className="bg-suceess" />
글자색 : <컴포넌트명(요소)   className="text-info" />
```

12.4 반응형 레이아웃

리액트 부트스트랩의 특징중의 하나는 반응형 레이아웃을 지원하는 것이다. 브라우저 너비에 따른 몇 개의 중단점(Breakpoints)을 정의해 놓았다. 중단점의 변화에 따라 화면 상에서 다른 레이아웃을 가질 수 있도록 지원하고 있다. 다음은 리액트 부트스트랩에서 규정한 화면 너비에 대한 중단점을 정리한 것이다.

Breakpoint	Class infix	Dimensions
X-Small	*None*	<576px
Small	sm	≥576px
Medium	md	≥768px
Large	lg	≥992px
Extra large	xl	≥1200px
Extra extra large	xxl	≥1400px

대략적으로 576픽셀 이하는 모바일 폰의 사이즈이며, 768픽셀 이하는 테블릿의 사이즈를 의미한다.

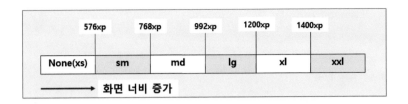

리액트 부트스트랩은 플렉스 박스(Flex Box) 기반의 반응형 설계를 지원하고 있다. 부트스트랩의 그리드 시스템은 Container, Row, Col 컴포넌트를 사용해 컨텐츠를 레이아웃하고 정렬할 수 있다. 이러한 그리드 시스템은 한 행을 12개 열(칼럼)으로 분할해 다룬다.

컨테이너는 컨텐츠를 수평 방향으로 위치시키거나 중앙에 위치시킬 때 사용한다. 컨테이너는 1개 이상의 행(Row)을 가질 수 있으며, 각 행 또한 1개 이상의 칼럼(Column)을 가질 수 있다. 그리고 하나의 행에서 칼럼들이 차지하는 너비의 비율을 지정할 수도 있다. 만약에 한 행에서 칼럼의 총합이 12를 넘으면 자동적으로 행이 추가되면서 칼럼들이 배치된다.

순수 컨테이너는 화면의 중단점에 따른 좌우 동일한 여백을 가지며 배치되지만, fluid 컨테이너는 화면 너비에 상관없이 화면 너비의 100%를 차지한다.

리액트 부트스트랩에서 Container는 컴포넌트이다. 화면 너비의 100%를 항상 유지하려면 Container 컴포넌트의 속성을 fluid 설정해주어야 한다. 그리고 컨테이너는 사실상 <div> 태그로 구성된다. 모든 컴포넌트는 import를 시켜야 사용할 수 있다.

```
1. import Container from 'react-bootstrap/Container'
   중단점에 따른 좌우 여백을 갖고 수평향으로 중앙에 위치하는 컴포넌트
   <Container>......</Container>
2. 항상 화면의 100% 너비를 갖는 속성 추가
   <Container  fluid>......</Container>
   - fluid="md"로 설정하면, md(768픽셀 미만) 화면 너비에 도달할 때까지 100% 화면 너비
```

Row 컴포넌트 안에 있는 모든 Col 컴포넌트가 너비를 지정하지 않으면 모든 Col 컴포넌트는 동일한 너비를 할당받는다.

기본적인 그리드 시스템 레이아웃을 사용하는 간단한 예제는 아래와 같다.

```
import Container from "react-bootstrap/Container";
import Row from "react-bootstrap/Row";
import Col from "react-bootstrap/Col";

function Grid1() {
  return (
    <Container className="my-4">
      <Row>
        <Col md={8} className="bg-info fs-3">
          md이사에서 8/12=2/3영역 차지
        </Col>
        <Col md={4} className="bg-warning">
          md 이상에서 1/3영역 차지
        </Col>
      </Row>
      <Row>
        <Col md>각 칼럼이 동일 너비1</Col>
        <Col md className="bg-success">
          각 칼럼이 동일 너비2
        </Col>
        <Col md className="text-danger">
          각 칼럼이 동일 너비2
        </Col>
      </Row>
    </Container>
  );
}
export default Grid1;
```

다음은 Container 컴포넌트에 fluid 속성을 적용한 경우이다. 단순히 fluid 속성만 사용하면 모든 너비에 대해 컨텐츠가 100% 너비를 차지하지만, fluid="md"라고 설정한다면 md 너비가 되기 직전까지만 화면 너비의 100%를 차지하고, 그 이상에서는 Container 컴포넌트의 너비 할당 규칙에 따른다.

```
import Container from "react-bootstrap/Container";
import Row from "react-bootstrap/Row";
import Col from "react-bootstrap/Col";
```

```
function GridFluid() {
  return (
    <Container fluid="md" className="my-3">
      <Row>
        <Col className="bg-primary">첫 번째 칼럼(md포함까지 full width)</Col>
        <Col className="bg-warning">두 번째 칼럼(md포함까지 full width)</Col>
      </Row>
    </Container>
  );
}

export default GridFluid;
```

첫 번째 칼럼	Md (768 픽셀) 미만에서는 100%너비, 이상에서는 Container 규칙에 따름		두 번째 칼럼(md포함까지 full width)

텍스트와 관련한 클래스로 text-uppercase는 텍스트의 모든 영문을 대문자로 변화해주고, text-lowercase는 텍스트의 모든 영문을 소문자로 변환해 준다.

플렉스 박스 모델에서 행 안의 차일드(Child) 요소에 order 속성을 적용하면 작은 값을 할당한 칼럼이 코딩 순서와 관계없이 앞에 위치하게 할 수 있다. 가장 앞에 있는 자식의 요소의 디폴트 order 값은 0이다.

아래는 특정 중단점인 md 이상에서 order 속성을 설정한 예이다. 따라서 md 이하의너비에서는 정상적인 코딩 순서로 칼럼들이 배치되지만, md 이상의 너비에서는 order 값이 작은 칼럼이 행의 앞에 위치하게 된다. 예제를 간단히 살펴보기 바란다.

```
import Container from "react-bootstrap/Container";
import Row from "react-bootstrap/Row";
import Col from "react-bootstrap/Col";
function Test1() {
  return (
    {//글자크기 : display-1~6, h1~h6, fs-1~6
    //대.소문자로 변환 : text-uppercase, text-lowercase }
    <Container className="mt-3 fs-3 text-uppercase">
      <Row>
        <Col md={{ order: 2 }} className="bg-warning text-white">
          본래 코딩 순서 1(hello)
        </Col>
```

```
        <Col md={{ order: 15 }} className="bg-success text-light">
          본래 코딩 순서 2(hi)
        </Col>
        <Col md={{ order: 0 }}>본래 코딩 순서 3(ok)</Col>
      </Row>
    </Container>
  );
}
export default Test1;
```

본래 코딩 순서 1(HELLO)	본래 코딩 순서 2(HI)	본래 코딩 순서 3(OK)

| 본래 코딩 순서 2(HI) | 본래 코딩 순서 3(OK) | 본래 코딩 순서 1(HELLO) |

12.5 간단한 예제

본 절에서는 리액트 부트스트랩을 활용한 간단한 웹 페이지를 작성해 보자. 프로젝트명은 'react-bootstrap1'로 하였다. 이전에 이미 언급하였지만 프로젝트를 생성한 이후에 react-bootstrap 과 bootstrap 라이브러리를 설치해야 한다. 그리고 기존에 설명하였던 기본 설정 등을 하는 것도 잊지 말아야 한다. 리액트 부트스트랩을 활용한 웹 페이지 설계를 위한 흐름도는 아래 그림과 같다.

다음과 같은 반응형 화면을 갖는 리액트 부트스트랩 코딩을 수행해 보자.

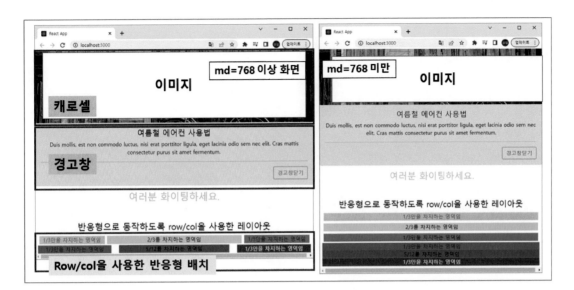

이 웹 페이지는 4개의 파일로 구성하였다. 전체 컴포넌트를 합체하는 최상위에 파일은 App.js 파일이며, 웹 페이지의 최상단에 출력되는 CarouselDemo.js 파일, 경고 화면을 보여주는 AlertDismissible.js 파일 그리고 컨테이너와 행, 열을 사용하는 LayoutSizingEx.js 파일로 구성하였다.

먼저 전체 컴포넌트를 합체하는 App.js 파일은 다음과 같다.

```
//App.js
import "./App.css";
import "bootstrap/dist/css/bootstrap.min.css";

import AlertDismissible from "./AlertDismissible";
import LayoutSizingEx from "./LayoutSizingEx";
import CarouselDemo from "./CarouselDemo";
function App() {
  return (
    <div className="App">
      <CarouselDemo />
      <AlertDismissible />
      <h2 className="text-info">여러분 화이팅하세요.</h2>
      <LayoutSizingEx />
```

```
      </div>
  );
}


export default App;
```

경고창을 열고 닫을 수 있는 AlertDismissbile.js 파일은 다음과 같다.

```
//AlertDismissbile.js
import React, { useState } from "react";
import Alert from "react-bootstrap/Alert";
import Button from "react-bootstrap/Button";

function AlertDismissible() {
  const [show, setShow] = useState(true);

  return (
    <>
      <Alert show={show} variant="danger">
        <Alert.Heading>여름철 에어컨 사용법</Alert.Heading>
        <p>
          Duis mollis, est non commodo luctus, nisi erat porttitor ligula, eget
          lacinia odio sem nec elit. Cras mattis consectetur purus sit amet
          fermentum.
        </p>
        <hr />
        <div className="d-flex justify-content-end">
          <Button onClick={() => setShow(false)} variant="outline-success">
            경고창닫기
          </Button>
        </div>
      </Alert>

      {!show && <Button onClick={() => setShow(true)}>경고창보기</Button>}
    </>
  );
}
export default AlertDismissible;
```

다음은 화면의 최상단에 위치하면서 이미지를 보여주는 캐로셀(Carousel) 기능을 수행하는 CarouselDemo.js 파일이다.

```
import Carousel from "react-bootstrap/Carousel";

function CarouselDemo() {
  return (
    <Carousel>
      <Carousel.Item>
        <img
          className="d-block w-100"
          src="https://picsum.photos/1200/300?random=1"
          alt="First slide"
        />
        <Carousel.Caption>
          <h3>자신감을 갖자</h3>
          <p>Nulla vitae elit libero, a pharetra augue mollis interdum.</p>
        </Carousel.Caption>
      </Carousel.Item>
      <Carousel.Item>
        <img
          className="d-block w-100"
          src="https://picsum.photos/1200/300?random=11"
          alt="Second slide"
        />
        <Carousel.Caption>
          <h3>희망을 향해 달리자</h3>
          <p>Lorem ipsum dolor sit amet, consectetur adipiscing elit.</p>
        </Carousel.Caption>
      </Carousel.Item>
      <Carousel.Item>
        <img
          className="d-block w-100"
          src="https://picsum.photos/1200/300?random=111"
          alt="Third slide"
        />

        <Carousel.Caption>
          <h3>미래를 지배하라</h3>
          <p>
            Praesent commodo cursus magna, vel scelerisque nisl consectetur.
          </p>
        </Carousel.Caption>
      </Carousel.Item>
    </Carousel>
  );
}

export default CarouselDemo;
```

다음은 컨테이너 내에서 행과 열을 사용해 반응형으로 동작하는 LayoutSizingEx.js 파일이다.

```javascript
import Container from "react-bootstrap/Container";
import Row from "react-bootstrap/Row";
import Col from "react-bootstrap/Col";
//import {Container, Row, Col} from "react-bootstrap";
function LayoutSizingEx() {
  return (
    <Container fluid className="mt-5 p-2">
      <h3>반응형으로 동작하도록 row/col을 사용한 레이아웃</h3>
      <Row className="g-2 p-1">
        <Col>
          <div className="text-primary bg-warning">1/3만을 차지하는 영역임</div>
        </Col>
        <Col md={6}>
          <div className="text-dark bg-info">2/3를 차지하는 영역임</div>
        </Col>
        <Col>
          <div className="text-danger bg-success">1/3만을 차지하는 영역임</div>
        </Col>
      </Row>
      <Row>
        <Col>
          <div className="text-dark bg-primary">1/3만을 차지하는 영역임</div>
        </Col>
        <Col md={5}>
          <div className="text-dark bg-secondary">5/12를 차지하는 영역임</div>
        </Col>
        <Col>
          <div className="text-white bg-danger">1/3만을 차지하는 영역임</div>
        </Col>
      </Row>
    </Container>
  );
}

export default LayoutSizingEx;
```

위에 제시된 4개의 프로그램에 코딩을 완료한 후에 여러분들이 직접 수행해 보고, 브라우저의 크기를 조작하면서 웹 페이지가 변화는 모습을 확인해 보기 바란다.

12.6 여러 가지 리액트 부트스트랩의 컴포넌트

버튼 컴포넌트는 이미 간단히 살펴보았지만, 여기서는 variant 속성에 따른 버튼의 형태를 살펴보자. 특히 variant="link"로 설정하면 해당 버튼 컴포넌트는 <a> 태그로 동작하기 때문에 링크를 설정해 사이트를 이동할 수 있다.

```
import Button from 'react-bootstrap/Button';

function TypesExample() {
  return (
    <>
      <Button variant="primary">Primary</Button>{' '}
      <Button variant="secondary">Secondary</Button>{' '}
      <Button variant="success">Success</Button>{' '}
      <Button variant="warning">Warning</Button>{' '}
      <Button variant="danger">Danger</Button>{' '}
      <Button variant="info">Info</Button>{' '}
      <Button variant="light">Light</Button>{' '}
      <Button variant="dark">Dark</Button>
      <Button variant="link">Link</Button>
    </>
  );
}

export default TypesExample;
```

다음은 버튼 컴포넌트에 외곽선을 설정해 생성하는 방법을 알아보자. 이 방법도 간단히 variant만 조작하면 된다. 기본 색상 앞에 'outline-'을 붙이면 된다.

```
import Button from 'react-bootstrap/Button';

function OutlineTypesExample() {
  return (
    <>
      <Button variant="outline-primary">Primary</Button>{' '}
      <Button variant="outline-secondary">Secondary</Button>{' '}
```

```
        <Button variant="outline-success">Success</Button>{' '}
        <Button variant="outline-warning">Warning</Button>{' '}
        <Button variant="outline-danger">Danger</Button>{' '}
        <Button variant="outline-info">Info</Button>{' '}
        <Button variant="outline-light">Light</Button>{' '}
        <Button variant="outline-dark">Dark</Button>
      </>
  );
}


export default OutlineTypesExample;
```

버튼 컴포넌트는 기본적으로 HTML의 <button> 태그로 렌더링된다. 그리고 href 속성을 추가하면 자동적으로 <a> 태그로 렌더링된다. 또한 자신이 원하는 방식으로 렌더링하려면 as 속성을 사용하면 된다.

```
import Button from 'react-bootstrap/Button';

function TagTypesExample() {
  return (
    <>
      <Button href="#">Link</Button>
      <Button type="submit">Button</Button>{' '}
      <Button as="input" type="button" value="Input" />{' '}
      <Button as="input" type="submit" value="Submit" />{' '}
      <Button as="input" type="reset" value="Reset" />
    </>
  );
}
export default TagTypesExample;
```

Accordian 컴포넌트는 제목 영역을 클릭하면 관련 컨텐츠를 펼쳐 보이거나 접어서 보이지 않도록 할 경우에 사용한다.

```
import Accordion from 'react-bootstrap/Accordion';

function AllCollapseExample() {
  return (
    <Accordion>
      <Accordion.Item eventKey="0">
        <Accordion.Header>Accordion Item #1</Accordion.Header>
        <Accordion.Body>
          Lorem ipsum dolor sit amet, consectetur adipiscing elit, sed do
          eiusmod tempor incididunt ut labore et dolore magna aliqua. Ut enim ad
          minim veniam, quis nostrud exercitation ullamco laboris nisi ut
          aliquip ex ea commodo consequat. Duis aute irure dolor in
          reprehenderit in voluptate velit esse cillum dolore eu fugiat nulla
          pariatur. Excepteur sint occaecat cupidatat non proident, sunt in
          culpa qui officia deserunt mollit anim id est laborum.
        </Accordion.Body>
      </Accordion.Item>
    </Accordion>
  );
}

export default AllCollapseExample;
```

카드(Card) 컴포넌트는 가장 많이 사용하는 컴포넌트중의 하나이다. 제품 소개 등을 비롯한 다양한 분야에서 활용할 수 있기 때문에 잘 이해해 두기 바란다.

```
import Button from 'react-bootstrap/Button';
import { Card } from 'react-bootstrap';

function CardExample() {
  return (
    <Card style={{ width: '18rem' }}>
      <Card.Img variant="top" src=" https://picsum.photos/200/200 " />
```

```
    <Card.Body>
      <Card.Title>Card Title</Card.Title>
      <Card.Text>
              오즈의 아트랜드에 오신 것을 환영합니다. 즐겁고 보람있는
              한 학기가 되길 기원합니다. 파이팅...

      </Card.Text>
      <Button variant="primary" href="https://www.daum.net/" >
              다음사이트방문해보기</Button>
      </Card.Body>
    </Card>
  );
}

export default BasicExample;
```

위의 컴포넌트 파일은 다음과 같은 결과를 도출할 수 있다.

Button 컴포넌트에 href 속성을 할당하면 <a> 태그로 동작한다.

Card.Img에서 variant 속성은 "top" 혹은 "button" 속성을 가질 수 있는데, 이미지의 위치를 지정할 때 사용한다.

다음 Modal 컴포넌트에 대해 알아보자. Modal 컴포넌트는 새로운 창을 생성할 때 사용한다.

```
import React, { useState } from 'react';
import Button from 'react-bootstrap/Button';
import Modal from 'react-bootstrap/Modal';

function Example() {
  const [show, setShow] = useState(false);

  const handleClose = () => setShow(false);
  const handleShow = () => setShow(true);

  return (
    <>
      <Button variant="primary" onClick={handleShow}>
        한국의 역사(모달창 띄우기)
      </Button>

      <Modal show={show} onHide={handleClose}>
        <Modal.Header closeButton>
          <Modal.Title>고조선</Modal.Title>
        </Modal.Header>
        <Modal.Body>BC 2333년에 단군왕검이 세웠다는 신화상의 단군조선과 BC 108년 중국 한나라에 의해 멸망된
위만조선을 함께 포함해 말한다.</Modal.Body>
        <Modal.Footer>
          <Button variant="secondary" onClick={handleClose}>
            Close
          </Button>
          <Button variant="primary" onClick={handleClose}>
            Save Changes
          </Button>
        </Modal.Footer>
      </Modal>
    </>
  );
}

export default Example;
```

다음은 테이블 컴포넌트에 대한 간단한 예제이다. 이미 언급하였지만, 다양한 테이블 컴포넌트를 학습하기를 원한다면 리액트 부트스트랩 홈페이지를 방문해 자세히 읽어보기 바란다. Table 컴포넌트의 속성인 striped는 테이블의 행 단위 격자처럼 다르게 표현하는 것이며, bordered 속성은 테이블에 선을 표시할 때 사용하며, hover 속성은 마우스를 테이블 행에 올려 놓으면 선택된 행은 다르게 표현되도록 할 때 사용한다.

```
import Table from 'react-bootstrap/Table';

function StripedRow( ) {
  return (
    <Table   striped>
      <thead>
        <tr>
          <th>구분</th>
          <th>이름</th>
          <th>성</th>
          <th>사용자명</th>
        </tr>
      </thead>
      <tbody>
        <tr>
          <td>1</td>
          <td>Mark</td>
          <td>Otto</td>
          <td>@mdo</td>
        </tr>
        <tr>
          <td>2</td>
          <td>Jacob</td>
          <td>Thornton</td>
          <td>@fat</td>
        </tr>
        <tr>
          <td>3</td>
          <td colSpan={2}>Larry the Bird</td>
          <td>@twitter</td>
        </tr>
      </tbody>
    </Table>
  );
}

export default StripedRow;
```

다음은 Image 컴포넌트에 대해 알아보자. Image 컴포넌트의 fluid 속성을 적용하면 부모 요소의 너비를 100% 차지하도록 할 때 지정한다. 이미지 컴포넌트에 종종 사용하는 속성은 아래와 같다.

속성명	유형	디폴트값	설명
fluid	boolean	false	부모 너비를 꽉 채운 이미지
rounded	boolean	false	이미지의 형태를 둥글게함
roundedCircle	boolean	false	이미지의 형태를 원형으로 함
thumbnail	boolean	false	이미지의 형태를 썸네일 형식으로 함

위에서 언급한 속성을 적용한 이미지 출력 예제이다.

```
import React from "react";
import "bootstrap/dist/css/bootstrap.css";

import Image from "react-bootstrap/Image";

export default function ImageSample() {
  return (
    <div style={{ display: "block", width: "760", padding: "30px" }}>
      <h3>리액트 부트스트랩 이미지 컴포넌트</h3>
      <p> 이미지 컴포넌트는 기본적으로 인라인 속성을 가지고 있음</p>
      <Image src="https://picsum.photos/200/300?random=1000" rounded />
      <Image
        src="https://picsum.photos/200/300?random=7321"
        roundedCircle
      />
      <Image src="https://picsum.photos/200/300?random=88" thumbnail />
    </div>
  );
}
```

위의 예제에 대한 웹 페이지 출력은 다음과 같다.

Figure 컴포넌트를 사용해 이미지와 캡션(설명)을 쌍으로 표현할 수 있다.

```
import Figure from "react-bootstrap/Figure";

function Figure1() {
  return (
    <Figure className="m-2">
      <Figure.Image
        width={200}
        height={200}
        alt="200x200"
        src="https://picsum.photos/200"
      />
      <Figure.Caption>너의 의미</Figure.Caption>
      <Figure.Image
        width={180}
        height={180}
        alt="180x180"
        src="https://picsum.photos/200?random=333"
      />
      <Figure.Caption>행복한 우리집</Figure.Caption>
    </Figure>
  );
}

export default Figure1;
```

다음은 Badge 컴포넌트를 사용해 뱃지를 적용한 예이다.

```
import Badge from "react-bootstrap/Badge";

function BadegEx() {
  return (
    <div>
      <h1>
        2037년 신상품 <Badge bg="primary">New</Badge>
      </h1>
      <h2>
        2037년 재킷 <Badge bg="secondary">New</Badge>
      </h2>
      <h3>
        2037년 블루진 <Badge bg="warning">New</Badge>
```

```
      </h3>
      <h4>
        2037년 냉장고 <Badge bg="danger">New</Badge>
      </h4>
      <h5>
        Example heading <Badge bg="secondary">New</Badge>
      </h5>
      <h6>
        2037년 에어콘 <Badge bg="info">New</Badge>
      </h6>
    </div>
  );
}


export default BadegEx;
```

다음은 Select 컴포넌트에 대해 간단히 살펴보자.

```
import React, { useState } from "react";
import { Form } from "react-bootstrap";

export default function Select1() {
  const [val, setVal] = useState(); //초기값=null

  return (
    <Form.Select value={val} onChange={(e) => setVal(e.target.value)}>
      <option>버튼을 클릭해 과일을 선택하세요.</option>
      <option value="apple">Apple</option>
      <option value="orange">Orange</option>
      <option value="lemon">Lemon</option>
    </Form.Select>
  );
}
```

다음은 인라인 체크박스와 라디오 버튼을 생성해 보자. 두 버튼 모두 Form.Check를 사용해 생성해야 하며, type 속성으로 버튼의 기능이 결정된다.

```
import Form from 'react-bootstrap/Form';

function CheckInlineExample() {
  return (
    <Form>
      {['checkbox', 'radio'].map((type) => (
        <div key={`inline-${type}`} className="mb-3">
          <Form.Check
            inline
            label="1"
            name="group1"     value="check1"
            type={type}
            id={`inline-${type}-1`}
          />
          <Form.Check
            inline
            label="2"
            name="group1"     value="check2"
            type={type}
            id={`inline-${type}-2`}
          />
        </div>
      ))}
    </Form>
  );
}
export default CheckInlineExample;
```

다음 Tab 컴포넌트에 대한 예제이다. Tab 컴포넌트에서 Tabs 컴포넌트 안에서 사용해야 한다. Tabs 컴포넌트에서 justify 속성은 각 탭 메뉴가 동일한 크기를 갖도록 지정한다.

```
import Tab from "react-bootstrap/Tab";
import Tabs from "react-bootstrap/Tabs";

function Tab1() {
  return (
    <Tabs
```

```
    defaultActiveKey="profile"
    id="justify-tab-exam"
    className="mb-3"
    justify
  >
    <Tab eventKey="home" title="Home" className="text-primary">
        <h3>Home 페이지에 대한 ....</h3>
    </Tab>
    <Tab eventKey="profile" title="Profile">
        <h3>Profile 페이지에 대한 ....</h3>
    </Tab>
    <Tab eventKey="contact" title="Contact Tab">
        <h3>Contact 페이지에 대한 ....</h3>
    </Tab>
  </Tabs>
  );
}
export default Tab1;
```

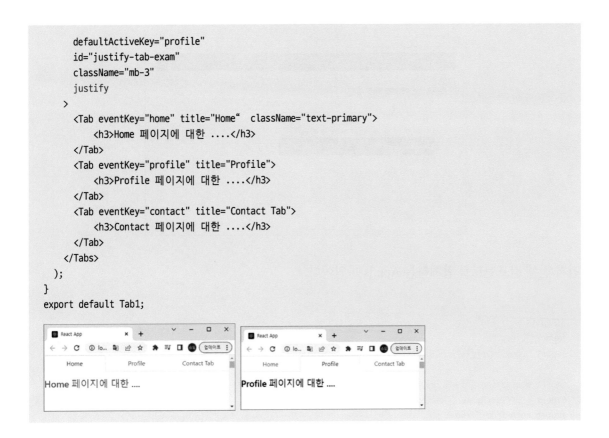

12.7 리액트 부트스트랩 라우팅 예제

본 절에서는 리액트 부트스트랩으로 생성한 컴포넌트들에 라우팅을 적용한 예이다. 반응형으로 동
작하며, 네이게이션 바를 클릭하면 관련된 컨텐츠가 출력되는 것을 확인할 수 있다. 아래 그림은
작성된 웹 페이지의 화면을 보여준다.

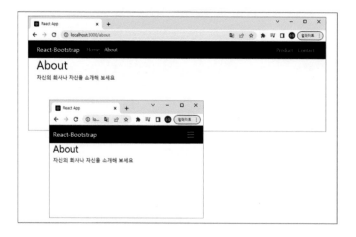

먼저 전체 컴포넌트를 합체하는 App.js 파일이다.

```
//App.js
import "./App.css";
import "bootstrap/dist/css/bootstrap.min.css";

import Navigation from "./Navigation";
import { BrowserRouter, Routes, Route } from "react-router-dom";
import Home from "./Home";
import About from "./About";
import Product from "./Product";
import Contact from "./Contact";

function App() {
  return (
    <BrowserRouter>
      <Navigation />
      <Routes>
        <Route path="/" element={<Home />} />
        <Route path="/home" element={<Home />} />
        <Route path="/about" element={<About />} />
        <Route path="/product" element={<Product />} />
        <Route path="/contact" element={<Contact />} />
      </Routes>
    </BrowserRouter>
  );
}

export default App;
```

다음은 네이게이션 바를 작성한 부분으로 Navigation.js 파일이다.

```
//Navigation.js
import Container from "react-bootstrap/Container";
import Nav from "react-bootstrap/Nav";
import Navbar from "react-bootstrap/Navbar";
import { NavLink } from "react-router-dom";
//import { Link } from "react-router-dom";

function Navigation() {
  return (
    <Navbar collapseOnSelect expand="lg" bg="dark" variant="dark">
      <Container>
        <Navbar.Brand href="/">React-Bootstrap</Navbar.Brand>
        <Navbar.Toggle aria-controls="responsive-navbar-nav" />
        <Navbar.Collapse id="responsive-navbar-nav">
          <Nav className="me-auto">
            <Nav.Link  as={NavLink} to="/home">
              Home
            </Nav.Link>
            <Nav.Link as={NavLink} to="/about">
              About
            </Nav.Link>
          </Nav>
          <Nav>
            <Nav.Link as={NavLink} to="/product">
              Product
            </Nav.Link>
            <Nav.Link as={NavLink} to="/contact">
              Contact
            </Nav.Link>
          </Nav>
        </Navbar.Collapse>
      </Container>
    </Navbar>
  );
}

export default Navigation;
```

다음은 각 경로(Route)에 대응하는 컴포넌트를 작성한 파일들이다. About.js, Home.js, Contact.js 및 Product.js 파일로 구성되어 있다. 각 파일은 최소한의 내용만 포함하고 있다. 부트스트랩의 NavLink는 선택된 네이게이션 메뉴에 대해 active 클래스를 자동으로 추가해주는 기능이 있다.

```
//Home.js
import React from "react";
import Container from "react-bootstrap/Container";

const Home = () => {
  return (
    <Container>>
      <h1>Home</h1>
      <p> 즐겁게 리액트 부트스트랩 사용하세요.</p>
    </Container>
  );
};

export default Home;
```

```
//About.js
import React from "react";
import Container from "react-bootstrap/Container";

const About = () => {
  return (
    <Container>
      <h1>About</h1>
      <p> 자신의 회사나 자신을 소개해 보세요</p>
    </Container>
  );
};

export default About;
```

```
//Contact.js
import React from "react";
import Container from "react-bootstrap/Container";

const Contact = () => {
  return (
    <Container>
      <h1>Contact</h1>
      <p> 관리자의 접촉 정보를 작성하세요.</p>
    </Container>
  );
};

export default Contact;
```

```
//Product.js
import React from "react";
import Container from "react-bootstrap/Container";

const Product = () => {
  return (
    <Container>
      <h1>Product</h1>
      <p> 제품 소개를 하는 페이지입니다. </p>
    </Container>
  );
};

export default Product;
```

INDEX

손승일
- 연세대학교 전자공학과 학사 졸업
- 연세대학교 전자공학과 석사 졸업
- 연세대학교 전자공학과 박사 졸업
- 호남대학교 컴퓨터공학과 교수
- 현)한신대학교 AI·SW대학 교수

리액트와 함께하는 웹 디자인

1판 1쇄 인쇄 2024년 04월 15일
1판 1쇄 발행 2024년 04월 24일
저　　자 손승일
발 행 인 이범만
발 행 처 **21세기사** (제406-2004-00015호)
　　　　　경기도 파주시 산남로 72-16 (10882)
　　　　　Tel. 031-942-7861　　Fax. 031-942-7864
　　　　　E-mail : 21cbook@naver.com
　　　　　Home-page : www.21cbook.co.kr
　　　　　ISBN 979-11-6833-153-2

정가 32,000원